PRATIQUE INTERNATIONALE DE LA COMPTABILITÉ ET DE L'AUDIT

Du même auteur

Droit et comptabilité. Épreuve n° 1 du DESCF. Questions - Études - Cas de synthèse avec corrigés détaillés, Collection « Préparation à », Clet-Dunod, 9e édition 1994.

Économie et comptabilité. Épreuve n° 2 du DESCF. Questions - Études - Cas de synthèse avec corrigés détaillés, Collection « Préparation à », Clet-Dunod, 4e édition 1994.

Révision et certification des comptes. Épreuve n° 6 du DECF, Collection « Préparation à », Clet-Dunod, 3e édition 1992.

Comptabilité générale approfondie. Épreuve n° 6 du DECF, Collection « Préparation à », Clet-Dunod, 4e édition 1994.

Cas pratiques de comptabilité générale approfondie. Épreuve n° 6 du DECF, Collection « Entraînement à », Clet-Dunod, 4e édition 1994.

Évaluation, prise de participation, consolidation, fusion, Collection « Préparation à », Clet-Dunod, 3e édition 1993.

Annales corrigées de l'expertise comptable. Épreuve de synthèse n° 1 de droit et de comptabilité, Dunod, 1994.

Les prévisions dans l'entreprise – Plans de financement, budgets et trésorerie, Dunod, 1991 (publié au Portugal sous le titre "As previsóes na empresa" - 1992 - Ediçoes Cetop - et en Espagne sous le titre "Las previsones en la empresa " - 1993 - Marcombo).

ROBERT OBERT

PRATIQUE INTERNATIONALE DE LA COMPTABILITÉ ET DE L'AUDIT

DUNOD

Robert Obert, diplômé d'expertise comptable, agrégé des techniques économiques de gestion, est professeur à l'université de Valenciennes dont il a dirigé de 1984 à 1992 l'Institut universitaire de technologie. Il enseigne la comptabilité approfondie et l'audit financier en maîtrise de sciences et techniques comptables et financières et en DESS de gestion des affaires européennes et internationales. Auteur de nombreux ouvrages de préparation aux examens comptables supérieurs, il est membre des jurys du diplôme d'études supérieures comptables et financières et du diplôme d'expertise comptable.

ISBN 2 10 002214 8

TABLE DES MATIÈRES

INTRODUCTION

Apparue dès l'Antiquité, formalisée depuis le quinzième siècle, la comptabilité est devenue la source la plus sûre de l'information économique et financière. Base du système d'information de gestion de l'entreprise, elle est aujourd'hui le langage commun avec tous ses partenaires : personnels, clients, fournisseurs, créanciers, actionnaires, collectivités, public en général. Si l'intuition et la psychologie ont certainement un rôle à jouer dans les décisions économiques, encore faut-il que l'on puisse en apprécier les résultats. C'est la mission fondamentale impartie à la comptabilité dans nos sociétés modernes. Aussi, pour que cette mission soit remplie avec succès, est-il indispensable que le langage comptable soit compris de participants, que la comptabilité soit, en un mot, normalisée.

Les premiers essais de normalisation se sont faits au début du vingtième siècle. Mais c'est surtout après la Seconde Guerre mondiale qu'ont été mises en place les premières comptabilités normalisées. La France a été promoteur dans ce domaine, par la création par le décret 46-619 du 4 avril 1946 de la Commission de normalisation des comptabilités et par l'approbation par l'arrêté du 18 septembre 1947 d'un plan comptable général.

Aujourd'hui, les procédures de normalisation, si elles existent partout, sont différentes selon les pays. Dans certains d'entre eux, des normes comptables ponctuelles s'appliquant à chacun des principaux problèmes pris isolément sont élaborées par les professionnels de la comptabilité. Dans d'autres, à l'opposé, la comptabilité fait l'objet d'une réglementation pure et simple des pouvoirs publics.

Mais le monde se transforme. Nous sommes en période d'évolution d'une économie nationale individualiste vers une économie globale, faite de marchés mondiaux de produits et de capitaux, ignorant les frontières nationales. L'interpénétration croissante des marchés économiques et financiers conduit à souhaiter que les systèmes comptables et la présentation des états financiers soient aussi semblables d'un pays à l'autre. Aussi les appels en faveur de l'harmonisation internationale des normes comptables, timidement exprimés dans les années soixante, ont-ils considérablement augmenté dans les années quatre-vingt. Des organisations internationales telles que l'IASC et l'IFAC ont été créées. Des directives internationales, en particulier européennes, ont été édictées.

Depuis l'entrée de la France, le 1er janvier 1993, dans un grand marché unique européen, largement ouvert aux échanges mondiaux, le professionnel comptable français ne peut plus méconnaître ni les règles d'harmonisation internationales ni les pratiques nationales de nos principaux partenaires.

Nous analyserons d'abord dans la première partie de cet ouvrage les diverses sources des règles comptables nationales et internationales. Après avoir rappelé les principales sources françaises, nous verrons en particulier comment s'est mis en place le Comité des normes internationales – l'International Accounting Standard Committee (IASC) – et quel est son mode de fonctionnement. Nous examinerons ensuite les rôles des autres organismes internationaux tels que l'ONU, l'OCDE ou de l'OICV. Nous analyserons également le contenu des directives créant des règles communes de présentation des comptes annuels et des comptes consolidés (quatrième et septième directives). Nous verrons également quelles sont les principales sources de règles comptables pratiques de nos partenaires (Allemagne, Belgique, Espagne, Grande-Bretagne, Italie, Pays-Bas, Portugal, Danemark, Grèce, Irlande, Luxembourg, Suisse, Suède, États-Unis, Canada, Australie, Japon, pays de l'Europe de l'Est, Chine, Afrique francophone).

Dans la seconde partie de l'ouvrage, nous verrons comment se sont formalisés les grands principes qui régissent les comptabilités dans le monde, en analysant les cadres conceptuels tels que celui de l'IASC, la préface des normes comptables internationales ou la pratique des conventions comptables de base tels que le principe de prudence ou celui de la permanence des méthodes. Dans le chapitre suivant, après avoir évoqué les principales règles de présentation proposées par les normes internationales ou les directives européennes, nous analyserons la présentation des comptes annuels chez nos principaux partenaires.

Puis nous verrons comment sont traités, de par le monde, un certain nombre de thèmes comptables spécifiques, tels les stocks, les amortissements, la valorisation des immobilisations, la prise en compte du crédit-bail, des frais de recherche et de développement, les impôts sur les bénéfices, les opérations en monnaies étrangères..., montrant ainsi les différences de traitement entre divers pays. Nous nous attacherons ensuite à la pratique internationale de la consolidation, domaine, s'il en est un, où, du fait des groupes multinationaux, compte tenu des différences nationales de méthodes pratiquées par les sociétés du groupe et des conversions de comptes présentés en monnaies différentes, les problèmes posés sont complexes et les règles des divers participants ne peuvent être méconnues.

Enfin, la dernière partie de cet ouvrage sera consacrée à la pratique de l'audit comptable et financier. Nous verrons comment celui-ci s'est internationalisé, quelles normes la Fédération internationale des comptables – l'International Federation of Accountants (IFAC) – et la Fédération européenne des experts-comptables (FEE) ont demandé à leurs membres de respecter, quelles sont les règles édictées par la huitième directive de la Communauté européenne, comment se sont organisées les professions de réviseurs dans le monde et comment s'effectue ce que nous appelons la certification des comptes chez nos principaux partenaires.

1. LES SOURCES DES RÈGLES COMPTABLES NATIONALES ET INTERNATIONALES

1. LES SOURCES DES RÈGLES COMPTABLES EN FRANCE

L'obligation légale de tenue des livres de commerce est déjà fort ancienne en France. Le code de Montpellier au XIIe siècle comportait déjà quelques prescriptions. Mais c'est l'ordonnance de Colbert de 1673 qui régularisa l'usage des livres de commerce en rendant obligatoire leur tenue et en prescrivant en même temps certaines formalités destinées à en assurer la régularité.

Le Code de commerce de 1808 (*articles 8 à 17*) n'a fait que reproduire les dispositions de cette ordonnance, laissant un certain archaïsme dans l'énoncé des règles légales. Ces articles ont été modifiés par la loi du 15 janvier 1930 puis par le décret du 22 septembre 1953 avant que la loi 83-353 du 30 avril 1983 ne jette les bases d'un droit comptable nouveau. Par ailleurs, une commission de normalisation des comptabilités a été créée par les pouvoirs publics le 14 avril 1946. Devenue, par la suite, le Conseil national de la comptabilité, cette commission a été chargée d'élaborer un premier plan comptable général en 1947, plan comptable révisé d'abord en 1957, puis en 1982.

Si, aujourd'hui, la loi comptable du 30 avril 1983, le décret du 29 novembre 1983 et le plan comptable général approuvé par les arrêtés du 27 avril 1982 et du 9 décembre 1986 sont les sources essentielles du droit comptable français, on trouve d'autres dispositions en particulier dans :
- la législation sur les sociétés et d'autres textes du droit commercial ;
- le Code du travail ;
- le Code général des impôts ;
- les recommandations d'organismes tels que le Conseil national de la comptabilité, la Commission des opérations de bourse, la Compagnie nationale des commissaires aux comptes, l'Ordre des experts-comptables;
- la jurisprudence ;
- la doctrine administrative[1].

1.1. La loi du 30 avril 1983

La loi 83-353 du 30 avril 1983 relative à la mise en harmonie des obligations comptables des commerçants et de certaines sociétés avec la quatrième directive, adoptée par le Conseil des communautés européennes le 25 juillet 1978, comprend trois chapitres principaux. Le chapitre I, traitant des dispositions applicables aux commerçants a modifié fondamentalement les articles 8 à 17 du Code de commerce. Le chapitre II a édicté les dispositions applicables aux sociétés commerciales et intégrées dans la loi 66-537 du 24 juillet 1966. Le chapitre III a édicté les dispositions applicables aux sociétés civiles autorisées à faire publiquement appel à l'épargne.

▶ *Les articles 8 à 17 du Code de commerce*

• L'article 8 définit ce que sont les obligations générales du commerçant: il oblige toute personne physique ou morale ayant la qualité de commerçant de procéder à l'enregistrement comptable des mouvements affectant le patrimoine de son entreprise, à contrôler au moins une fois tous les douze mois par inventaire les éléments de son patrimoine et à établir des comptes annuels, lesquels comprennent bilan, compte de résultats et annexe.

• L'article 9 indique ce que l'on entend par bilan et compte de résultats. Il précise quel est le rôle de l'annexe. Il développe la notion d'image fidèle.

• L'article 10 décrit le bilan et le compte de résultats ; il donne par ailleurs la possibilité aux petites entreprises, selon des critères fixés par décret, d'adopter une présentation simplifiée.

---

1. Pour plus de détails sur les sources françaises de la comptabilité, voir R. Obert, *Comptabilité générale approfondie*, Dunod, 1992, pages 11 à 33.

• Les articles 11 à 15 évoquent successivement le principe de permanence des méthodes, les méthodes d'évaluation à pratiquer, les principes de non-compensation et de correspondance du bilan d'ouverture avec le bilan de clôture de l'exercice précédent, l'obligation de respecter les principes de prudence et de continuité, le principe de séparation des exercices.

• L'article 16 s'intéresse au mode d'établissement des documents comptables et précise la durée pendant laquelle documents comptables et pièces comptables doivent être conservés.

• L'article 17 indique que la comptabilité peut être utilisée comme moyen de preuve et précise les cas dans lesquels la communication des livres comptables peut être ordonnée.

1.2. Le décret du 29 novembre 1983

En application de la loi du 30 avril 1983, les 27 premiers articles du décret 83-1020 du 29 novembre 1983, précisent les règles relatives à la comptabilité du commerçant (les autres articles ayant essentiellement modifié le décret du 23 mars 1967 sur les sociétés commerciales).

• Les articles 1 à 6 précisent quels documents comptables doivent être tenus, sous quelle forme et la manière d'enregistrer les opérations comptables dans les livres.

• L'article 7 définit de manière précise les méthodes d'évaluation à pratiquer : coût d'acquisition, coût de production, valeur vénale, valeur actuelle, valeur d'inventaire.

• L'article 8 développe les notions d'amortissement et de provision et l'article 9 prévoit l'adaptation du plan comptable général par secteurs d'activités.

• Les articles 10 à 13 décrivent et analysent les rubriques et postes du bilan, tandis que les articles 14 à 16 en font de même avec le compte de résultats.

• L'article 17 fournit les critères permettant d'établir des comptes annuels simplifiés et l'article 18 décrit les éléments devant figurer dans le bilan et le compte de résultats présentés sous forme simplifiée.

• Les articles 19 à 23 analysent un certain nombre de postes spécifiques du bilan tels que les immobilisations incorporelles, les participations financières.

• L'article 24 présente la majeure partie des informations devant figurer dans l'annexe. Il est complété par l'article 53 du même décret relatif aux informations à fournir par les personnes physiques ou morales qui recourent à des opérations de crédit-bail. Les articles 25 à 27 traitent des règles à appliquer en ce qui concerne la présentation de l'annexe, en particulier pour les petites entreprises.

1.3. L'arrêté du 27 avril 1982

Cet arrêté, modifié par l'arrêté du 9 décembre 1986, approuve le plan comptable général (dit plan comptable général 1982) qui s'est substitué au plan comptable général annexé à l'arrêté du 11 mai 1957. Cet arrêté a été mis en harmonie avec la loi du 30 avril 1983 et le décret du 29 novembre 1983 par l'arrêté du 9 décembre 1986 qui a également complété le plan comptable général par une méthodologie relative aux comptes consolidés. Le plan comptable général, élaboré par le Conseil national de la comptabilité[1], et édité par l'Imprimerie nationale est un ouvrage de 417 pages comprenant :

- des dispositions générales, une terminologie, un plan de comptes (titre I) ;
- les règles relatives aux méthodes d'évaluation et à la détermination du résultat, les règles relatives au fonctionnement des comptes et à l'établissement des documents de synthèse, des dispositions spéciales, une méthodologie relative à la consolidation des comptes (titre II consacré à la comptabilité générale) ;
- des dispositions générales, un réseau général d'analyse comptable, une nomenclature des comptes, des méthodes de calcul, des précisions pour l'utilisation de la comptabilité analytique pour la gestion de l'entreprise (titre III consacré à la comptabilité analytique).

1.4. La législation sur les sociétés et d'autres textes du droit commercial

De nombreuses dispositions de la loi du 24 juillet 1966 et du décret du 27 mars 1967 sur les sociétés commerciales (dispositions relatives à l'établissement des comptes annuels, à la répartition des bénéfices, à la présentation des comptes de consolidés, au contrôle des comptes...) peuvent être considérées comme des sources du droit comptable. Il en est de même des dispositions de nombreuses lois et décrets non intégrés au Code de commerce et relatifs à ce qui est traditionnellement le droit commercial (lois et décrets relatifs à la prévention et au règlement amiable des difficultés des entreprises ou relatives au redressement et la liquidation judiciaires des entreprises).

---

1. Pour plus de détail voir *Comptabilité générale approfondie*, pages 45 à 51, *op. cit.*

1.5. Le Code du travail

Le Code du travail comprend également quelques dispositions de nature comptable. Elles concernent essentiellement les documents comptables à transmettre au comité d'entreprise ou à la commission économique et surtout les modalités du calcul de la participation des salariés.

1.6. Le Code général des impôts

En principe, les dispositions que le droit fiscal édicte par dérogation aux règles du droit comptable ne devraient donner lieu qu'à des rectifications extra-comptables. Cependant, sur certains points particuliers, les règles fiscales s'imposent, faute de ne pouvoir conduire à une déductibilité de certaines charges. Aussi, la fiscalité est en France une source de droit comptable, qui peut d'ailleurs aller à l'encontre des objectifs propres de la comptabilité.

1.7. Les avis, notes et recommandations du Conseil national de la comptabilité

Institué par le décret du 7 décembre 1957, le Conseil national de la comptabilité est essentiellement un organisme consultatif appelé à donner un avis préalable sur toutes les réglementations, instructions ou recommandations d'ordre comptable. Il lui appartient de proposer des mesures relatives à la présentation et à l'exploitation des comptes. C'est en exécution de cette mission que le Conseil national de la comptabilité a élaboré le plan comptable général. Il a également publié un certain nombre de textes : notes d'information, avis, recommandations et documents portant sur des adaptations professionnelles ou des sujets particuliers.

► *Exemples de publications (récentes) du Conseil national de la comptabilité*

Notes d'information

Note d'information relative aux incidences de la sous-activité.
Note d'information relative aux impôts différés.

Avis

Avis relatif au traitement comptable des dépenses de logiciels.

Avis relatif à l'évaluation des titres par équivalence dans les comptes individuels.

Recommandations

Recommandation relative à l'annexe.

1.8. Les recommandations de la Commission des opérations de Bourse

Créée par l'ordonnance du 29 septembre1967, la Commission des opérations de Bourse a pour mission de contrôler l'information du public sur les sociétés faisant appel public à l'épargne et de veiller au bon fonctionnement des bourses de valeurs.

Elle publie régulièrement dans son bulletin mensuel et dans son rapport annuel des recommandations qui ne peuvent être ignorées des utilisateurs comptables.

1.9. Les avis de la Compagnie nationale des commissaires aux comptes

Instituée par le décret du 12 août 1969, la Compagnie nationale des commissaires aux comptes a élaboré de nombreuses recommandations relatives aux normes de révision des comptes. Par ailleurs, le bulletin trimestriel du Conseil national des commissaires aux comptes comporte une importante chronique dans laquelle les commissions du Conseil national précisent, à partir des questions posées par les présidents de compagnies ou par les commissaires en liaison avec leur président, leur propre interprétation des textes comptables.

1.10. Les recommandations de l'Ordre des experts-comptables

Institué par l'ordonnance du 19 septembre 1945, l'Ordre des experts-comptables a une mission essentiellement déontologique. L'Ordre a élaboré avec l'aide de représentants de professions annexes et organismes publics des recommandations précisant les règles figurant dans les usages et la loi, pour qu'une application juste en soit faite par les professionnels.

Liste des recommandations (ou avis) de l'Ordre des experts-comptables applicables au 1er juillet 1994

Numéros	*Série Principes comptables*	*Dates de publication*
1.01 à 1.10	Supprimés ou en révision	
1.11	Les pertes sur contrats à long terme	1981
1.12	Événements postérieurs à la date de clôture	1982
1.13	En révision	
1.14	La présentation comptable des opérations de regroupement	1984
1.15	Les changements de méthodes	1984
1.16	Comptabilisation des obligations de retraite et avantages assimilés dans les comptes annuels de l'employeur	1985
1.17	Principes d'établissement et de présentation des comptes prévisionnels	1985
1.18	Les provisions	1986
1.19	Rattachement des charges et produits financiers	1987
1.20	Comptabilisation de l'impôt sur les bénéfices	1987
1.21	Distinction entre résultat courant et résultat extraordinaire	1988
1.22	Le tableau de financement	1988
1.23	Méthode d'évaluation actuarielle des engagements de retraite	1990
1.24	Les engagements	1991
1.25	La prise en compte des produits	1991
1.26	La prise en compte des charges	1992
1.27	Le bénéfice par action	1993

1.11. La jurisprudence

Si les sources légales, réglementaires ou professionnelles du droit comptable en France sont importantes, comme nous venons de l'analyser dans les sections précédentes, les sources jurisprudentielles « innovantes » du droit comptable sont plutôt peu fournies : ce n'est pas parce que les arrêts des tribunaux relatifs à des conflits où intervient la comptabilité sont rares, mais souvent le juge n'a pas à se prononcer sur un aspect que ni la loi, ni le règlement (décret ou arrêté) n'auraient prévu.

Ainsi, dans les jugements que l'on peut analyser, jugements relatifs au droit commercial ou au droit pénal, le juge recherchera si le défaut de mise en œuvre d'une règle comptable (loi, décret, arrêté) peut constituer l'élément matériel d'une infraction. Cet élément matériel pourra surgir au niveau de l'établissement de comptes financiers (délits de faux en écriture, banqueroute...) ou au niveau de l'utilisation qui peut en être faite (délit de présentation ou de publication de comptes annuels ne donnant pas l'image fidèle, distribution de dividendes fictifs, escroquerie, abus de confiance...).

1.12. La doctrine administrative

Si la jurisprudence typiquement comptable est peu fournie, il n'en est pas de même de la doctrine. De nombreuses organisations, nous l'avons vu dans les sections précédentes, ont édicté des recommandations en matière comptable. Ces recommandations n'ont certes pas un aspect obligatoire mais bien souvent la jurisprudence les a confirmées lors du règlement de certains litiges. La doctrine est constituée également d'autres sources, de nature administrative :

- les réponses ministérielles : elles apportent des précisions sur l'interprétation à donner à certains textes et règles applicables : ce sont, en principe, de simples avis des administrations interrogées et n'ont pas en principe de force obligatoire. En matière fiscale, cependant, elles engagent l'administration ;
- les circulaires, instructions et la documentation administrative : parmi les nombreuses circulaires de l'administration fiscale, citons l'instruction du 17 décembre 1984 relative aux obligations fiscales et comptables des entreprises, prises en application du décret fiscal du 14 mars 1984.

2. L'INTERNATIONAL ACCOUNTING STANDARDS COMMITTEE (IASC)

C'est le 29 juin 1973 qu'a été signée à Londres par les représentants des principales organisations comptables d'Australie, du Canada, de France[1], d'Allemagne, du Japon, du Mexique, des Pays-Bas, de Grande-Bretagne, d'Irlande, et des États-Unis, la charte de création d'un organisme international, le Comité des normes comptables internationales, l'International Accounting Standards Committee (IASC) ayant pour objet de mettre en forme des standards comptables de base qui seraient acceptés dans le monde entier. Aujourd'hui, les organisations comptables professionnelles d'environ 70 pays sont membres de l'IASC : elles représentent les comptables exerçant en profession libérale, mais aussi dans l'industrie, la finance, le commerce, l'enseignement, les services publics, partout dans le monde.

2.1. La philosophie de l'IASC

La philosophie de l'IASC a été en particulier formalisée dans une brochure « Objectifs et procédures » éditée en janvier 1985 par l'organisation.

1. C'est l'Ordre des experts comptables et des comptables agréés qui a signé pour la France.

Elle s'est concentrée sur le développement d'une approche internationale commune. En effet, pour l'IASC, l'harmonisation des principes comptables est nécessaire dans un monde où certains pays ont élaboré des principes différents sur certains sujets. Pour cela, elle espère faciliter une approche internationale commune selon plusieurs voies :

- participations aux discussions chaque fois que des pays essaient de s'entendre sur des normes comptables ;
- adoption des normes internationales pour les pays qui n'ont pas de normes nationales ;
- utilisation de la norme internationale comme base d'élaboration des normes nationales ;
- comparaison des normes internationales et des normes nationales en vue d'éliminer les différences significatives ;
- persuasion des autorités nationales des avantages d'une harmonisation avec les normes comptables internationales.

L'IASC a spécifié par ailleurs que sa mission d'harmonisation reste compatible avec des dispositions plus détaillées prises par certains pays ou par une nécessaire adaptation aux circonstances nationales.

2.2. La structure opérationnelle de l'IASC

La direction de l'IASC est assurée par un conseil de 17 membres (composé de 13 pays, dont 3 en voie de développement, 4 organisations internationales géographiques, telle la Fédération européenne des experts-comptables). Ce conseil est assisté d'un groupe consultatif composé d'organisations internationales représentant plusieurs des principaux utilisateurs et préparateurs des états financiers (l'Organisation internationale des bourses de valeurs, la Banque mondiale, la Chambre de commerce internationale, l'OCDE et l'ONU assistent à ce groupe en tant qu'observateurs) et de groupes de travail formés pour traiter d'un sujet comptable particulier. Il est présidé par un *Chairman* élu pour deux ans et demi (et non rééligible). Le président de l'IFAC (International Federation of Accountants) participe avec voix consultative au conseil de l'IASC.

2.3. Les procédures de l'IASC

La procédure d'élaboration des normes est longue et fait appel à de nombreuses consultations tant au niveau du groupe consultatif qu'au niveau des membres de l'IASC.

1. Après discussion, le conseil de l'IASC choisit un sujet qui est ressenti comme nécessitant une norme comptable internationale et l'attribue à un

groupe de travail. Toutes les organisations membres de l'IASC sont invitées à envoyer leurs idées.
2. Le groupe de travail, assisté par le secrétariat de l'IASC, examine les questions soulevées et présente au conseil un relevé des positions sur le sujet.
3. Le groupe de travail recueille les commentaires du conseil et prépare un projet préliminaire pour la norme proposée.
4. Le conseil revoit le projet et le projet est envoyé à toutes les organisations membres pour commentaires.
5. Le groupe de travail prépare un projet révisé qui, après approbation par deux tiers au moins des membres du conseil est publié comme exposé sondage. Toute partie intéressée est invitée à le commenter.
6. À chaque stade de la préparation des projets, les organisations membres sont conseillées par les comités de recherche comptable de leurs propres organisations.
7. À la fin de la période de commentaire (en principe six mois), les commentaires sont soumis à l'IASC et sont étudiés par le groupe de travail responsable du projet.
8. Le groupe de travail soumet alors un projet révisé au conseil pour approbation comme norme comptable internationale.
9. La publication d'une norme exige un vote favorable d'au moins trois quarts des membres du conseil ; après approbation, le texte de la norme adoptée est envoyé à toutes les organisations membres pour traduction et publication.

Ce processus prend approximativement trois ans.

2.4. Les normes de l'IASC

Au nombre de 31 à ce jour, les normes (*international accounting standards* – IAS) de l'IASC sont toutes bâties selon un même schéma :

- une introduction présente la *norme* et définit un certain nombre de termes qui seront utilisés ;
- cette *introduction* est ensuite suivie d'un *exposé des motifs* qui évoque les différentes possibilités et explicite les choix de la norme ;
- la *norme* produite est ensuite édictée, sa date d'application étant formulée dans le dernier aliéna.

Dans certaines normes, en particulier celles révisées récemment, l'introduction et l'exposé des motifs ont été réduits. En revanche, dans le texte de la norme proprement dite, donné en caractères gras, ont été intégrés des commentaires explicatifs.

Certaines normes, telles que la 3 ou la 6, ont été remplacées par des normes plus récentes. D'autres, telles les 2, 7, 8, 9, 11, 16, 18, 19, 21, 22 et 23, ont fait l'objet de révisions depuis leur première application.

Listes des normes adoptées à ce jour

N° norme	*Objet de la norme*	*Date d'application*
IAS 1	Publicité des méthodes comptables	1.1.1975
IAS 2	Stocks	1.1.1976
IAS 3	Les états financiers consolidés	1.1.1977
IAS 4	La comptabilisation des amortissements	1.1.1977
IAS 5	Les informations que doit fournir l'entreprise dans ses états financiers	1.1.1977
IAS 6	L'information reflétant les effets de variations de prix	1.1.1978
IAS 7	Le tableau de financement[1]	1.1.1979
IAS 8	Bénéfice ou perte nette de la période, erreurs fondamentales et changements de méthodes comptables	1.1.1980
IAS 9	Coûts des activités de recherche et de développement	1.1.1980
IAS 10	Éventualités et événements survenant après la date de clôture de l'exercice	1.1.1980
IAS 11	Contrats de construction	1.1.1980
IAS 12	La comptabilisation de l'impôt sur les bénéfices	1.1.1981
IAS 13	La présentation de l'actif à court terme et du passif à court terme	1.1.1981
IAS 14	La présentation d'un information sectorielle	1.1.1983
IAS 15	L'information reflétant les effets de variations de prix (remplace IAS 6)	1.1.1983
IAS 16	Immobilisations corporelles	1.1.1983
IAS 17	La comptabilisation des contrats de location	1.1.1984
IAS 18	La comptabilisation des produits	1.1.1984
IAS 19	Coûts des prestations de retraite	1.1.1985
IAS 20	La comptabilisation des subventions publiques et les informations à fournir sur l'aide publique	1.1.1985
IAS 21	Effets des variations des taux des monnaies étrangères	1.1.1985
IAS 22	Regroupements d'entreprises	1.1.1985
IAS 23	Coûts des emprunts	1.1.1986
IAS 24	L'information concernant les parties liées	1.1.1986
IAS 25	La comptabilisation des placements	1.1.1987
IAS 26	La comptabilisation et la publication de l'information financière concernant les régimes de retraite	1.1.1988
IAS 27	Les états financiers consolidés et la comptabilisation des participations dans les sociétés contrôlées (remplace IAS 3)	1.1.1989
IAS 28	La comptabilisation des participations dans les sociétés apparentées	1.1.1989
IAS 29	L'information financière dans les économies hyper inflationnistes	1.1.1990
IAS 30	Information dans les états financiers des banques	1.1.1991
IAS 31	Comptabilisation des participations dans les co-entreprises (joint-ventures)	1.1.1992

1. Cette norme vient d'être révisée, pour plus de détails voir *Revue française de comptabilité*, n° 243, mars 1993, page 17.

2.5. Les normes en cours d'élaboration

À ce jour, un certain nombre d'exposés-sondages (*exposure drafts*) (dont les numéros ne correspondront pas toujours à ceux de la norme définitive) sont en cours d'analyse.

Il s'agit des projets suivants :

ED 32 : comparabilité des états financiers ;
ED 33 : comptabilisation de l'impôt sur les bénéfices ;
ED 48 : instruments financiers.

▶ *Le projet ED 32* (*Exposure draft 32)*

Le projet ED 32 (ou E.32), publié début 1989, était un projet très lourd, prévoyant l'amendement de pas moins de 13 normes (normes IAS 2, 5, 8, 9, 11, 16, 17, 18, 19, 21, 22, 23, 25). L'objectif était de réduire les options prévues par les normes. En effet, face aux diversités des pratiques nationales, la mise au point des normes communes s'était heurtée à des difficultés. La solution retenue avait consisté à admettre qu'une opération identique puisse être comptabilisée différemment au moyen d'options entre plusieurs méthodes prévues par la norme. Cette pratique avait conduit cependant à rendre difficile toute comparaison entre états financiers de divers pays. Une étude, réalisée par Messieurs Azières et Simmonds[1], faisait ressortir des écarts très importants relatifs à l'évaluation des comptes d'une même entreprise selon les normes de 7 pays de la Communauté européenne (différence de 104 % entre la France et le Royaume-Uni pour l'évaluation des immobilisations incorporelles, différence de 16 % entre l'Allemagne et l'Italie pour l'évaluation des capitaux propres, différence de 47 % entre l'Espagne et le Royaume-Uni pour l'évaluation du bénéfice net). Aussi le projet ED 32 avait-il prévu :

- soit de n'admettre pour certaines normes qu'une seule méthode pour la comptabilisation d'une même transaction ou d'un même événement ;
- soit, en admettant plusieurs méthodes, d'indiquer la préférence de l'IASC, ou s'il n'y avait pas de préférence, les conditions d'application de chacune des méthodes.

En juin 1990, après prise en compte des commentaires reçus et des travaux de consultation, l'IASC a publié une déclaration d'intention sur la comparabilité des états financiers précisant les notions de méthode de référence et de méthodes autorisées. L'IASC décidait par ailleurs, sur les 29 pro-

---

1. Olivier Azières et Andy Simmonds, *L'Odyssée comptable européenne : 1993 ou 2001 ?*, Touch Ross Europe, 1989, 46 pages.

positions de réduction d'option, d'en confirmer 21, applicables (en principe) dès le 1er janvier 1993, d'en faire réexaminer 3 dans un nouveau projet et d'en reporter 5. Dans sa lettre de juillet 1991, l'IASC avait donné le planning suivant :

- les exposés-sondages relatifs aux trois normes reconsidérées (IAS 2, 9, 23) seraient publiés en août 1991 ;
- les exposés-sondages relatifs aux normes ne comportant pas de modifications importantes (IAS 5, 8, 11, 16, 18, 19, 21) seraient publiés début 1992 ;
- seule la révision des deux normes IAS 17 et 25 serait reportée jusqu'à l'aboutissement des travaux complémentaires du projet traitant des instruments financiers.

Ce dernier a été publié en septembre 1991.

Fin 1991 et en 1992 ont été publiés les exposés-sondages des normes devant remplacer IAS 2, 8, 9, 11, 16, 18, 19, 21, 22, 23. Le conseil de l'IASC approuvait les projets en octobre 1992, mais en introduisant de nouvelles modifications pour les projets réformant IAS 2 et IAS 23.

L'approbation finale des normes révisées de ce projet « Comparabilité des états financiers » a été effectuée en définitive par le conseil (*Board*) de l'IASC qui s'est tenu à Oslo du 2 au 5 novembre 1993, la date d'application des nouvelles règles étant fixée aux exercices ouverts à compter du 1er janvier 1995.

Sort des options prévues dans les normes IASC suite à ED 32

Numéro de la norme	*Options prévues originellement*	*Options rendues obligatoires*	*Options ayant la préférence de l'IASC*	*Autres options autorisées*
2	– Coût individuel – Coût moyen pondéré – FIFO – LIFO – Stock outil		– Coût individuel – Coût moyen pondéré – FIFO	LIFO
5			– Description de la méthode préférentielle – Incidence de la méthode utilisée (par rapport à la méthode préférentielle)	

Numéro de la norme	*Options prévues originellement*	*Options rendues obligatoires*	*Options ayant la préférence de l'IASC*	*Autres options autorisées*
8	– Ajustement de la situation nette d'ouverture – Incorporation dans le résultat de l'exercice		– Ajustement de la situation nette d'ouverture	– Incorporation dans le résultat net de l'exercice
9	– Comptabilisation immédiate en charges – Inscription à l'actif lorsqu'ils répondent à des critères déterminés		– Inscription à l'actif lorsqu'ils répondent à des critères déterminés (frais de développement)	– Comptabilisation immédiate en charges
11	– Méthode du pourcentage des travaux – Méthode de l'achèvement	– Méthode du pourcentage d'avancement des travaux		
16	– Coût d'acquisition ou de production – Montant réévalué – Valeur vénale (échange) – Valeur nette comptable (échange)		– Coût d'acquisition ou de production – Valeur vénale ou valeur nette comptable (échange)	– Montant réévalué
17 – Location financement avec effet de levier	– Investissement net – Investissement monétaire net	– Investissement monétaire net		
– Autres contrats de location-financement	– Investissement net – Investissement monétaire net	– Investissement net		
18	– Pourcentage d'avancement – Achèvement	– Pourcentage d'avancement		
19	– Méthode rétrospective – Méthode prospective – Salaire de fin de carrière – Salaire à la clôture de l'exercice	– Salaire de fin de carrière	– Méthode rétrospective	– Méthode prospective

Numéro de la norme	*Options prévues originellement*	*Options rendues obligatoires*	*Options ayant la préférence de l'IASC*	*Autres options autorisées*
19 *(suite)*	– Étalement sur durée résiduelle de vie active – Imputation dans le résultat de l'exercice de survenance	– Étalement sur la durée résiduelle de vie active		
21 – Comptabilisation des opérations – Gains et pertes de change à long terme	– Gains neutralisés – Gains et pertes en résultats – Étalement sur l'exercice et les exercices futurs des gains et des pertes *En cas de couverture de change* – Gains et pertes en résultats – Gains et pertes neutralisés	– Gains et pertes en résultats *En cas de couverture de change* – Gains et pertes neutralisés		
– Gains et pertes résultant d'une grave dévaluation ou de dépréciation de la monnaie du pays	– Imputation sur le résultat – Imputation au coût du bien		– Imputation sur le résultat	– Imputation au coût du bien
21 – Conversion des états financiers – Conversion postes de résultats des entités étrangères	– Taux moyen – Taux de clôture	– Taux moyen		
– Différences de conversion	– En capitaux propres – En résultats de l'exercice	– En capitaux propres		
– Filiales dans les pays inflationnistes	– Corriger puis convertir – Convertir sans correction préalable	– Corriger puis convertir		

Numéro de la norme	*Options prévues originellement*	*Options rendues obligatoires*	*Options ayant la préférence de l'IASC*	*Autres options autorisées*
– Écarts de conversion des états financiers des établissements étrangers non autonomes	– Les porter en résultat – Les différer et les répartir sur les résultats de plusieurs exercices	– Les porter en résultat		
22	– Si acquisition, valeur vénale – Si association : - valeur nette comptable - valeur vénale – Survaleur portée à l'actif et amortie – Survaleur imputée sur les capitaux propres	– Si acquisition, valeur vénale – Si association, valeur nette comptable – Survaleur portée à l'actif et amortie		
23	– Imputation en charge –Incorporation au coût du bien		– Imputation au coût du bien	– Imputation en charge
25 – Évaluation titres à court terme	– Valeur de marché – Plus faible coût du marché ou valeur d'acquisition		– Valeur de marché	– Plus faible coût marché ou valeur d'acquisition
– Évaluation immobilisations financières	– Coût d'acquisition – Montant réévalué – Plus faible coût acquisition ou évaluation globale		– Coût d'acquisition	– Montant réévalué

▶ *Les autres projets*

Le projet ED 33 vise à remplacer la norme IAS 12 relative à la comptabilisation de l'impôt sur les bénéfices et propose une méthode de comptabilisation tenant compte de l'ensemble des impôts différés et utilisant la technique du report variable. Le projet ED 48 a pour objectif de définir un cadre général pour la comptabilisation de l'ensemble des instruments financiers qu'ils soient classiques (prêts, emprunts, dettes et créances d'exploitation...) ou nouveaux (contrats à terme ferme, *swaps*, options...).

2.6 Application des normes IASC

L'IASC ne dispose d'aucun pouvoir de contrainte pour faire adopter ses normes ni pour imposer des sanctions. Elle ne peut que convaincre de l'avantage pour ses interlocuteurs (présentateurs et utilisateurs d'états financiers, membres des organisations professionnelles comptables, organisations intergouvernementales) d'adopter les normes internationales.

Pour ce qui concerne la France, il est à noter que, conformément à la doctrine de l'Ordre des experts-comptables, les normes de l'IASC doivent être suivies par les membres de l'Ordre au même titre que les autres recommandations auxquelles elles sont entièrement assimilées.

3. L'ONU, L'OCDE, L'OICV

3.1. L'organisation des Nations unies (ONU)

La commission des sociétés transnationales de l'Organisation des Nations unies (ONU) a élaboré des recommandations relatives à la mise au point de normes pour la comptabilité et les rapports des sociétés transnationales. Celles-ci doivent fournir au minimum[1] :

- des renseignements financiers (états financiers consolidés, notes annexes, état des sources et emplois de fonds, publicité des méthodes comptables et notes explicatives sur les méthodes d'évaluation et de consolidation...) ;
- des renseignements sur les membres du groupe et les sociétés associées ;
- une ventilation par zones géographiques et par secteurs d'activité ;
- des renseignements généraux sur les effectifs, la production, les programmes d'investissement, l'organisation de l'entreprise ;
- les mesures relatives à l'environnement ;
- des rapports spéciaux complétant en cas de besoin les éléments ci-dessus et pouvant conserver un caractère confidentiel. Ces rapports peuvent être destinés à des organisations gouvernementales ou privées.

1. Robert Teller, « La Normalisation comptable à deux ans du marché unique européen », *Revue de fiscalité européenne et de droit des affaires*, 1991/1.

3.2. L'organisation de coopération et de développement économique (OCDE)

L'OCDE a publié des «principes directeurs à l'intention des entreprises» qui comportent la recommandation de publier sous une forme propre à mieux informer le public un ensemble suffisant de données sur l'activité interne et internationale de l'entreprise. Ces renseignements concernent[1] :

- la structure de l'entreprise ;
- les zones géographiques de l'activité principale ;
- le résultat d'exploitation et les ventes par zones géographiques et par secteurs d'activités ;
- les investissements nouveaux importants ;
- un état des sources et emplois de fonds ;
- l'effectif moyen ;
- les dépenses de recherche et de développement ;
- la politique suivie en matière de cessions internes ;
- les méthodes comptables pratiquées.

3.3. L'organisation internationale des commissions de valeurs mobilières

Cette organisation (IOSCO en anglais) travaille en particulier avec l'IASC et l'IFAC en vue d'identifier les principes comptables et les normes de vérification que les autorités de réglementation seraient prêtes à accepter dans le cas de placements internationaux. La France y est représentée par la COB.

4. LES QUATRIÈME ET SEPTIÈME DIRECTIVES DU CONSEIL DES COMMUNAUTÉS EUROPÉENNES

Le *Journal officiel* des Communautés européennes du 14 mars 1968 mérite que l'expert-comptable européen lui consacre quelque attention. Il y trouvera la première allusion à une directive portant sur la coordination des documents comptables des sociétés.

---

1. Robert Teller, article cité.

On y trouve le texte, adopté le 9 mars, de la première directive d'harmonisation du droit des sociétés basé sur l'article 54 alinéa 3 G du traité de Rome instituant la Communauté économique européenne, lequel prévoit que le Conseil et la Commission exercent les fonctions qui leur sont dévolues pour assurer le droit d'établissement notamment « (…) en coordonnant, dans la mesure nécessaire et en vue de les rendre équivalentes, les garanties qui sont exigées, dans les États membres, des sociétés au sens de l'article 58, alinéa 2, pour protéger les intérêts tant des associés que des tiers ».

Dans l'article 2 de cette première directive, on peut lire notamment : « Toutefois (...) l'application obligatoire de cette disposition est reportée jusqu'à la date de mise en œuvre d'une directive sur la coordination du contenu des bilans et des comptes de profits et pertes (...) Le conseil arrêtera cette directive dans les deux ans suivant l'adoption de la présente directive. »

Ne nous arrêtons pas sur ce délai de deux ans prescrit pour l'adoption de la directive sur les comptes sociaux. Il s'est révélé être d'un optimisme bien grand. En effet, il a fallu dix ans pour que cette directive, devenue la quatrième directive, soit adoptée le 25 juillet 1978.

La coordination mise en place pour la quatrième directive ne concerne que les comptes annuels. Or, un nombre important de sociétés font partie d'ensembles d'entreprises et des comptes consolidés doivent être établis pour que l'information financière de ces ensembles d'entreprises soit portée à la connaissance des associés et des tiers. Dès lors, une coordination des législations nationales sur les comptes consolidés s'est imposée afin de réaliser les objectifs de comparabilité et d'équivalence de cette information. Cette coordination a été réalisée par l'adoption le 13 juin 1983 de la septième directive du Conseil des communautés européennes.

4.1. La quatrième directive du Conseil des communautés européennes du 25 juillet 1978 (78-660 CEE)

Cette directive comprend 62 articles, le texte proprement dit étant précédé d'un exposé des motifs sous forme de 9 « considérants ».

▶ *Les considérants*

Ils précisent les objectifs de la directive et insistent notamment sur :

– l'importance particulière quant à la protection des associés et des tiers que revêt la coordination des dispositions nationales concernant la structure et le contenu des comptes annuels et du rapport de gestion, les modes d'évaluation ainsi que la publicité de ces documents pour ce qui concerne la société anonyme et la société à responsabilité limitée ;

- la nécessité et l'urgence d'une coordination simultanée dans ces domaines pour lesdites formes de sociétés, en raison du fait que, d'une part, l'activité de ces sociétés s'étend souvent au-delà des limites du territoire national et que d'autre part, elles n'offrent, comme garanties au tiers, que leur patrimoine social ;
- la nécessité que soient établies dans la Communauté des conditions juridiques équivalentes minimales quant à l'étendue des renseignements financiers à porter à la connaissance du public par des sociétés concurrentes ;
- l'obligation faite aux comptes annuels de donner une image fidèle du patrimoine, de la situation financière ainsi que des résultats de la société et qu'à cette fin, des schémas de caractère obligatoire pour l'établissement du bilan et du compte de profits et pertes (compte de résultats) doivent être prévus et que le contenu minimal de l'annexe ainsi que du rapport de gestion doit être fixé, mais que toutefois, des dérogations peuvent être accordées à certaines sociétés en raison de leur faible importance économique et sociale ;
- l'importance de la coordination des différents modes d'évaluation pour assurer la comparabilité et l'équivalence des informations contenues dans les comptes annuels ;
- l'obligation de publicité à donner (conformément à la première directive 68-151 CEE), pour les sociétés auxquelles s'applique la présente directive ;
- la nécessité de contrôle des comptes annuels par des personnes habilitées (annonce de la huitième directive : voir chapitre 6 de cet ouvrage) ;
- la nécessité que des comptes de groupe donnant une image fidèle des activités de l'ensemble du groupe soient publiés (annonce de la septième directive : voir ci-après paragraphe 3.2).

► *Le contenu de la quatrième directive*

Après avoir présenté les sociétés concernées par son application, pour chacun des pays, (pour la France : la société anonyme, la société en commandite par actions, la société à responsabilité limitée), la directive édicte un certain nombre d'obligations réparties en 12 sections.

Section 1	: dispositions générales
Section 2	: dispositions générales concernant le bilan et le compte de profits et pertes
Section 3	: structure du bilan

Section 4 : dispositions particulières à certains postes du bilan
Section 5 : structure du compte de profits et pertes
Section 6 : dispositions particulières à certains postes du compte de profits et pertes
Section 7 : règles d'évaluation
Section 8 : contenu de l'annexe
Section 9 : contenu du rapport de gestion
Section 10 : publicité
Section 11 : contrôle
Section 12 : dispositions finales

Les dispositions générales

Ces dispositions introduisent en particulier la notion d'image fidèle (notion de *true and fair view*, élément de base de la loi des sociétés de 1948 au Royaume-Uni et introduit dans la directive à la demande des Britanniques), elles analysent également la notion de comptes annuels, la nécessité d'informations complémentaires et la possibilité de dérogations. L'article 2 comprend l'ensemble de ces dispositions (voir l'encadré ci-dessous).

ARTICLE 2

1. Les comptes annuels comprennent le bilan, le compte de profits et pertes[1] ainsi que l'annexe. Ces documents forment un tout.
2. Les comptes annuels doivent être établis avec clarté et en conformité avec la présente directive.
3. Les comptes annuels doivent donner une image fidèle du patrimoine, de la situation financière ainsi que des résultats de la société.
4. Lorsque l'application de la présente directive ne suffit pas pour donner l'image fidèle visée au paragraphe 3, des informations complémentaires doivent être fournies.
5. Si, dans des cas exceptionnels, l'application d'une disposition de la présente directive se révèle contraire à l'obligation prévue au paragraphe 3, il y a lieu de déroger à la disposition en cause afin qu'une image fidèle au sens du paragraphe 3 soit donnée. Une telle dérogation doit être mentionnée dans l'annexe et dûment motivée, avec indication de son influence sur le patrimoine, la situation financière et les résultats. Les États membres peuvent préciser les cas exceptionnels et fixer le régime dérogatoire correspondant.
6. Les États membres peuvent autoriser ou exiger la divulgation dans les comptes annuels d'autres informations en plus de celles dont la divulgation est exigée pour la présente directive.

1. Le compte de profits et pertes est devenu dans le plan comptable général 1982, le compte de résultats en vue d'éviter la confusion avec les comptes de pertes et profits des plans comptables 1947-1957.

Les dispositions finales

Parmi ces dernières, on peut relever que les États membres devraient mettre en vigueur les dispositions législatives, réglementaires et administratives pour se conformer à la directive dans un délai de deux ans. Les États membres pouvaient prévoir par ailleurs que ces dispositions nouvelles ne s'appliqueraient que dix-huit mois plus tard. Ainsi, en France, la loi du 30 avril 1983 et le décret du 29 novembre 1983 relatifs à la mise en harmonie des obligations comptables des commerçants et de certaines sociétés avec la quatrième directive auraient dû être publiées avant le 25 juillet 1980 et le plan comptable général mis en application le 1er janvier 1984 rendu opérationnel le 25 janvier 1982. Mais d'autres pays avaient pris encore plus de retard.

► *Les amendements apportés à la quatrième directive depuis le 25 juillet 1978*

La quatrième directive a d'abord été amendée par les articles 42 à 47 de la septième directive du 13 juin 1983 puis, plus récemment, par les directives 90-604 et 90-605 du 8 novembre 1990, portant à la fois sur les comptes annuels et consolidés et concernant les dérogations à accorder en faveur des petites et moyennes sociétés, la publication des comptes en écus et le champ d'application. En particulier, la directive 90-605 étend les obligations de la quatrième directive (et de la septième) aux sociétés en nom collectif et sociétés en commandite simple dont tous les associés indéfiniment responsables sont organisés en société anonyme (ou en commandite par actions) ou en société à responsabilité limitée.

4.2. La septième directive du Conseil des communautés européennes du 13 juin 1983 (83-349 CEE)

Cette directive comprend 51 articles, le texte proprement dit étant précédé de 9 « considérants ».

► *Les considérants*

Ils précisent les objectifs de la directive : ils insistent en particulier sur le fait que, un nombre important de sociétés faisant partie d'ensembles, des comptes consolidés doivent être établis pour que l'information financière sur ces ensembles d'entreprises soit portée à la connaissance des associés et des tiers. Dès lors, une coordination des législations sur les comptes consolidés s'impose afin de réaliser les objectifs de comparabilité et d'équivalence de ces informations.

Les « considérants » insistent également sur la nécessité pour les comptes consolidés de donner une image fidèle du patrimoine, de la situation financière ainsi que des résultats de l'ensemble d'entreprises comprises dans la consolidation.

► *Le contenu de la septième directive*[1]

La directive édicte les obligations des États membres en 6 sections :

Section 1 : conditions d'établissement des comptes consolidés
Section 2 : modes d'établissement des comptes consolidés
Section 3 : rapport consolidé de gestion
Section 4 : contrôle des comptes consolidés
Section 5 : publicité des comptes consolidés
Section 6 : dispositions transitoires et dispositions finales

En ce qui concerne les dispositions finales, l'article 49 prévoit que les États membres mettent en vigueur avant le 1er janvier 1988, les dispositions législatives, réglementaires et administratives nécessaires pour se conformer à la présente directive. Il précise également que les États membres peuvent prévoir que ces dispositions ne s'appliqueront pour la première fois qu'aux comptes consolidés de l'exercice qui commence le 1er janvier 1990 ou dans le courant de 1990.

Pour ce qui concerne la France, ces dispositions ont été respectées puisque la loi 85-11 du 3 janvier 1985 a mis en harmonie la législation avec cette septième directive et qu'elle a été suivie par l'arrêté du 9 décembre 1986 modifiant le plan comptable général. Par ailleurs, l'article 15 de cette loi stipule que les dispositions de la présente loi s'appliquent au plus tard à compter du premier exercice ouvert après le 31 décembre 1989 (excepté pour ce qui concerne les sociétés qui émettent des valeurs mobilières inscrite à la cote officielle des bourses de valeurs pour lesquelles la limite a été fixée au premier exercice ouvert après le 31 décembre 1985).

---

1. Nous étudierons plus en détail dans le chapitre 5 consacré à la consolidation les dispositions de cette directive.

4.3. L'application des quatrième et septième directives dans les États de la Communauté européenne

Les quatrième et septième directives ont été appliquées avec plus ou moins de célérité selon les États. Cependant, certains de ces pays ayant rallié tardivement la Communauté, des délais particuliers ont pu leur être accordés. Le tableau ci-après présente l'état d'avancement de la mise en application de ces différents textes dans la législation nationale des pays membres.

	Quatrième directive (comptes individuels)		*Septième directive (comptes consolidés)*	
Pays	*Adoption*	*Application*	*Adoption*	*Application*
Allemagne	Loi 19 décembre 1985	1er janvier 1986	Loi 19 décembre 1985	1er janvier 1990
Belgique	Loi 1er juillet1983 Arrêté 12 septembre1983	1er janvier 1984	Arrêté 1er septembre 1986	1er janvier 1990
Danemark	Loi 10 juin 1981	1er février 1982	Loi 30 juin 1990	1er janvier 1991
Espagne	Loi 25 juillet 1989	1er janvier 1990	Loi 25 juillet 1989	1er janvier 1991
France	Loi 30 avril 1983 Décret 29 novembre 1983	1er janvier 1984	Loi 3 janvier 1985 Décret 17 février 1986	1er janvier 1990
Grande-Bretagne	Companies Act 1985	1er janvier 1986	Companies Act 1989	1er janvier 1990
Grèce	Décret 28 novembre 1986	1er janvier 1987	Décret 31 décembre 1987	1er janvier 1990
Irlande	Loi 12 juillet 1986	1er janvier 1987	Loi 13. juin 1983	1er janvier 1990
Italie	Loi 26 mars 1990 Décret 17 avril 1991	1er janvier 1993	Loi 26 mars 1990 Décret 17 avril 1991	1er janvier 1994
Luxembourg	Loi 4 mai 1984	1er janvier 1985	Loi 11 juillet 1988	1er janvier 1990
Pays-Bas	Loi 7 décembre 1983	1er janvier 1985	Loi 10 novembre 1988	1er janvier 1990
Portugal	Décret 21 novembre 1989	1er janvier 1990	Décret 2 juillet 1991	1er janvier 1991

5. LES SOURCES DES RÈGLES COMPTABLES DANS UN CERTAIN NOMBRE DE PAYS ÉTRANGERS

5.1. Les sources des règles comptables en Allemagne

La législation allemande concernant la tenue de la comptabilité et l'établissement des comptes annuels est extrêmement précise et détaillée, surtout en ce qui concerne les sociétés. Le texte de base est le Code de commerce allemand de 1867 (*Handelsgesetzbuch - HGB*) notamment les articles 238 et suivants, qui s'est substitué à loi prussienne de 1794, elle-même inspirée de la législation française et en particulier du code Savary de 1673.

La loi du 19 décembre 1985 (*Bilanzrichtliniengestz*, en abrégé : *Birilig*) a introduit en droit allemand les quatrième, septième et huitième directives européennes et est entrée en vigueur le 1er janvier 1986.

Les dispositions de la *Birilig* ont été insérées dans le Code de commerce, articles 238 à 339 par la loi du 10 mai 1987. Ces articles concernent :
- les commerçants, articles 238 à 263 ;
- les sociétés de capitaux, articles 264 à 335 ;
- les coopératives, articles 336 à 339.

Les articles 238 à 263 traitent essentiellement des points suivants :
- la tenue des comptes et l'inventaire ;
- l'établissement des comptes annuels (principes comptables, présentation des comptes, règles d'évaluation) ;
- la conservation des documents comptables et leur utilisation en matière de preuve.

Les articles 264 à 335 présentent les dispositions applicables aux sociétés de capitaux relatifs notamment aux points suivants :
- les comptes annuels et le rapport de gestion (principes généraux, présentation du bilan, du compte de profits et pertes, règles d'évaluation, annexe, rapport de gestion) ;
- les comptes consolidés et le rapport de gestion sur les comptes consolidés ;
- le contrôle des comptes annuels ;
- la publication des comptes annuels ;
- les sanctions applicables en cas de non-respect de la loi.

Les articles 238 et 239 obligent le commerçant à tenir des livres comptables retraçant l'ensemble de ses opérations ainsi que sa situation financière dans le respect des règles d'une comptabilité régulière. L'article 264 alinéa 2 (relatif uniquement aux sociétés de capitaux) stipule que les comptes annuels doivent être présentés selon les principes d'une comptabilité régulière et donner une image fidèle du patrimoine, de la situation financière et du résultat de la société. L'article 255 définit le coût d'acquisition et le coût de production.

L'ensemble des rubriques des comptes annuels sont également définies dans le Code de commerce. La législation fiscale, en particulier l'article 140 du Code général des impôts allemand (*Abgabenordnung*) se réfère aux dispositions comptables de la loi sur les sociétés. Le bilan comptable, après avoir subi certains correctifs, servira de base au bilan fiscal. Toutefois, de nombreuses dérogations à ce principe de prééminence sont à observer : ainsi, certains avantages fiscaux, tels qu'un amortissement accéléré, ne peuvent être réclamés que s'ils sont également inscrits dans les bilans commerciaux. De même, certaines provisions doivent être enregistrées en comptabilité pour donner lieu à déduction.

Pour toutes les questions qui ne sont pas expressément réglées par les dispositions légales, la loi renvoie aux principes de base. Ces pratiques résultent de la jurisprudence, de la doctrine formulée par les professionnels et par la pratique. C'est ainsi que les organisations professionnelles ont énoncé de volumineuses opinions (sans forme juridique spécifique, mais importantes pour les praticiens qui, s'ils ont agi en contradiction avec les avis de leurs organisations professionnelles, auront du mal à se défendre devant les tribunaux). Il est à remarquer en matière de jurisprudence l'importance des décisions des tribunaux fiscaux (plus de 200 décisions par an sur des questions comptables) qui s'explique par les règles exposées ci-dessus et par le fait que beaucoup de PME ne présentent qu'un seul bilan (alors qu'il est possible de présenter un bilan commercial et un bilan fiscal[1]).

Alors que l'Allemagne est le pays des premiers plans comptables (plan Friedrich Schär de 1911, plan Eugen Schmalenbach de 1927, plan dit Goering de 1937), il n'existe pas dans l'Allemagne contemporaine de plan comptable général. Cependant, des cadres comptables ont été développés par les organisations professionnelles (plan GKR *Gemienschafts-Kontenrahmen* de type moniste, le plus ancien et plan IKR *Industrie-Kontenrahmen* de type dualiste, le plus récent, cadre comptable de la Fédération des industries – BDI – *Bundesverband der Deutschen Industrie*...).

1. Pour plus de détails voir Manfred Bolin, « Les Sources du droit comptable allemand », *Revue française de comptabilité*, n° 221, mars 1991.

Dans un secteur d'activité déterminé, le cadre comptable constitue le plan général de l'organisation de la comptabilité de l'entreprise, déterminant une classification des différents comptes utilisés. Il constitue un modèle pour le secteur d'activité considéré, garantissant une présentation uniforme pour les entreprises du secteur concerné. Des plans comptables sont établis par les dites entreprises sur la base du cadre comptable qui leur est applicable.

5.2. Les sources des règles comptables en Belgique

Jusqu'à la promulgation de la loi du 17 juillet 1975 relative à la comptabilité et aux comptes annuels des entreprises, il n'existait pas en Belgique de dispositions comptables légales en dehors de celles, très générales, contenues dans le Code de commerce de 1807. L'établissement des comptes annuels était placé sous la seule responsabilité des dirigeants. Cette loi a d'abord été complétée par un décret du 21 octobre 1975 créant une commission des normes comptables chargée de proposer les solutions nécessaires pour résoudre de nombreux problèmes d'adaptation ; deux arrêtés royaux d'application principaux sont venus ensuite fixer les principales dispositions de la loi :

- l'arrêté royal du 8 octobre 1976 a précisé la forme et le contenu des comptes annuels, les principes généraux d'évaluation et les règles de dépôt des comptes au greffe du tribunal de commerce ;
- l'arrêté royal du 7 mars 1978 a fixé le contenu du plan comptable normalisé minimum auquel les grandes entreprises ont été soumises.

C'est la loi du 1er juillet1983 modifiant la loi du 17 juillet 1975 qui a permis de réaliser l'harmonie de la législation nationale belge avec la quatrième directive du Conseil des communautés européennes (en fait, les modifications ont été mineures car la loi du 17 juillet 1975 avait été mise en forme à partir du projet de la quatrième directive). Cette loi a été complétée par les arrêtés royaux (AR) du 12 septembre 1983 :

- AR du 12 septembre 1983 portant exécution de la loi du 17 juillet 1975 remplaçant l'AR du 23 décembre 1975 ayant le même objet ;
- AR du 12 septembre 1983 modifiant l'AR du 8 octobre 1976 relatif aux comptes annuels des entreprises ;
- AR du 12 septembre 1983 déterminant la teneur et la représentation d'un plan comptable minimum normalisé, remplaçant l'AR du 7 mars 1978 ayant le même objet.

Sous réserve de la faculté qui est offerte aux PME de faire usage de schémas abrégés pour la présentation et la publication de leurs comptes annuels, toutes les sociétés anonymes, les sociétés de personnes à responsabilité limitée, les coopératives sont tenues de respecter le plan comptable minimum normalisé (PCMN) que l'arrêté royal sur les comptes annuels a rendu obligatoire. Seules les entreprises autorisées à tenir une comptabilité simplifiée (entreprises individuelles, sociétés en nom collectif ou en commandite simple de petite taille), les institutions de crédit régies par une loi particulière et les entreprises d'assurances et de réassurances ne sont pas assujetties au PCMN.

Le PCMN est un plan comptable au sens strict du terme : il comprend une simple nomenclature de comptes avec un indice composé suivant le système de codification décimale (voir tableau ci-après). Il ne comporte pas de précisions quant :

- au contenu des comptes, sauf pour les droits et engagements hors bilan ;
- au fonctionnement des comptes ;
- aux règles d'évaluation.

Cependant beaucoup de précisions sont données dans l'arrêté royal du 8 octobre 1976 modifié.

L'application du PCMN à l'activité de l'entreprise s'effectue par :

- l'adaptation des libellés des comptes prévus au PCMN aux caractéristiques propres de l'activité, du patrimoine et des produits et charges de l'entreprise ;
- l'omission des comptes prévus au PCMN qui sont sans objet pour l'entreprise ;
- la subdivisions de comptes prévus au PCMN ;
- l'ouverture de comptes complémentaires.

Structure du PCMN

Classes 1 à 5	**Comptes de bilan**
Classe 1	FONDS PROPRES, PROVISIONS POUR RISQUES ET CHARGES ET DETTES À PLUS D'UN AN
10 à 14	Capital et prolongements du capital
15	Subsides en capital
16	Provision pour risques et charges
17	Dettes à plus d'un an
Classe 2	FRAIS D'ÉTABLISSEMENT, ACTIFS IMMOBILISÉS ET CRÉANCES À PLUS D'UN AN
20	Frais d'établissement
21	Immobilisations incorporelles
22 à 27	Immobilisations corporelles
28	Immobilisations financières
29	Créances à plus d'un an
Classe 3	STOCKS ET COMMANDES EN COURS D'EXÉCUTION
30 à 36	Stocks
37	Commandes en cours d'exécution
Classe 4	CRÉANCES ET DETTES À UN AN AU PLUS
40 à 41	Créances
42 à 48	Dettes
49	Comptes de régularisation
Classe 5	PLACEMENTS DE TRÉSORERIE ET VALEURS DISPONIBLES
50 à 53	Placements de trésorerie
54 à 58	Valeurs disponibles
Classe 6	**Comptes de charges**
60 à 64	CHARGES D'EXPLOITATION
60	Approvisionnements et marchandises
61	Services et biens divers
62	Rémunérations, charges sociales et pensions
63	Amortissements, réductions de valeur et provisions pour risques et charges
64	Autres charges d'exploitation
65	CHARGES FINANCIÈRES
66	CHARGES EXCEPTIONNELLES
67	IMPÔT SUR LE RÉSULTAT
68	TRANSFERTS AUX RÉSERVES IMMUNISÉES
Classe 7	**Comptes de produits**
70 à 74	PRODUITS D'EXPLOITATION
70	Chiffre d'affaires
71	Variation de stocks et commandes en cours
72	Production immobilisée
74	Autres produits d'exploitation
75	PRODUITS FINANCIERS
76	PRODUITS EXCEPTIONNELS
77	RÉGULARISATION D'IMPÔTS ET REPRISES DE PROVISIONS FISCALES
78	PRÉLÉVEMENT SUR LES RÉSERVES IMMUNISÉES
Comptes 69 et 79	**Comptes d'affectations et de prélèvements**
Classe 0	**Droits et engagements hors bilan**

5.3. Les sources des règles comptables en Espagne

Avant le 1er janvier 1986, date de l'entrée dans la CEE de l'Espagne, trois textes traitant de la comptabilité constituaient les bases du droit comptable dans ce pays :
- le Code de commerce du 22 août 1885 ;
- la loi sur les sociétés anonymes du 17 juillet 1951 ;
- le plan comptable général du 22 février 1973.

La loi n° 19 du 25 juillet 1989 a adapté la législation commerciale espagnole en matière comptable aux directives de la CEE. Cette loi a refondu notamment le titre III du livre I (articles 25 à 49) du Code de commerce relatif à la comptabilité des entreprises. Elle a aussi modifié les obligations spécifiques relatives à l'établissement des comptes des sociétés anonymes en les étendant également aux sociétés à responsabilité limitée et aux sociétés en commandite par actions. Dans son article 8, elle a autorisé le gouvernement à promulguer un plan général de comptabilité (*Plan general de Contabilidad*) : celui-ci a été préparé par les instances de l'Institut de comptabilité et d'audit des comptes (*Instituto de Contabilidad y Auditoria de Cuentas*), organisme de normalisation de la comptabilité créé par la loi du 12 juillet 1988.

Le décret royal du 22 décembre 1989, quant à lui, reformula la loi sur les sociétés anonymes en précisant les règles de présentation des comptes annuels (applicables également aux SARL et aux commandites par actions). Le 15 janvier 1990, l'Institut de comptabilité et d'audit des comptes publie son projet de plan comptable révisé et le 2 avril 1990 un projet de norme sur la présentation des comptes de groupe. C'est le 20 décembre 1990 que le décret royal instituant le plan comptable révisé, obligatoire pour tout exercice ouvert à compter du 1er janvier 1991, a été publié.

Le nouveau plan comptable espagnol se présente sous forme de manuel et comprend les chapitres suivants.
1. Principes comptables.
2. Plan de comptes.
3. Fonctionnement des comptes.
4. Comptes annuels.
5. Évaluation.

Comme le plan comptable 1973, le nouveau plan reste inspiré par le modèle français. Le plan 1973 était la réplique du plan comptable français de 1957. Il était très strict et reflétait beaucoup plus le contenu fiscal de la comptabilité que la situation économique. Les définitions des principes comptables étaient pauvres et vagues et ne prenaient pas en compte les questions de crédit-bail, d'imposition différée, de différence de taux de change.

Avec ses nouvelles normes, l'Espagne a montré en bien des endroits sa volonté d'ouverture internationale par la recherche de solutions parfois originales mais toujours dictées par le souci de l'application de « principes comptables généralement admis ». La transition a nécessité de nombreux textes qui ont eu le mérite d'être élaborés après de réelles confrontations d'idées.

Plan comptable espagnol (1990)

Le plan de comptes du plan comptable 1990 espagnol comporte sept classes de comptes (cinq de bilan, deux de résultats)

Classe 1. Capitaux permanents
10. Capital
11. Réserves
12. Résultat
13. Produits à répartir sur plusieurs exercices
14. Provisions pour risques et charges
15. Emprunts

......

Classe 2. Immobilisations
20. Frais d'établissement
21. Immobilisations immatérielles
22. Immobilisations matérielles

......

28. Amortissements
29. Provisions

Classe 3. Stocks
30. Marchandises
31. Matières premières

......

Classe 4. Tiers

Classe 5. Comptes financiers

Classe 6. Achats et charges
60. Achats
61. Variation de stocks
62. Services extérieurs
63. Impôts
64. Charges de personnel
65. Autres charges de gestion
66. Charges financières
67. Pertes sur immobilisations et charges exceptionnelles
68. Dotations aux amortissements
69. Dotations aux provisions

Classe 7. Ventes et produits
70. Ventes
71. Variation de stocks
73. Travaux réalisés par l'entreprise
74. Subventions d'exploitation
75. Autres produits de gestion
76. Produits financiers
77. Bénéfices sur immobilisations et produits exceptionnels
79. Reprises sur provisions

5.4. Les sources des règles comptables en Grande-Bretagne

La Grande-Bretagne est un pays de droit coutumier. En effet, il ne faut pas oublier qu'à l'origine le droit anglais (applicable en Angleterre et au Pays de Galles, l'Écosse comme l'Irlande du Nord ayant leur propre droit) est fondé sur la *common law* et l'*equity*. Dans ce type de droit, l'usage et les pratiques ont une place prépondérante. Ainsi, en matière de droit comptable le professionnel a dû tout simplement rechercher la meilleure présentation des comptes dans le but d'obtenir une image sincère et fidèle : le *true and fair view*.

Aujourd'hui, le *Companies Act* et les normes émises par les organismes de normalisation sont les sources essentielles des règles comptables britanniques. La profession comptable joue un rôle essentiel dans l'application de ces règles. Quant aux normes du *Stock Exchange*, bourse de valeurs britannique, elles viennent en complément des obligations du *Companies Act* ou des normes comptables pour les sociétés dont les actions sont cotées dans une bourse britannique.

Il est à noter que par ailleurs (et contrairement à la France) les règles fiscales ont peu d'effet sur les méthodes comptables.

▶ *Le Companies Act*

En 1841, un comité, présidé par W.E. Gladstone, entreprend de réformer la législation de l'époque sur les sociétés. Ses recommandations aboutissent à la loi de 1844 (le *Joint Stock Companies Act*) qui introduit les grands principes sur lesquels est fondé le droit des sociétés actuel de la Grande-Bretagne : parmi eux, se trouve l'obligation de publicité avec la création d'un registre des sociétés ou chaque société doit déposer ses statuts et ses documents annuels.

À la fin du XIXe siècle, le Board of Trade institue une pratique : tous les vingt ans environ, une commission d'experts doit être nommée pour examiner le droit des sociétés et suggérer des réformes. Ces réformes font l'objet de lois dont les dispositions sont refondues dans la loi antérieure au profit d'une loi nouvelle.

Au niveau des obligations comptables, de nombreuses lois ont énoncé de nouvelles exigences :

1908 obligation de publier le bilan ;
1929 obligation de soumettre le compte de résultats aux actionnaires ;
1948 – obligation de présenter des comptes individuels et pour les groupes, des comptes consolidés ;

– apparition dans les textes de la notion de *true and fair view* ;

1967 obligation de présenter des comptes détaillés et accompagnés d'un rapport de gestion ;

1976 réorganisation de la mission du réviseur ;

1981 entrée en vigueur de la quatrième directive (appliquée en 1985) ;

1985 mise en application de la quatrième directive européenne obligeant les entreprises immatriculées :
– à tenir des livres comptables dans lesquels sont enregistrées les opérations au fur et à mesure de leur réalisation ;
– à établir des comptes annuels donnant une image fidèle du résultat des opérations de l'exercice écoulé, ainsi que des actifs et passifs de la clôture de l'exercice ;

1989 mise en application de la septième et de la huitième directives européennes (pour les exercices ouverts à compter du 22 décembre 1989) :
– comptes consolidés (septième directive) ;
– agrément des personnes chargées du contrôle légal des documents comptables (huitième directive).

Les obligations comptables des sociétés sont fixées par les sections 221 à 251 du *Companies Act*, lequel présente en particulier (section 227) les divers modèles de bilan et du compte de profits et pertes reprenant les schémas de la quatrième directive européenne.

► *Les normes des organismes de normalisation*

La profession comptable britannique est organisée en six instituts :

- the Institute of Chartered Accountants in England and Wales (ICAEW) ;
- the Institute of Chartered Accountants in Ireland ;
- the Institute of Chartered Accountants of Scotland ;
- the Chartered Association of Certified Accountants ;
- the Institute of Cost and Management Accountants ;
- the Chartered Institute of Public Finance Accountancy.

À partir de 1969, un comité créé par l'ICAEW en association avec les instituts d'Écosse et d'Irlande, l'Accounting Standards Committee (ASC) a commencé à publier des normes ou standards, les *statements of standards accounting practice* ou SSAP.

En 1986, les six institutions se sont regroupées en un comité consultatif de la profession comptable, le Consultative Committee of Accounting Bodies ou CCAB. Ce comité s'est rendu responsable du développement de la comptabilité et des normes en matière d'élaboration et de contrôle des comptes. Il a par ailleurs mis en place deux formations spécialisées : l'ASC déjà cité et l'APC (Auditing Practices Committee) chargé d'élaborer les normes en matière d'audit.

Depuis avril 1990, à la suite d'un rapport publié en 1988 par un groupe de travail présidé par Sir Ron Dearing et qui avait évoqué la nécessité de remplacer l'ASC par un organisme plus indépendant, les normes sont établies par l'ASB (Accounting Standards Board) qui a pris la suite de l'ASC.

L'organisation nouvelle comprend maintenant quatre institutions :

1. Le Financial Review Council (FRC) composé de 20 à 25 membres représentant les intérêts de la communauté financière est responsable du financement de l'ensemble et a en charge la supervision des problèmes politiques et stratégiques de l'institution. Il se réunit 2 à 3 fois par an, nomme les membres de l'ASB et publie un rapport annuel.
2. L'Accounting Standards Board (ASB) composé de 9 membres experts en matière comptable, se réunit 2 fois par mois, établit les normes (adoptées à la majorité des deux tiers) et les publie.
3. Le Review Panel (RP) doit déterminer et éventuellement engager les poursuites judiciaires en cas de non-respect des normes comptables établies.
4. L'Urgent Issues Task Force (UITF) est un comité de quinze personnes (dont un certain nombre de représentants des grands cabinets d'audit) créé au début de 1991 pour préciser les modalités d'application des normes comptables lorsqu'il apparaît qu'elles peuvent donner lieu à des interprétations différentes. Ses décisions sont prises par consensus (majorité élargie) et sont d'application obligatoire.

Fin juillet 1990, l'ASC avait publié 25 SSAP et avait mis en chantier 8 projets de normes repris par l'ASB. Les normes émises par l'ASB s'appellent FRS (*financial reporting standards*)[1].

---

1. L'étude de la transformation de la normalisation comptable en Grande-Bretagne a fait l'objet d'un article exhaustif de Peter Stelling dans la *Revue française de comptabilité*, p. 72 à 79, novembre 1992.

Les différentes SSAP[1]

Numéros	*Intitulés*
1	Comptabilisation des résultats des sociétés apparentées
2	Publicité des méthodes comptables
3	Bénéfice par action
4	Comptabilisation des subventions
5	Comptabilisation de la TVA
6	Eléments exceptionnels et sur exercices antérieurs
7	Comptabilité en pouvoir d'achat
8	Traitement de l'impôt sur les sociétés
9	Stocks et travaux en cours
10	Tableau des ressources et des emplois
11	Comptabilisation des impôts différés
12	Comptabilisation de l'amortissement
13	Comptabilisation des dépenses de recherche et de développement
14	Comptes de groupe
15	Comptabilisation des impositions différées
16	Comptabilité en coûts et valeurs actuels
17	Événements survenus après la clôture de l'exercice
18	Comptabilisation des engagements hors bilan
19	Comptabilisation des placements financiers
20	Comptabilisation des conversions monétaires
21	Comptabilisation des contrats de location
22	Comptabilisation du goodwill (fonds commercial, écart d'acquisition)
23	Comptabilisation des acquisitions et fusions
24	Comptabilisation des charges de retraite
25	Information sectorielle

1. les numéros 6, 7, 10, 11 et 16 ont été supprimés.

Les différentes FRS

Numéros	*Intitulés*
1	Tableau de flux de trésorerie
2	Comptabilisation des participations dans les filiales
3	Information financière
4	Instruments financiers

Les différentes recommandations de l'UITF

Numéros	*Intitulés*
1	Comptabilisation des primes de remboursement des obligations convertibles
2	Comptabilisation des charges de restructuration
3	Traitement de l'écart d'acquisition en cas de cessation d'activité
4	Présentation des créances à long terme dans les actifs d'exploitation
5	Reclassement d'actifs à court terme en immobilisations corporelles
6	Comptabilisation des avantages autres que les retraites accordés aux retraités
7	Nécessité de justifier du non-respect de certaines règles lorsque celui-ci vise à l'amélioration de l'image fidèle
8	Comptabilisation du remboursement anticipé d'un emprunt
9	Comptabilisation des opérations en milieu hyperinflationniste

5.5. Les sources des règles comptables en Italie

L'Italie peut s'enorgueillir d'une tradition comptable vieille de plusieurs siècles. C'est dans ce pays que Luca Pacioli en 1494 a décrit pour la première fois les principes comptables de base qui sont utilisés partout dans le monde aujourd'hui. Les règles comptables obligatoires sont fixées par la loi et en particulier le Code civil et différentes lois fiscales. Depuis 1942, le Code civil italien consacre une section importante aux règles comptables. Les articles 2423 et suivants de ce code abordaient :

- le contenu du bilan (appelé état patrimonial) ;
- les règles d'évaluation ;
- les mesures de publicité légale.

Certaines lois spécifiques intégrées au Code civil ont permis par ailleurs de pallier les limites des dispositions légales initiales. C'est ainsi que :

- la loi DPR 216 du 7 juin 1974 a structuré de façon plus rigoureuse et plus précise le compte de résultats ;
- la loi DPR 136 du 31 mars 1975 a mis l'accent sur l'utilisation de principes comptables corrects ;
- la loi DPR 72 du 19 mars1963 a défini les conditions permettant la dérogation aux règles légales et a énoncé le principe d'image fidèle (*Quadro fedele*).

Mais c'est le décret d'application n° 127/91 de la loi 69 du 26 mars 1990 qui a introduit en Italie les quatrième et septième directives de la Communauté européenne. Ce décret du 9 avril 1991 modifie un certain nombre d'articles du Code civil italien (articles 2423 et suivants) comportant des obligations comptables.

L'article 2423 bis nouveau du Code civil (article 3 du décret précité) formule les principes à observer dans la préparation et la présentation des comptes annuels. La structure de ces derniers est présentée dans les articles 2424 et 2424 bis nouveau du Code civil. Il est à noter que c'est seulement qu'à partir de 1974 que les sociétés de capitaux italiennes ont été obligées d'établir un compte de résultats annuel. Les méthodes d'évaluation sont décrites dans l'article 2425 nouveau du Code civil (article 9 du décret).

Cette nouvelle réglementation italienne doit entrer en vigueur au cours des exercices 1993 pour les comptes annuels et 1994 pour les comptes consolidés.

Les directives de la loi en matière comptable peuvent être complétées par les recommandations de la CONSOB[1] (organe de contrôle des sociétés cotées) de la CNDC[2] et de la CNDR[3] ((organisations professionnelles). Ces dernières publient depuis 1975 des recommandations appelées *principi contabili* ayant pour objectif :

- d'offrir des solutions pour pallier les carences des dispositions légales en vigueur ;
- de fournir au législateur et à la CONSOB un schéma des principes comptables courants ;
- d'énoncer des principes comptables corrects relatifs à la détermination, l'évaluation et la présentation des valeurs au bilan ;
- de préparer les entreprises aux changements engendrés par la quatrième directive.

5.6. Les sources des règles comptables au Pays-Bas

Actuellement, aux Pays-Bas, l'influence des règles comptables, de création récente, est limitée et leur interprétation est souvent difficile. L'influence de la fiscalité est inexistante, le bénéfice comptable étant corrigé pour déterminer le bénéfice fiscal. Jusqu'à l'introduction de la loi du 30 septembre 1970 sur les comptes annuels, la législation concernant le bilan et le compte de résultats était extrêmement incomplète. La loi antérieure à cette réforme datait de 1928 et ne contenait que quelques dispositions relatives aux seuls actifs des sociétés anonymes : il n'y avait aucune réglementation quant au passif et au compte de résultats.

---

1. CONSOB : Commission Nazionale per la Società e la Borsa.
2. CNDC : Consiglio Nazionale dei Dottori Commercialisti.
3. CNDR : Consiglio Nazionale dei Ragionieri.

L'influence des professionnels et des universitaires était cependant importante et permettait toutefois l'établissement d'états financiers de qualité malgré l'insuffisance de la réglementation. Les influences principales venaient :

- des experts-comptables (*registeraccountants*) dont le rôle est très important, par le biais de leur association : la NIVRA (Nederlands Instituut Van Registeraccountants) ;
- des associations d'employeurs, celles-ci ont en particulier publié des travaux visant à formuler des explications sur la tenue de la comptabilité ;
- des auteurs et théoriciens universitaires de l'économie d'entreprise (*bedrijfseconomie*) comme le professeur Limperg, avec la théorie de la réévaluation, invitant les entreprises à calculer leur résultat en tenant compte du coût de remplacement des actifs immobilisés et des stocks ;
- de certaines grandes entreprises, comme Philips, qui ont joué un rôle considérable dans le développement de la comptabilité néerlandaise. Leurs solutions de mise en pratique totales ou partielles des idées de Limperg ont pu exercer une influence notable sur d'autres entreprises.

La loi de 1970 n'a pas seulement concerné les sociétés mais toutes les entreprises dont l'activité économique justifiait qu'elles soient assujetties aux dispositions légales concernant les comptes annuels[1].

Le Raad voor de Jaarverslaggeving (Conseil pour l'information financière annuelle) est l'organisme chargé d'élaborer les normes aux Pays-Bas. Il est composé de représentants des entreprises, des syndicats et de la NIVRA. Son rôle est important. Les normes qu'il émet ne sont pas obligatoires d'un point de vue légal, mais leur respect est fortement recommandé.

La loi sur les comptes annuels de 1970 a été codifiée en 1976 (tome 2 chapitre 9 du Code civil). À cette occasion, un article spécifique a été ajouté demandant aux sociétés qui ont des activités très diversifiées de fournir, dans leurs états financiers, des détails sur la contribution de chaque secteur au résultat de l'entreprise (information sectorielle).

La loi de 1970 a été remaniée plusieurs fois afin d'adapter la législation néerlandaise aux directives européennes :

- loi du 7 décembre 1983, décret du 22 décembre 1983 sur l'évaluation des

1. David Alexander, Simon Archer, *The European Accounting Guide*, Academic Press Limited, 1992, p. 384.

actifs et du 23 décembre 1983 sur les modèles de comptes, pour ce qui concerne l'adaptation à la quatrième directive ;
- loi du 10 novembre 1988 pour ce qui concerne la septième directive.

Il est à noter que cette adaptation n'a pas entraîné de changements majeurs. Aujourd'hui, la loi comptable applicable, intégrée au Code civil, comprend une cinquantaine d'articles (y compris ceux concernant la consolidation) qui passent en revue l'essentiel des problèmes posés par l'établissement de la comptabilité, c'est-à-dire le bilan, le compte de résultats, l'annexe et le rapport de gestion.

Enfin, l'Institut néerlandais des experts-comptables (NIVRA) est membre de l'IASC. À ce titre, toutes les sociétés cotées à la Bourse d'Amsterdam doivent présenter leurs comptes en se conformant aux normes de l'IASC dans la mesure où le NIVRA les a rendues obligatoires pour ses membres après consultation et avec l'accord des représentants des employeurs et des salariés.

5.7. Les sources des règles comptables au Portugal

Jusqu'au début des années soixante, aucune démarche de normalisation comptable n'avait vu le jour au Portugal. Après de timides initiatives de l'Union des employés de bureau (1965) et du ministère des Finances (1973), un premier plan fut préparé dès le début de l'année 1975 par la Commission de normalisation des comptabilités, créée en 1974, qui prit en considération les sujets traités par l'IASC. Ce plan fut approuvé et mis en application début 1977 sous le nom de plan officiel comptable (*Plano Official de Contabilidade* : POC).

L'entrée du Portugal dans la Communauté européenne (le 1er janvier 1986) rendit nécessaire une harmonisation de la législation sur les sociétés avec les quatrième et septième directives. À cet effet, le plan officiel comptable fut amendé par la Commission de normalisation des comptabilités et repris dans les décrets-lois du 21 novembre 1989 en ce qui concerne la quatrième directive et du 2 juillet 1991 en ce qui concerne la septième directive.

À côté du plan officiel de comptabilité, il convient de signaler l'existence d'autres règles formulées par le droit commercial (Code de commerce, loi sur les sociétés) et le droit fiscal, en matière de documents comptables et de procédures de tenue de la comptabilité.

5.8. Les sources des règles comptables dans les autres pays de la Communauté européenne

► *Les sources des règles comptables au Danemark*

Les sources les plus importantes sont :

- la loi 598 du 21 août 1990 sur la tenue de la comptabilité ;
- la loi 661 du 25 septembre 1991 sur les comptes des sociétés (loi adaptant la loi du 10 juin 1981 sur l'introduction de la quatrième directive européenne) ;
- la loi 343 du 6 juin 1991 sur les sociétés à responsabilité limitée ;
- la loi 553 du 30 juin 1990 sur les comptes consolidés.

Le rôle des professionnels, important lui aussi, est joué par l'Ordre des experts-comptables diplômés (FSR en danois). Deux comités dépendant de cette organisation interviennent en matière comptable. Il s'agit du Comité pour les questions légales et du Comité pour la normalisation comptable. En juin 1992, le Comité pour la normalisation comptable avait publié huit normes.

► *Les sources des règles comptables en Grèce*

Le droit comptable en Grèce s'articule autour des lois sur les sociétés et du plan comptable général. Les sociétés sont régies par deux textes de lois :

- la loi 2190/1920 pour les sociétés anonymes ;
- la loi 3190/1955 pour les sociétés à responsabilité limitée.

Ces lois ont été mises en harmonie avec les quatrième et septième directives par les décrets présidentiels 409/86 du 28 novembre 1986, 419/86 du 10 décembre 1986 et 478/87 du 31 décembre 1987.

Le plan comptable général grec a été institué par la loi 1041/80 et le décret 1123/80 conformément à la quatrième directive européenne. Le plan comptable général grec s'apparente sur de nombreux points au plan comptable général français.

► *Les sources des règles comptables en Irlande*

Les relations historiques, tout particulièrement en matière économique, entre la République d'Irlande et la Grande-Bretagne ont conduit à une harmonisation comptable entre les deux pays. Ainsi, par le *Companies Act* de 1983, l'Irlande a mis en place une législation sur les sociétés très proche de celle issue du *Companies Act* de 1948 en Grande-Bretagne.

La quatrième directive de la Communauté européenne a été introduite dans le droit interne irlandais par le *Companies Act* de 1986 selon des modalités analogues à celles retenues par le *Companies Act* de 1985 britannique.

L'Institut of Chartered Accountants in Ireland (ICAI) a participé conjointement avec les instituts britanniques aux travaux de l'ASC[1] puis de l'ASB[2]. Les SSAP[3] de l'ASC et les FRS[4] de l'ASB sont publiés par l'ICAI et sont applicables en Irlande comme ils le sont au Royaume-Uni.

► *Les sources des règles comptables au Luxembourg*

Avant l'introduction de la quatrième directive, les règles à observer pour l'établissement des comptes ne visaient que le seul bilan et étaient des plus limités. L'introduction de la quatrième directive s'est faite par la loi du 4 mai 1984 et les arrêtés du 30 janvier 1985. Le Luxembourg, afin de garder la souplesse qui existait pour l'établissement des comptes sociaux (qui peut s'expliquer par la présence sur le territoire du Grand-Duché d'entreprises venues d'un peu partout) n'a repris que les dispositions minimales de la directive.

5.9. Les sources des règles comptables en Suisse

Le Code des obligations suisse contient un court chapitre (articles 957 à 964) qui remonte à 1937 (Titre XXXII : de la comptabilité commerciale) sur les principes généraux de tenue des livres comptables et la préparation des états financiers, et qui s'appliquent à toutes les entreprises inscrites au Registre du commerce.

Les entreprises doivent légalement tenir une comptabilité, dresser un inventaire, établir un bilan, un compte d'exploitation à la fin de chaque exercice annuel. Le bilan et le compte d'exploitation doivent être dressés conformément aux principes généralement admis dans le commerce : ils doivent être complets, clairs et faciles à consulter « afin que les intéressés puissent se rendre compte aussi exactement que possible de la situation économique de entreprise » (Code des obligations : articles 958 et 959). Aucune disposition particulière ne réglemente la nature et la forme des livres comptables et moyens d'enregistrement. Le Code des obligations n'impose d'ailleurs aucun plan comptable. Les entreprises sont en conséquence libres de le définir en fonction de leurs propres besoins.

---

1. Accounting Standards Committee.
2. Accounting Standards Board.
3. Statements of Standard Accounting Practice.
4. Financial Reporting Standards.

À l'initiative de la Chambre suisse des société fiduciaires et des experts-comptables, des recommandations comptables (n'ayant cependant aucune force légale) ont été émises et publiés par une « Fondation pour les recommandations relatives à la présentation des comptes » (RPC) créée en 1984 et réunissant des représentants des différentes organisations d'employeurs, de salariés, des banques, des compagnies d'assurances, de l'industrie, des universitaires, des experts-comptables. Les recommandations émises par cette fondation ont pour but d'augmenter la qualité de l'information, d'améliorer la possibilité de comparer les comptes annuels et d'autre part de faciliter un rapprochement avec les principes internationaux de présentation des comptes. Il est à noter qu'aucun texte de droit commercial, ni de droit fiscal, ni de droit pénal ne définit les principes d'une comptabilité régulière. Les recommandations publiées par la fondation concernent :

RPC 0 : objectifs, thèmes et procédures des RPC ;
RPC 1 : les éléments des comptes annuels ;
RPC 2 : les comptes consolidés ;
RPC 3 : les principes d'une comptabilité généralement acceptés ;
RPC 4 : traduction des états financiers exprimés en devises étrangères pour les comptes consolidés ;
RPC 5 : directives d'appréciation des états financiers consolidés ;
RPC 6 : tableau de financement ;
RPC 7 : forme des états consolidés.

Il est à noter également qu'en 1991 un projet fédéral de révision du droit des sociétés anonymes a été mis en chantier. Certaines dispositions relatives aux sociétés anonymes ont déjà fait l'objet d'un accord en 1992, en particulier : la présentation des comptes, les comptes consolidés, la qualification et l'indépendance de l'organe de contrôle.

5.10. Les sources des règles comptables en Suède

Le cadre de la réglementation comptable en Suède rassemble des organismes publics et des organismes régulateurs à plusieurs niveaux d'intervention. Le premier niveau regroupe les organismes d'État de l'exécutif avec le Conseil d'État, du législatif avec le Parlement (*Riksdag*) et du niveau judiciaire avec le ministère de la Justice. L'influence législative sur la mise en place des principes comptables et sur la présentation des comptes annuels se traduit par les lois suivantes :

- la loi sur les sociétés commerciales de 1975 (*Aktiebolagslagen* ou ABL) ;
- la loi comptable de 1976 (*Bokföringslagen* ou BFL) ;
- la loi de 1980 sur les rapports annuels ;
- la loi fiscale.

La loi comptable est la principale source comptable en Suède. Elle présente les règles d'évaluation des actifs courants et immobiliers, de présentation des états financiers et stipule les conditions d'enregistrement comptable, similaires à celles utilisées en France.

Le second niveau d'intervention réunit les organisations administratives ayant une influence notable en matière comptable. La comptabilité suédoise est largement influencée par la fiscalité. La législation fiscale propose la constitution de nombreuses provisions en franchise d'impôt, des dépréciations ou des diminutions d'actifs qui permettent à partir de taux d'impositions théoriques très élevés d'aboutir à des charges fiscales « normales ». Aussi, du fait que le résultat fiscal tend à correspondre au résultat comptable, Trésor public et Conseil national des impôts ont une grande influence en matière comptable. En fait, les entreprises, afin d'utiliser tous les avantages fiscaux, préfèrent appliquer les lois fiscales plutôt que de montrer dans leurs comptes annuels la réalité économique. En sus du Conseil national des impôts, le Conseil du commerce (Kommerskollegium) joue un rôle non négligeable, en particulier dans le contrôle des réviseurs comptables.

Le troisième niveau comporte cinq organisations ayant une influence significative dans le domaine comptable. La plus ancienne de ces organisations est le Comité des normes de révision de l'Institut suédois des experts-comptables (Föreningen Auktoriserade Revisorer ou FAR). Cet institut a été fondé en 1923 (le comité en 1964), et comprend près de 2 000 membres représentants 90 % des experts-comptables réviseurs suédois. FAR, par l'intermédiaire de son bureau, donne des avis sur les questions qui lui sont soumises par l'autorité publique : par ailleurs, à la demande d'un de ses membres ou de toute autre personne, il établit des recommandations sur toute question de principe en matière de comptabilité et de contrôle des comptes. À ce jour, FAR a établi une quinzaine de recommandations.

Le deuxième organisme est le Conseil national des normes comptables (Bokföringsnämnden ou BFN) fondé en 1975 par le gouvernement et placé sous l'autorité du ministère de la Justice. La vocation de cet organisme, composé de membres venant de l'industrie, de la profession comptable (FAR incluse) des syndicats et d'instances administratives, outre des missions d'étude et un rôle consultatif sur les projets de réglementations, est d'établir des recommandations et des commentaires en matière d'application des règles comptables. Ces recommandations portent principalement sur la loi de 1976, sur les règles comptables, sur la partie comptable de la loi de 1975 sur les sociétés commerciales et sur la loi de 1980 concernant le rapport annuel de certaines sociétés. Ces recommandations ne sont pas directement une source de droit mais ont valeur d'avis permettant de préciser ou d'appliquer à des situations précises les lois citées ci-dessus. Les recommandations, aujourd'hui publiées, de la BFN, ont porté en particulier sur la comptabilisation des opérations en devises, la nomenclature des charges d'exploitation, la comptabilisation des subventions.

La troisième organisation ayant une influence en matière comptable est représentée par le Comité industriel en matière boursière (Näringslivets Börskommittee ou NBK). Ce comité a été créé par des industriels à la fin des années 1960 et rassemble des industriels et financiers des plus grandes entreprises suédoises, deux professeurs de comptabilité, deux experts-comptables et deux représentants de la Fédération suédoise des industries. Le NBK est notamment consulté sur les projets de réglementation et établit des recommandations en matière d'éthique et de comportement sur le marché boursier. La quatrième organisation est constituée par la Fédération des analystes financiers qui a tenté de mettre en place une méthode de calcul des revenus par action et d'autres ratios plus importants.

Enfin, créée le 1er juillet 1989 par BFN, représentant l'État suédois, la FAR représentant la profession comptable et par l'Association des industries suédoises, représentant les industriels suédois, Redovisningsrädet est une fondation désormais seule habilitée à établir de recommandations en matière de principes comptables applicables aux sociétés cotées. Cette fondation comprend 9 membres, trois *auktoriserade revisorer*, trois représentants des grandes sociétés suédoises et trois professeurs. Redovisningsrädet a pour objectif d'adapter progressivement les principes comptables aux normes définies par l'IASC et, depuis la candidature de la Suède à la Communauté européenne, aux directives européennes.

5.11. Les sources des règles comptables au États-Unis

Aux États-Unis, le droit comptable est principalement un droit coutumier et non un droit écrit comme en France. Chaque État possède sa propre loi sur les sociétés, mais, quels que soient les États, les dispositions concernant la comptabilité sont relativement rares. Le rôle de l'administration fiscale n'est pas très grand. Les organismes professionnels constituent la source principale de la doctrine comptable avec les travaux de :

- l'American Institute of Certified Public Accountants (AICPA) créé en 1887 ;
- le Securities and Exchange Commission (SEC) créé en 1933 ;
- le Financial Accounting Standards Board (FASB) créé en 1973.

L'ensemble des règles applicables constituent ce qui est appelé aux États-Unis les GAAP (*Generally Accepted Accounting Principles*), les principes généralement admis.

▶ *Les institutions américaines*

L'AICPA

L'AICPA constitue l'instance professionnelle représentative des experts-comptables auditeurs aux États-Unis. Créée à la fin du siècle dernier, son action a été plutôt timide jusqu'en 1929. La création de la SEC en 1933 lui a permis d'intervenir directement dans l'élaboration des normes. En effet, dès sa création, la SEC a mandaté la profession comptable pour ce qui concerne l'émission des normes comptables concernant les entreprises privées. En 1936, l'AICPA créa un organisme responsable de la normalisation, le CAP (Committee on Accounting Procedures), ou Commission des procédures comptables, qui publia, de 1939 à 1959, 51 bulletins de recherche comptables appelés ARB (*Accounting Research Bulletins*) traitant des principes comptables généralement reconnus, dont la quasi-totalité ont été remplacés ou amendés depuis.

En 1959, le CAP a été remplacé par un organisme plus structuré, l'APB (Accounting Principles Board) ou Conseil des principes comptables. Cet organisme, toujours sous le contrôle de l'AICPA publiera 31 *Opinions* ayant valeur de prises de position officielle et 4 *Statements* ayant valeur de recommandation. Toutefois, cet organisme étant toujours dépendant de l'AICPA, il fut convenu en 1973 de créer un nouvel organisme, le FASB dans lequel toutes les parties intéressées par la normalisation comptable sont représentées (voir ci-après). Aujourd'hui, l'AICPA exerce une action normative par la publication principalement des normes d'audit (*Statements of Auditing Standards* : SAS) et de recommandations sur certains points comptables non traités par le FASB (*Statements of Position* : SOP).

Le SEC

Le SEC a été mis en place à la suite des lois de 1933 et de 1934. Sa mission était de réglementer les ventes de titres et d'exercer un contrôle sur tout ce qui se rapporte au commerce des valeurs.

Le SEC aurait pu avoir une influence déterminante sur la normalisation comptable, puisque, de par la loi, il est habilité à :
- définir la forme et le contenu des états financiers inclus dans les plaquettes destinées au public ;
- requérir l'application de certains principes comptables.

En fait, compte tenu du mandat donné par le SEC à l'AICPA, la doctrine comptable spécifique du SEC concerne uniquement les conditions de fond et de forme applicables à l'établissement des états financiers inclus dans les documents à la cote ou lors des exercices suivants pour les sociétés cotées (règles dites *SX Rules*).

Le FASB

Le FASB est un organisme indépendant placé sous la tutelle de la FAF (Financial Accounting Foundation). Toutes les parties intéressées par la normalisation y sont représentées : c'est ainsi que sur les 7 membres qui le composent, 4 sont experts-comptables et 3 proviennent d'horizons divers, en particulier de l'industrie, de l'enseignement et du gouvernement. Ces membres, une fois nommés, deviennent permanents du FASB et sont déliés de tous liens avec leurs employeurs précédents. Notons qu'un organisme ayant un objet identique, le GASB (Governmental Accounting Standards Board) a été créé en 1984 et a été placé sous l'autorité de la FAF.

Avant de procéder à une publication (à cette date plus de 100 normes ont été publiées, plus un cadre conceptuel), le FASB est tenu, au terme de son règlement, de suivre une procédure détaillée comportant les 7 étapes suivantes (à noter une certaine similitude avec la procédure d'élaboration des normes de l'IASC – voir 2.3 ci-dessus) :
- identification du problème et inscription à l'orde du jour du FASB ;
- formation d'un groupe de travail composé d'experts techniques en milieu comptable ;
- établissement d'un mémorandum-discussion mis à la disposition du public ;
- tenue d'une enquête publique sur le mémorandum-discussion ;
- établissement d'un exposé-sondage mis à la disposition du public ;
- tenue d'une enquête publique sur l'exposé-sondage ;
- avis favorable (5 membres au moins) du conseil du FASB pour acceptation de la norme.

Outre cet ensemble de normes (*Statements of Financial Accounting Standards* : SFAS ou *Financial Accounting Standards* : FAS), le FASB a également publié un cadre conceptuel qu'il utilise comme point de départ dans la formulation et l'évaluation des normes. Ce cadre théorique comptable (*conceptual framework*) comprend 6 textes publiés entre 1976 et 1985 et qui sont analysés plus loin (voir p. 70). Un comité du FASB, le Emerging Issues Task Force (EITF) est par ailleurs chargé de définir les modalités pratiques d'application des normes comptables. Les délibérations de l'EITF sont publiées et, lorsqu'une majorité qualifiée des membres s'accorde sur une solution, cette dernière est réputée adoptée par consensus. L'application des consensus EITF est obligatoire pour toutes les entreprises inscrites au SEC.

Liste des statements of financial accounting standards (FAS)

Références	*Titres - Objets des normes*	*Date de publication*
FAS1	Information sur la conversion des monnaies étrangères	Décembre 1973
FAS2	Comptabilisation des frais de recherche et de développement	Octobre 1974
FAS3	Information sur les changements de principe comptable dans les états financiers intérimaires	Décembre 1974
FAS4	Information sur les pertes et profits résultant du remboursement d'un emprunt	Mars 1975
FAS5	Comptabilisation des passifs éventuels	Mars 1975
FAS6	Classement des emprunts à court terme pouvant être refinancés	Mars 1975
FAS7	Comptabilisation et présentation des opérations dans les sociétés en voie de développement	Mars 1975
FAS8	Comptabilisation de la conversions des opérations et des états financiers libellés en devises étrangères	Octobre 1975
FAS9	Comptabilisation de l'impôt sur les bénéfices dans les sociétés produisant du pétrole et du gaz	Octobre 1975
FAS10	Extension de la notion de provision en cas de fusion	Octobre 1975
FAS11	Comptabilisation des passifs éventuels - Méthode transitoire	Décembre 1975
FAS12	Comptabilisation des titres de placement	Décembre 1975
FAS13	Comptabilisation des locations	Novembre 1976
FAS14	Présentation de l'information financière sectorielle	Décembre 1976
FAS15	Comptabilisation chez le débiteur et le créditeur lors de la modification des modalités de paiement d'une créance	Juin 1977
FAS16	Redressements relatifs aux exercices antérieurs	Juin 1977
FAS17	Comptabilisation du crédit-bail. Coûts directs initiaux	Novembre 1977
FAS18	Présentation des états financiers intermédiaires et l'information sectorielle	Novembre 1977
FAS19	Présentation des états financiers et comptabilité des sociétés productrices de gaz et pétrole	Décembre 1977
FAS20	Comptabilisation des contrats de change à terme	Décembre 1977
FAS21	Suspension de la publication des informations sectorielles et du résultat par action dans les entreprises du secteur public	Avril 1978
FAS22	Modification des clauses d'un contrat de crédit-bail à la suite du remboursement d'une dette exonérée d'impôt	Juin 1978
FAS23	Début du contrat de location	Août1978
FAS24	Comptabilisation de l'appréciation des droits sur les divers plans d'options de rachat et de remise gracieuse de titres	Décembre 1978
FAS25	Suspension de certaines exigences comptables pour les sociétés productrices de gaz et de pétrole	Février 1979
FAS26	Prise en compte du profit sur les ventes de type crédit-bail de biens immobiliers	Avril 1979
FAS27	Classement des renouvellements ou extensions de contrats existant pour des ventes de type crédit-bail ou de financement par crédit-bail	Mai 1979

Références	*Titres - Objets des normes*	*Date de publication*
FAS28	Comptabilisation des ventes avec cession-bail	Mai 1979
FAS29	Détermination des loyers éventuels	Juin 1979
FAS30	Présentation des informations sur les principaux clients	Juin 1979
FAS31	Comptabilisation des crédits d'impôts résultant de la législation britannique sur les stocks	Septembre 1979
FAS32	Principes et pratiques comptables spécifiques publiés par l'AICPA dans ses documents de prise de position et ses guides sur les problèmes comptables et d'audit	Septembre 1979
FAS33	L'information financière et les variations de prix	Septembre 1979
FAS34	Capitalisation des frais financiers	Octobre 1979
FAS35	Comptabilisation et présentation des plans de retraite donnant droit à des avantages spécifiques	Mars 1980
FAS36	Présentation des informations sur les retraites	Mai 1980
FAS37	Classement des impôts différés dans le bilan	Juillet 1980
FAS38	Comptabilisation des passifs éventuels précédemment à l'acquisition d'une entreprise	Octobre 1980
FAS39	Présentation des états financiers et inflation : industrie extractive, pétrole, gaz	Octobre 1980
FAS40	Présentation des états financiers et inflation : informations complémentaires secteur bois	Novembre 1980
FAS41	Présentation des états financiers et inflation : informations complémentaires secteur immobilier	Novembre 1980
FAS42	Détermination du seuil de signification pour l'immobilisation des frais financiers	Novembre 1980
FAS43	Comptabilisation des provisions pour les absences payées	Novembre 1980
FAS44	Comptabilisation des actifs incorporels des entreprises de transport	Décembre 1980
FAS45	Comptabilisation des produits provenant d'un droit d'utilisation de nom ou de marque	Mars 1981
FAS46	Rapport financier et fluctuation des prix : industrie cinématographique	Mars 1981
FAS47	Publication des informations concernant les engagements à long terme	Mars 1981
FAS48	Constatation des produits lorsqu'il existe un droit de retour des marchandises	Juin 1981
FAS49	Comptabilisation des contrats de financement des produits	Juin 1981
FAS50	Présentation des informations financières de l'industrie du disque et de la musique	Novembre 1981
FAS51	Présentation des informations financières des sociétés de télévision par câble	Novembre 1981
FAS52	Conversion en monnaie étrangère	Décembre 1981
FAS53	Présentation de l'information financière par les producteurs et distributeurs de films	Décembre 1981
FAS54	Présentation de l'information financière et inflation : sociétés de portefeuille	Janvier 1982

Références	*Titres - Objets des normes*	*Date de publication*
FAS55	Comment déterminer si une obligation convertible est l'équivalent d'une action ordinaire	Février 1982
FAS56	Utilisation du guide de l'AICPA et des documents de prise de position concernant les contrats de construction et les hôpitaux et organismes similaires	Février 1982
FAS57	Informations sur les transactions entre les parties ayant des liens entre elles	Mars 1982
FAS58	Capitalisation des frais financiers dans les états financiers qui comprennent des participations mises en équivalence	Avril 1982
FAS59	Report de la date d'application de certaines directives pour la comptabilisation des retraits des organismes gouvernementaux	Avril 1982
FAS60	Comptabilisation et information financière des entreprises d'assurance	Juin 1982
FAS61	Comptabilisation du nom commercial	Juin 1982
FAS62	Comptabilisation des intérêts dans le cas de certains emprunts en franchise d'impôt et certains dons et subventions	Juin 1982
FAS63	Information financière dans la radiodiffusion	Juin 1982
FAS64	Amortissement contractuel d'une dette	Septembre 1982
FAS65	Comptabilisation dans le domaine bancaire de certaines opérations hypothécaires	Septembre 1982
FAS66	Comptabilisation de la cession de biens immobiliers	Octobre 1982
FAS67	Comptabilisation des coûts et des frais de location liés à des projets immobiliers	Octobre 1982
FAS68	Comptabilisation d'accords en matière de recherche et de développement	Octobre 1982
FAS69	Information à donner en annexe aux états financiers des sociétés de production pétrolière cotées	Novembre 1982
FAS70	Présentation de l'information financière et inflation : conversion de monnaies étrangères	Décembre 1982
FAS71	Comptabilisation des effets de certaines dispositions légales	Décembre 1982
FAS72	Comptabilisation de certaines acquisitions dans le domaine bancaire et des institutions d'épargne	Février 1983
FAS73	Information et comptabilisation dans les entreprises de chemin de fer	Août 1983
FAS74	Comptabilisation des participations aux bénéfices payées aux employés	Août 1983
FAS75	Suspension, pour les établissements publics, de l'application de certaines dispositions comptables contenues dans la norme 35 sur la comptabilisation des retraites	Novembre 1983
FAS76	Extinction des dettes	Novembre 1983
FAS77	Opérations de cession de créances avec clause de garantie	Décembre 1983
FAS78	Classification des dettes devenant exigibles à la demande du créancier	Décembre 1983
FAS79	Simplification des dispositions applicables en matière de regroupement entreprises ne faisant pas appel à l'épargne	Février 1984
FAS80	Comptabilisation des contrats sur « opérations futures »	Août 1984

Références	*Titres - Objets des normes*	*Date de publication*
FAS81	Détermination des profits des assurances retraite, santé et vie	Novembre 1984
FAS82	Information financière en matière de variation de prix : élimination de certaines obligations	Novembre 1984
FAS83	Principes et pratiques comptables publiés par l'AICPA dans ses documents et ses guides et relatifs aux courtiers et agents d'assurance, aux plans de participation et aux organismes bancaires	Mars 1985
FAS84	Modalités applicables en cas de conversion d'obligations en actions	Mars 1985
FAS85	Traitement des obligations convertibles à coupon zéro	Mars 1985
FAS86	Comptabilisation des coûts de programmes informatique destinés à être vendus, loués ou exploités commercialement d'une autre manière	Août 1985
FAS87	Comptabilisation des engagements de retraites	Décembre 1985
FAS88	Suppression ou réduction des obligations liées à un plan régime de retraite	Décembre 1985
FAS89	Information financière et variation de prix (Remplace FAS33)	Décembre 1986
FAS90	Entreprises de service publics. Comptabilisation des coûts d'abandon et de mise au rebut d'installations	Décembre 1986
FAS91	Comptabilisation des honoraires et autres charges non remboursables liés à l'émission ou à l'acquisition de prêts et comptabilisation des frais initiaux de crédit bail	Décembre 1986
FAS92	Entreprises de service public. Comptabilisation des frais de construction	Juin 1987
FAS93	Comptabilisation des amortissements par les organisations à but non lucratif	Juin 1987
FAS94	Consolidation de toutes les sociétés contrôlées	Octobre 1987
FAS95	Tableau des variations de trésorerie	Octobre 1987
FAS96	Comptabilisation de l'impôt sur les bénéfices	Décembre 1987
FAS97	Comptabilisation et information pour les entreprises d'assurance relatives à certains contrats de longue durée et aux plus ou moins values de cession des titres de portefeuille	Décembre 1987
FAS98	Opérations de cession bail (*lease back*) sur biens immobiliers	Juin 1988
FAS99	Report du délai sur la comptabilisation de l'amortissement dans les organismes à but non lucratif	Septembre 1988
FAS100	Report du délai d'application de la FAS 96	Décembre 1988
FAS101	Entreprises réglementées : incidence de l'abandon de règles particulières de comptabilisation prévues par la norme 71 pour ces types d'entreprises	Décembre 1988
FAS102	Tableau de variation de trésorerie. Exemption de certaines entreprises et classification des opérations sur certains emprunts ou titres contractés ou acquis en vue d'être rapidement cédés	Décembre 1988
FAS103	Révision de la date d'application de la FAS 96	Décembre 1989
FAS104	Amendement de la FAS 95 sur l'état des mouvements de trésorerie	Décembre 1989
FAS105	Publication de l'information relative aux instruments financiers présentant des risques hors bilan ou une concentration particulière du risque de contrepartie	Mars 1990

Références	*Titres - Objets des normes*	*Date de publication*
FAS106	Comptabilisation des avantages, autres que les retraites, consentis aux retraités	Décembre 1990
FAS107	L'information à fournir sur la valeur de marché des instruments financiers	Décembre 1991
FAS108	Report de la date d'application obligatoire de la norme FAS 96 sur la comptabilisation de l'impôt	Décembre 1991
FAS109	Comptabilisation de l'impôt sur les bénéfices (remplace APB11 et FAS 96)	Février 1992
FAS110	Comptabilisation des contrats d'investissement par les fonds de retraite assurant les régimes à prestations définies	Août 1992
FAS111	Annulation FAS32, FAS56 et FAS83	Novembre 1992
FAS112	Comptabilisation des avantages offerts aux salariés après leur départ de la société mais avant leur retraite	Novembre 1992
FAS113	Comptabilisation de la réassurance dans les comptes des sociétés d'assurance	Décembre 1992
FAS 114	Comptabilisation pour un créancier d'un prêt présentant des risques de non recouvrement	Mai 1993
FAS 115	Comptabilisation des titres acquis avec un objectif de placement	Mai 1993
FAS 116	Comptabilisation des dons par les entités bénéficiaires et les entités donatrices	Juin 1993
FAS 117	États financiers dans les entités à but non lucratif	Juin 1993

► *Le principe des GAAP (***Generally accepted accounting principles***) : principes comptables généralement admis*

La notion de GAAP a été une première fois reconnue lorsqu'en 1964, l'AICPA a adopté une résolution selon laquelle les auditeurs devraient faire mention dans leur rapport de toute dérogation aux ARB et APB. Cette notion a été reprise après la création du FASB en 1973, dans le Code des devoirs professionnels, règle déontologique 203 de l'AICPA. Elle correspond à la qualité de « principes généralement admis » aux États-Unis pour les sociétés préparant leurs états financiers. Un classement des GAAP a été effectué par l'AICPA en 5 niveaux[1].

1. Normes et interprétations du FASB, opinions de l'APB et normes ARB de l'AICPA : ces textes constituent les principes comptables officiellement admis.

1. *Bulletin comptable et financier* Francis Lefebvre, n° 57, décembre 1992, page 53.

2. Bulletins techniques du FASB et, s'ils ont reçu l'aval du FASB, guides d'audit et de comptabilité de l'AICPA par secteur d'activité et avis de l'AICPA (*Statements of position* : SOP).
3. Consensus EITF et, s'ils ont reçu l'aval du FASB, bulletins pratiques de l'AICPA.
4. Interprétations comptables de l'AICPA, textes « questions réponses » du FASB, pratiques largement reconnues et prévalant dans les secteurs d'activité particuliers.
5. Autres textes comptables, tels que les avis conceptuels du FASB, les normes comptables internationales de l'IASC ou les manuels de comptabilité.

5.12. Les sources des règles comptables au Canada

Le système canadien de comptabilité est assez proche de celui pratiqué aux États-Unis. Au Canada, la profession comptable, par l'intermédiaire de l'Institut canadien des comptables agréés (ICCA) ou Canadian Institute of Chartered Accountants a une responsabilité directe dans la rédaction des normes et recommandations. En 1945, la profession forma un Accounting and Auditing Research Committee qui fut scindé en 1973 en un Auditing Standards Committee, chargé de formuler des normes d'audit, et un Accounting Research Committee chargé de formuler des normes comptables. Pendant plusieurs années, ces recommandations étaient les seules sources de règles comptables. Toutefois, en 1975, cet ensemble de normes fut complété par la loi sur les sociétés (*Canadian Business Corporations Act of* 1975). Cette loi comprend un certain nombre de dispositions en matière comptable qui viennent s'ajouter aux normes de la profession. Il est intéressant cependant de noter[1] que de nombreuses recommandations de l'ICCA sont reprises par la loi. Le *Canadian Business Corporation Act* de 1975 donne, en effet, au gouvernement le pouvoir de légiférer en matière comptable et la grande majorité des dispositions prises par voie législative correspond à l'adoption pure et simple des recommandations de l'ICCA.

5.13. Les sources des règles comptables en Australie

Pour la préparation des états financiers annuels, une société australienne doit tenir compte des règles établies dans quatre domaines différents.

1. Sonia Bernard, « Processus de normalisation dans le monde », *Revue française de comptabilité*, septembre 1990.

► *La législation relative aux sociétés*

L'article 7 du Code des sociétés établit des règles spécifiques pour les comptes individuels et les comptes de groupe qui doivent être présentés aux actionnaires pour une assemblée générale annuelle. Les sociétés australiennes doivent établir un bilan et un compte de résultats donnant l'image fidèle.

► *La législation relative aux valeurs mobilières*

En Australie, les sociétés cotées en bourse ou celles qui ont l'intention de l'être sont soumises à des obligations de publication d'informations.

► *Les normes comptables publiées par la profession*

Dans les années 1960, l'Institut des experts-comptables australiens (15 000 membres), l'ICAA (Institute of Chartered Accountants in Australia) et l'Association australienne des experts-comptables (50 000 membres), l'ASCPA (Australian Society of Certified Practising Accountants) ont mis en place une fondation australienne pour la recherche comptable, l'AARF (Australian Accounting Research Foundation) chargée d'élaborer des normes en matière comptable. En 1990, 32 normes avaient été publiées, liant les membres de ces organismes professionnels.

► *Le Conseil pour l'homologation des normes comptables*

En 1983, le Conseil des ministres australien décida d'établir un Conseil pour l'homologation des normes comptables, l'ASRB (Accounting Standards Review Board) dont la tâche est d'examiner et d'approuver des normes qui constitueraient ensuite une obligation juridique. Les normes de l'AARF sont appelées à être soumises à l'ASRB : il en est de même des normes qui pourraient être établies par d'autres organismes.

5.14. Les sources des règles comptables au Japon

Le Japon a vu le démarrage de son industrialisation à la fin du XIXe siècle, après la restauration Meiji de 1868. Après la Seconde Guerre mondiale, le Japon est devenu une superpuissance économique. La comptabilité y repose aujourd'hui sur quatre sources essentielles[1] :

---

1. Pour plus de détails, voir Jean-Claude Scheid et Akio Saito « La Comptabilité de l'entreprise au Japon », *Revue française de comptabilité*, janvier 1979 et Tatsuhibo Kato, « La Comptabilité au Japon et l'influence de la fiscalité », *Revue française de comptabilité*, novembre 1988.

– les principes généralement admis (en japonais : *Kigyo-kaïkeigensoki*) ;
– le Code de commerce ;
– la loi sur le contrôle boursier ;
– le Code général des impôts.

Les principes de comptabilité des entreprises furent publiés pour la première fois en 1949 : ils concernent la définition des principes généraux à appliquer aux comptes dont le plus fondamental est le principe de sincérité. En outre, un certain nombre de commentaires les accompagnent.

Le Code de commerce fut établi, la première fois, en 1899. Il fut inspiré par le Code de commerce allemand du XIXe siècle, mais cette influence a diminué au fur et à mesure du temps et des aménagements de ce code. La révision de 1974 a fait stipuler que les comptes doivent être élaborés conformément aux principes de comptabilité des entreprises généralement admis. Le Code de commerce est « géré » par le ministère de la Justice et s'applique à toutes les *kabushiki kaîsha* (sociétés anonymes). Pour ce ministère, la protection du créancier étant aussi importante que celle de l'actionnaire, les règles comptables du Code de commerce sont plus contraignantes quant à l'évaluation de l'actif qu'à celles du montant des revenus.

Outre les prescriptions du Code de commerce, la loi de 1948 régissant les bourses de valeurs impose aux sociétés de capitaux faisant appel à l'épargne publique d'établir un certain nombre de documents comptables. Cette loi ayant été votée sous l'administration MacArthur, le système américain de réglementation comptable servit de modèle, ceci donnant au ministère des Finances japonais des fonctions et des pouvoirs similaires à la SEC nord-américaine. Les obligations comptables de la loi sur le contrôle boursier sont plus importantes que celles du Code de commerce. Ainsi, une société doit adresser ses états financiers au ministère des Finances et à tous les marchés boursiers où elle est cotée, ces états étant consultables par le public auprès dudit ministère. Le ministère des Finances est conseillé par un Conseil de la comptabilité d'entreprise composé de membres venant d'horizons divers. Ce conseil a été institué en juillet 1949. C'est lui qui a publié les principes de la comptabilité à l'origine, puis a travaillé sur l'harmonisation des normes avec le Code de commerce jusqu'en 1974. Aujourd'hui, il s'attache, comme le fait le FASB aux États-Unis, à élaborer des recommandations pour la profession.

Comme en France, la fiscalité n'est pas sans influence sur la comptabilité. En effet, certaines charges, comme les amortissements et provisions, ne sont déductibles pour le calcul de l'assiette de l'impôt que si elles sont comptabilisées. Aussi, au Japon, les entreprises choisissent souvent l'approche comptable leur permettant de maximiser les économies fiscales à celles donnant une image fidèle de leur situation économique.

5.15. Les sources des règles comptables en Europe centrale et orientale

Dans l'ensemble des pays, du fait des bouleversements de ces dernières années, des réformes sont en cours.

• En Hongrie, une nouvelle loi de 94 articles a été mise en chantier en 1992. Elle soumet les entreprises aux obligations comptables et à la publication d'un bilan et d'un compte de résultats. Un délai est laissé à certaines d'entre elles.

• En Roumanie, une loi comptable a été promulguée fin décembre 1991. La date d'entrée en vigueur prévue est le 1er janvier 1993. Cette loi est une loi de « style quatrième directive », bien que ne présentant pas de modèles de documents de synthèse.

• En Tchécoslovaquie, une première loi a été votée et a été promulguée le 12 décembre 1991. Elle impose la tenue d'une comptabilité, reprend les principes généralement admis, décrit la présentations des documents comptables : journaux, grand-livre, comptes annuels. Cette loi est conforme aux directives européennes mais reste très générale et ne présuppose pas le type de comptabilité que les Tchécoslovaques choisiront (modèle « anglo-saxon » ou modèle « français »).

• En Pologne, le décret du 29 janvier 1991 a édicté de nouvelles règles comptables applicables en s'inspirant largement du contenu de la quatrième directive de la Communauté européenne. Ce décret est accompagné des états financiers (bilan et compte de résultats) obligatoires. Il a abandonné le concept de plan comptable rigide, laissant une grande souplesse aux entreprises pour adapter les systèmes d'enregistrement à leurs spécificités.

• En Bulgarie, la loi du 3 janvier 1991, applicable depuis le 1er avril 1991, fixe le cadre de la comptabilité des entreprises. Elle donne les règles d'évaluation et de présentation des états financiers annuels et les délais de publication. Elle institue une profession, celle des experts-comptables, à laquelle est confiée la charge du contrôle légal des comptes. Elle prévoit l'établissement des comptes consolidés pour toute entreprise ayant des filiales[1]. Cette loi est complétée par un plan comptable national, élaboré par un département du ministère des Finances comportant un plan de comptes et la description du fonctionnement de ces comptes.

---

1. Pour plus de détails, voir Gilbert Gelard « La Réforme comptable et fiscale en Bulgarie », *Revue française de comptabilité*, n° 241, janvier 1993 et « La Loi comptable bulgare », *Revue française de comptabilité*, n° 242.

• Dans l'ex-URSS, un plan comptable, intégrant comptabilité financière et comptabilité de gestion (plan moniste) assez rigide, programmé dans le cadre de la planification, a été utilisé jusqu'en 1991. Un nouveau plan, destiné à remplacer ce plan, dont la dernière version remontant à 1985, avait été adopté par le ministre des Finances de l'URSS le 1er novembre 1991. En fait, adopté par la nouvelle république de Russie le 19 décembre 1991, il est devenu le plan officiel de cet État à compter du 1er janvier 1992. Ce plan comporte, outre la liste des comptes proprement dits :

– des instructions concernant leur utilisation et leur champ d'application ;
– des prescriptions concernant le contenu des comptes et les règles qui doivent être suivies pour l'enregistrement des opérations.

Le plan comptable soviétique russe comprend 9 classes de comptes numérotées de I à IX auxquelles s'ajoute une classe sans numéro pour les comptes hors bilan. Il n'existe pas de comptes de charges et de produits, ceux-ci étant imputés à des comptes de prix de revient tenus selon une méthode proche des sections homogènes. Les comptes de bilan sont organisés dans les classes suivantes[1] :

I	Immobilisations
II	Stocks productifs
III	Dépenses de production
IV	Produits finis, marchandises et ventes
V	Comptes financiers
VI	Comptes de tiers
VII	Résultats financiers et utilisation du bénéfice
VIII	Fonds et réserves
IX	Crédits et financement

Il faut signaler que par ailleurs, l'Ordre des experts-comptables français avec le patronage du ministère de l'Économie, des Finances et du Budget a élaboré et publié en 1991 un schéma d'organisation comptable des entreprises destiné aux pays qui s'orientent vers l'économie de marché : le «Système comptable d'entreprise[2]». S'inspirant des principes de la normalisation française, ce système est cohérent avec les directives européennes et est compatible avec les normes de l'IASC. Il permet de satisfaire aux besoins de l'économie d'entreprise, son but essentiel, et au souci de cohérence avec les agrégats macro-économiques.

1. Monique Meyer « Le Dernier plan comptable soviétique, premier plan russe et PGG 1982 », *Revue française de comptabilité,* septembre 1982.
2. Voir le cadre comptable retenu, les techniques proposées, les modèles d'états financiers dans l'article de Gibert Gelard et d'Éric Delesalle « Exporter la comptabilité : le système comptable d'entreprise », *Revue française de comptabilité*, mai 1991.

5.16. Les sources des règles comptables en Chine

La comptabilité chinoise a des origines très anciennes. À la fin de la dynastie des Qig, l'enregistrement en débit/crédit avec partie double est généralisée et la comptabilité devient une discipline à part entière. Pendant la période socialiste (de 1949 à nos jours) elle connaîtra des moments de régression : retour à la comptabilité en partie simple en 1963, abandon de la méthode de débit/crédit pour celle dite de l'addition/soustraction en 1965. Cependant, dans les dernières années, le retour à des méthodes plus évoluées semble se faire jour.

La comptabilité chinoise repose aujourd'hui sur de grands principes comptables : principes d'entité comptable, de continuité d'exploitation, de découpage du temps en exercices, de la valeur constante de l'unité monétaire. Les documents de synthèse de la comptabilité de base sont[1] :
- le tableau d'équilibre des capitaux (qui peut être considéré comme l'équivalent du bilan) ;
- le tableau des bénéfices ;
- les tableaux de coûts.

5.17. Les sources des règles comptables en Afrique francophone

L'une des particularités des systèmes de comptabilité de l'Afrique francophone est l'existence de plans comptables nationaux, voire de plans sectoriels inspirés du plan comptable français. Ces plans imposent une présentation normalisée pour l'enregistrement des opérations financières et la publication des états financiers annuels. Ils permettent en particulier :
- d'établir un lien entre la comptabilité nationale et la comptabilité d'entreprise, les deux systèmes utilisant les mêmes définitions ;
- de procéder à des comparaisons interentreprises ou intersectorielles ;
- d'agréger et d'analyser les comptes des entreprises à l'échelon sectoriel ou national.

La première manifestation de ce processus de normalisation comptable coïncide avec la mise en place, le 30 janvier 1970, d'un plan comptable pour les pays de l'Organisation commune africaine mauricienne et malgache (OCAM). Il s'agissait d'un cadre général servant aux États membres pour

---

1. Michel Gervais, Hong Tao Wang « Les Principes de la comptabilité chinoise », *Revue française de comptabilité*, n° 240, décembre 1992.

l'établissement de leur plan national. Ce plan a fait l'objet d'une mise à jour en 1979 avant que l'OCAM ne soit dissous en 1985. Depuis cette date, les travaux de normalisation sont effectués par le Conseil africain de la comptabilité (CAC) créé le 10 juin 1979 à Alger par les États membres de l'Organisation de l'unité africaine (OUA) en vue de « promouvoir une coopération étroite entre les membres dans le domaine de la normalisation comptable ». C'est dans ce cadre qu'a été réalisé, en novembre 1985, le système comptable africain de référence (SCAR). Le SCAR reprend les dispositions du plan OCAM et en corrige certaines insuffisances relatives notamment aux méthodes d'évaluation et aux principes comptables à retenir. Selon les statuts du CAC, les recommandations générales sont mises en application, au niveau de chaque pays, par le Conseil national de la comptabilité.

En fait, si l'on examine aujourd'hui les pratiques nationales en Afrique francophone, on trouve trois types d'organisation comptable :

- l'organisation comptable de pays qui ont tout simplement gardé (avec quelques aménagements) le plan comptable français de 1957 (cas de l'Algérie et du Maroc qui, cependant, sont en train de mettre en place un plan comptable spécifique) ;
- l'organisation comptable de pays qui ont repris purement et simplement le plan comptable OCAM (Cameroun, Gabon, Congo par exemple) ;
- l'organisation comptable de pays qui ont créé un plan comptable national spécifique (Côte d'Ivoire, Sénégal, Bénin, Madagascar par exemple).

Ainsi, le plan comptable ivoirien est entré en vigueur le 29 janvier 1973 et a été conçu par le Comité national de normalisation comptable et de la statistique de la Côte d'Ivoire. La mise en application de ce plan a été faite progressivement, en commençant d'abord par les entreprises publiques et les entreprises privées qui se sont portées volontaires et ensuite par généralisation à toutes les entreprises. Ce plan est inspiré du plan OCAM mais certaines dispositions en diffèrent (tableau de flux patrimoniaux facultatif, tableau de financement obligatoire, tableau des soldes caractéristiques de gestion remplacé par un compte de production et résultats).

Le plan comptable malgache institué par le décret du 17 septembre 1987 a été rendu obligatoire pour toutes les entreprises à partir du 1er janvier 1990. C'est un plan composé de deux parties : la première, intitulée Comptabilité générale regroupe les dispositions générales, la présentation des états financiers, le plan de comptes, les engagements ; la seconde, intitulée Principes comptables fondamentaux, est consacrée à la présentation de ces principes et à leurs modalités d'application. Ce plan se rapproche du plan comptable français 1982-1986.

2. LES PRINCIPES GÉNÉRAUX DE LA COMPTABILITÉ

Régularité, sincérité, image fidèle. La comptabilité repose sur un certain nombre de concepts servant de base à l'élaboration des règles. Ces concepts sont anciens mais leur formalisation est récente, les premiers travaux datant des années soixante-dix.

Tandis que l'IASC s'intéressait à la publicité des méthodes comptables utilisées par l'entreprise et publiait en 1974 une norme (IAS1) sur le sujet et que les auteurs de la quatrième directive européenne s'efforçaient de formaliser les principes comptables généralement admis, le FASB, organisme de normalisation des États-Unis, engageait des moyens importants sur une douzaine d'années (1973-1985) à l'élaboration d'un « cadre conceptuel » (*conceptual framework*). Quant à l'IASC, dès 1988, il publiait son propre cadre conceptuel appliqué à la préparation et à la présentation des états financiers.

1. LES CADRES CONCEPTUELS

1.1. Le cadre conceptuel de l'IASC

Un cadre de préparation et de présentation des états financiers (*Framework for the Preparation and Presentation of Financial Statements*) a été adopté par l'IASC en avril 1989 pour publication en juillet 1989. Les premiers projets de cadre conceptuel avaient une vue plus large, ils voulaient s'intéresser à la globalité des informations financières externes à caractère général des entreprises, champ auquel s'était intéressé le FASB, précurseur en matière de cadre conceptuel. En fait, l'IASC a rétréci son champ d'application par rapport aux projets initiaux, le limitant aux états financiers, c'est-à-dire aux états de synthèse et aux notes jointes aux états de synthèse.

► *Le contenu du cadre conceptuel*

Le cadre conceptuel de l'IASC comprend 110 paragraphes, il traite particulièrement de l'objectif des états financiers, des caractéristiques qualitatives de ces états, des éléments les composant, de la prise en compte et de l'évaluation de ces éléments, des systèmes de mesure et du concept du capital.

Sommaire du cadre conceptuel de l'IASC

Rubriques du cadre conceptuel	*Paragraphes*
PRÉFACE	1 - 11
Objectifs et statut	1 - 4
Champ d'application	5 - 8
Les utilisateurs et leurs besoins d'information	9 - 11
L'OBJECTIF DES ÉTATS FINANCIERS	12 - 21
Situation financière, performance et évolution de la situation financière	15 - 21
Notes et tableaux supplémentaires	21
HYPOTHESES SOUS-JACENTES	22 - 23
Comptabilité dite d'engagement	22
Continuité de l'exploitation	23
CARACTÉRISTIQUES QUALITATIVES DES ÉTATS FINANCIERS	24 - 46
Intelligibilité	25
Pertinence	26 - 30
Importance significative	29 -30
Fiabilité	31 - 38
Image fidèle	33 - 34
Prééminence du fond sur la forme	35
Neutralité	36
Prudence	37
Exhaustivité	38
Comparabilité	39 - 42
Contraintes à respecter pour que l'information soit pertinente et fiable	43 - 45
Respect des délais	43
Équilibre entre avantages et coûts	44
Équilibre entre les caractéristiques qualitatives	45
Image fidèle/représentation fidèle	46

► *L'objectif des états financiers*

Le cadre conceptuel de l'IASC rappelle que les comptes annuels ont pour objectif de fournir une information sur la situation financière, la performance et l'évolution dans la situation financière de l'entreprise. Il considère qu'une telle information est utile pour un très large éventail d'utilisateurs potentiels qui ont à prendre des décisions « économiques ». Le cadre conceptuel présente 7 catégories distinctes d'utilisateurs potentiels, ainsi que leurs besoins d'information et montre bien que les états financiers (comptes annuels) ne constituent pour ces utilisateurs qu'un élément parmi d'autres de l'ensemble des informations susceptibles de répondre à leurs besoins. En aucun cas, le cadre conceptuel n'a envisagé que soient modulées la nature et la présentation des comptes annuels en fonction des besoins spécifiques des utilisateurs.

Le cadre conceptuel précise qu'afin de répondre à leurs objectifs, les états financiers sont préparés sur la base d'une comptabilité dite d'engagement. Il précise également que les états sont préparés selon l'hypothèse que l'entreprise est en situation de continuité et poursuivra ses activités dans un avenir prévisible.

LES UTILISATEURS ET LEURS BESOINS D'INFORMATION[1]

1. *Investisseurs :* les personnes qui fournissent les capitaux à risques et leurs conseillers sont concernés par le risque inhérent à leurs investissements et par la rentabilité qu'ils produisent. Ils ont besoin d'informations pour les aider à décider quand il convient d'acheter, de conserver ou de vendre. Les actionnaires sont également intéressés par des informations qui leur permettent de déterminer la capacité de l'entreprise à payer des dividendes.
2. *Salariés :* les salariés et leurs représentants sont intéressés par une information sur la stabilité et la rentabilité de leurs employeurs. Ils sont également intéressés par des informations portant sur les niveaux de rémunération, sur les avantages en matière de retraite et sur la nature et l'étendue de leurs opportunités en matière d'emploi.
3. *Prêteurs :* les prêteurs sont intéressés par une information qui leur permettra de déterminer si leurs prêts et les intérêts qui y sont liés seront payés à l'échéance.
4. *Fournisseurs et autres créanciers :* les fournisseurs et autres créanciers sont intéressés par une information qui leur permettra de déterminer si les montants qui leur sont dus leur seront payés à bonne date. Les fournisseurs et créanciers courants de l'entreprise seront vraisemblablement intéressés par celle-ci pour une période plus courte que les prêteurs, à moins qu'ils ne dépendent de la continuité de l'entreprise lorsque celle-ci est un client majeur.
5. *Clients :* les clients sont intéressés par une information sur la continuité de l'entreprise, en particulier lorsqu'ils ont des relations à long terme avec elle, ou bien qu'ils en dépendent.
6. *Gouvernements et administrations :* les gouvernements et leurs administrations sont intéressés par la répartition des ressources et, en conséquence, par les activités des entreprises. Ils ont également besoin d'informations afin de réglementer les activités des entreprises, de définir les politiques fiscales et d'obtenir les bases des statistiques du revenu national ou autres.
7. *Public :* les entreprises affectent diversement le public. Par exemple, elles peuvent contribuer de façon substantielle à l'économie locale, de multiples façons, notamment en employant de nombreuses personnes ou en accordant leur clientèle à des fournisseurs locaux. Les états financiers peuvent aider le public en fournissant des informations sur les tendances et les évolutions récentes de la prospérité de l'entreprise et sur l'étendue de ses activités.

1. Paragraphe 9 : cadre conceptuel de l'IASC.

▶ *Les caractéristiques qualitatives des états financiers*

Ces caractéristiques déterminent l'utilité des informations contenues dans les états financiers (comptes annuels). Les quatre principales caractéristiques qualitatives sont l'intelligibilité, la pertinence, la fiabilité et la comparabilité comme le montre le tableau ci-dessous.

Caractéristiques qualitatives de l'information contenue dans les comptes annuels

Utilisateurs des comptes annuels	*Un utilisateur ayant une connaissance raisonnable des activités économiques et de la comptabilité (§ 25)*
Contrainte générale	Coût de production de l'information < avantages obtenus de l'information (§ 44)
Qualités recherchées par l'utilisateur	Information contenue dans les comptes annuels Intelligible (§ 25) Utile à la décision (§ 26)
Qualités fondamentales	Pertinence (§ 26 à 30) — Fiabilité (§ 31 à 38)
Qualités annexes	Comparabilité dans le temps et dans l'espace (§ 39 à 42) Permanence des méthodes
Contrainte générale	Importance significative (§ 29 et 30)

Le cadre conceptuel développe également les concepts de prééminence du fond sur la forme (§ 35) « Il est nécessaire que l'information soit comptabilisée et présentée en accord avec leur substance et la réalité économique et non seulement selon leur forme juridique » et d'image fidèle (§ 33, 34 et 46) « L'application des principales caractéristiques qualitatives et des normes comptables pertinentes a normalement pour effet que les états financiers donnent ce que l'on entend par une image fidèle ou une représentation fidèle de l'information ».

▶ *Les éléments des états financiers*

Le cadre conceptuel identifie dans le bilan et le compte de résultats un certain nombre d'éléments essentiels. Font l'objet d'une définition et de commentaires approfondis les cinq notions suivantes : actifs, passifs et capitaux propres pour le bilan, produits et charges pour le compte de résultats.

ACTIF, PASSIF ET CAPITAUX PROPRES

- *Un actif* est une ressource contrôlée par l'entreprise, provenant d'événements passés et dont on attend des avantages économiques futurs au bénéfice de l'entreprise.
- *Un passif* est une obligation actuelle de l'entreprise provenant d'événements passés et dont le règlement attendu doit résulter en une sortie de l'entreprise de ressources représentatives d'avantages économiques.
- *Les capitaux propres* sont l'intérêt résiduel dans les actifs de l'entreprise après déduction de tous ses passifs.

PRODUITS ET CHARGES

- *Les produits* sont les accroissements d'avantages économiques au cours de la période comptable, sous la forme d'accroissements d'actifs ou de diminutions de passifs qui ont pour résultat l'augmentation des capitaux propres autres que l'augmentation provenant des contributions des propriétaires du capital.
- *Les charges* sont des diminutions d'avantages économiques au cours de la période comptable sous la forme de sorties ou de diminutions des valeurs des actifs, ou de survenance de dettes qui ont pour résultat de faire diminuer les capitaux propres autrement que par des distributions aux propriétaires du capital.

L'IASC complète ces notions de produits et de charges par celles de profits et de pertes. Cette analyse recouvre la distinction généralement admise au niveau international entre le résultat des activités ordinaires et les autres.

► *La constatation des éléments financiers*

L'identification des grandes catégories auxquelles se rattachent les opérations ne suffit pas à l'enregistrement dans le bilan et le compte de résultats. L'insertion dans les comptes annuels doit en effet satisfaire au concept de constatation que dans la tradition française on a tendance à appeler le fait générateur. Les critères de constatation sont satisfaits :

- s'il est probable que les avantages économiques futurs compris dans les éléments (actifs, passifs, charges, produits) entrent ou sortent de l'entreprise ;
- s'il existe un système de mesure fiable (ainsi, les conséquences d'un procès pourront se traduire par un actif et un produit mais si elles peu-

vent être raisonnablement chiffrées, aucune comptabilisation n'est à faire. L'information sera cependant donnée en annexe).

Le concept de constatation est ensuite testé sur les différents éléments.

• *Un actif* est pris en compte dans le bilan lorsqu'il est probable que des avantages économiques futurs bénéficieront à l'entreprise et que l'actif a un coût ou une valeur qui peut être mesuré de façon fiable.

• *Un passif* est pris en compte dans le bilan lorsqu'il est probable qu'une perte de ressources représentative d'avantages économiques résultera du règlement de l'obligation actuelle et que le montant de ce règlement peut être mesuré de façon fiable.

• *Les produits* sont pris en compte dans le compte de résultats lorsqu'un accroissement d'avantages économiques futurs lié à un accroissement d'actifs ou à une diminution de passifs s'est produit et qu'il peut être mesuré de façon fiable.

• *Les charges* sont prises en compte dans le compte de résultats lorsqu'une diminution d'avantages économiques futurs liée à la diminution d'un actif ou à l'augmentation d'un passif s'est produite et qu'elle peut être mesurée de façon fiable.

► *Les systèmes de mesure (évaluation)*

Sur le choix du système de mesure applicable aux divers éléments constatés au bilan et au compte de résultats, l'IASC se montre très ouvert. Après avoir constaté que les différents systèmes de mesure pouvaient être utilisés à des degrés divers et selon des combinaisons variées, il en énumère les principaux : coût historique, coût actuel, valeur réalisable ou de règlement, valeur actuelle avec leurs définitions respectives. Il constate que le système de mesure généralement utilisé par les entreprises dans leurs comptes annuels est celui des coûts historiques, habituellement combiné avec d'autres comme la valeur de réalisation (par exemple, pour l'évaluation des stocks). L'IASC refuse de prendre position en privilégiant tel ou tel système de mesure (sauf le cas exceptionnel d'entreprises situées un pays en forte inflation).

► *Le concept de capital*

Le texte du cadre conceptuel de l'IASC se termine par la présentation du concept général de capital à travers deux notions : celle du maintien du capital financier et celle du maintien du capital physique.

• *Maintien du capital financier :* selon ce concept, un profit est obtenu uniquement lorsque le montant financier des actifs nets à la fin de la période dépasse le montant financier des actifs nets aux début de la période, après exclusion de toute distribution aux propriétaires et de toute contribution de la part de ces propriétaires au cours de la période. Le maintien du capital financier peut être mesuré soit en unités monétaires nominales soit en pouvoir d'achat constant.

- *Maintien du capital physique :* selon ce concept, un profit n'est obtenu que si la capacité de production physique (ou la capacité opérationnelle) de l'entreprise (ou les ressources ou fonds nécessaires pour atteindre cette capacité) à la fin de la période, dépassent la capacité productive physique au début de la période après exclusion de toute distribution aux propriétaires et de toute contribution de leur part au cours de la période.

La conclusion du cadre conceptuel de l'IASC (§ 110) précise que le choix des bases d'évaluation et du concept de maintien de capital déterminera le modèle comptable utilisé pour la préparation des états financiers. Les différents modèles comptables possèdent différents degrés de pertinence et de fiabilité et, comme dans d'autres domaines, les préparateurs doivent chercher un équilibre entre la pertinence et la fiabilité. Le présent cadre s'applique donc à toute une série de modèles comptables et constitue un guide pour la préparation des états financiers construits en vertu du modèle choisi[1].

1.2. Le cadre conceptuel du FASB

L'ambition du FASB était de construire une théorie générale de la comptabilité financière. Le cadre conceptuel avait été défini par le FASB comme « un système cohérent d'objectifs interdépendants et de concepts qui permettent d'aboutir à une comparabilité et à des informations financières uniformes ». Ce système avait pour objet : de « préciser la manière, la fonction et les limites de la comptabilité et des informations financières ». Enfin, « chaque question abordée dans un projet de norme devrait être étudiée à la lumière des objectifs de l'information financière définie par les recommandations conceptuelles ».

▶ *Les réalisations*

Six normes ont été publiées entre 1978 et 1985.

- La norme n° 1 (*Statement n° 1 : Objectives of Financial Reporting for Business Enterprises*) publiée en novembre 1978, décrit l'environnement

1. Voir Raymond Bethoux et Francis Kemper, « Le Cadre conceptuel de l'IASC. Contexte et contenu », *Revue française de comptabilité*, juin 1988.

et énumère les besoins présumés des utilisateurs de l'information financière et comptable. Les objectifs de l'information financière ont alors été définis comme suit :

– fournir les informations utiles aux investisseurs actuels ou potentiels et aux prêteurs pour leur permettre des décisions rationnelles ;
– leur fournir des informations permettant d'estimer le recouvrement des prêts ou du produit des ventes ;
– apporter des renseignements relatifs aux ressources économiques d'une entreprise et aux facteurs qui modifient sa solvabilité ;
– fournir des informations sur la gestion de la direction (utilisation du capital investi).

Le champ auquel s'est intéressé le FASB dépasse largement le cadre des seuls comptes annuels puisqu'il intègre également les informations complémentaires fournies obligatoirement sur demande mais non intégrées dans les comptes annuels au sens strict (états de synthèse et annexe).

• La norme n° 2 (*Statement n° 2 : Qualitative Characteristics of Accounting Information*) publiée en mai 1980, traite des critères qui sont nécessaires pour rendre les informations financières utiles à la prise de décision (parmi les critères identifiés apparaissent la pertinence et la fiabilité). C'est incontestablement la recommandation la plus riche et la plus innovante.

• La norme n° 3 (*Statement n° 3 : Elements of Financial Statements of Business Enterprises*) de décembre 1983, définit les dix éléments suivants des comptes annuels : actif, passif, capital, apports, distribution, résultat, produits, charges, profits et pertes. Elle a été remplacée ultérieurement par la norme n° 6.

• La norme n° 4 (*Statement n° 4 : Objectives of Financial Reporting by Nonbusiness Organizations*) publiée en décembre 1980 a étendu la recommandation n° 1 aux entités à but non lucratif.

• La norme n° 5 (*Statement n° 5 : Recognition and Measurement in Financial Statements of Business Enterprises*) publiée en décembre 1984, résume les pratiques en matière de constatation comptable et d'évaluation. Ce texte poste le problème de la prise en compte des informations au niveau des états financiers, à savoir quelle information doit y figurer et à quel moment doit-elle être donnée.

• La norme n° 6 (*Statement n° 6 : Elements of Financial Statements*) publiée en décembre 1985, reprend les définitions relatives aux éléments de base figurant dans les comptes annuels (traités par la norme n° 3) en les complétant.

Après la publication de la sixième norme, le FASB a interrompu, provisoirement, paraît-il, ses travaux de recherche en matières de concepts.

► *L'analyse du cadre conceptuel du FASB*

Les six concepts publiés n'ont pas réellement convaincu les utilisateurs potentiels, les définitions demeurant générales et abstraites et donnant l'impression de ne pas aborder les vrais problèmes. La longueur des travaux (1973-1985), leur coût important (22 millions de dollars, 3 000 pages de papiers de discussion) comparés à la relative faiblesse des résultats obtenus ont fait l'objet de sévères critiques et engendré une grande déception.

Le FASB en se lançant dans ce travail, avait des ambitions normatives et a abouti en fait à un recensement des « principes généralement admis ». Les différentes recommandations comportent d'ailleurs certaines ambiguïtés et contradictions, explicables pour partie en raison de la durée du processus. Enfin, les normes du FASB émises après la publication des recommandations conceptuelles n'en tiennent pas nécessairement compte. Devant cet ensemble de critiques, les principaux arguments de défense du FASB sont les suivants :

- pléthore de principes déjà en vigueur ;
- nécessité de rationaliser et d'uniformiser le contenu de l'information financière, dans l'intérêt des utilisateurs ;
- les principes comptables ne peuvent être valablement définis que dans la mesure où leurs objectifs sont précisés par un guide référentiel ;
- la possibilité de résoudre des problèmes comptables ponctuels en se référant à un cadre général de manière à éviter des interprétations par trop divergentes.

Il faut noter que, malgré toutes les critiques formulées à l'encontre de la formulation d'un cadre conceptuel aux États-Unis (la dernière publication est de 1985), l'IASC n'a pas hésité à mettre en chantier son propre cadre (lequel a abouti en 1989).

2. LES PRINCIPES COMPTABLES DE L'IASC

Nous avons vu, dans la première partie de cet ouvrage, que l'IASC avait été créé en 1973. C'est le 16 janvier 1975 au cours d'une conférence de presse que Sir Henry Benson, président de l'IASC, a présenté la première norme arrêtée par cet organisme. Cette norme, applicable à compter du 1er janvier 1975, traite de la publicité des méthodes comptables utilisées par l'entreprise pour la préparation des états financiers annuels.

Trois conventions comptables de base – continuité de l'exploitation, permanence des méthodes, spécialisation des exercices – ainsi que trois idées directrices – prudence, importance relative, prééminence de la réalité sur l'apparence – y ont été exposées et ont toujours été à la base de toutes les autres normes de l'IASC.

2.1. Les définitions des conventions et méthodes comptables de l'IASC

• *Continuité de l'exploitation :* l'entreprise est normalement considérée comme étant en activité, c'est-à-dire comme devant continuer à fonctionner dans un avenir prévisible. Il est admis que l'entreprise n'a ni l'intention, ni l'obligation de se mettre en liquidation ou de réduire sensiblement son activité.

• *Permanence des méthodes :* les méthodes comptables sont supposées constantes d'un exercice à l'autre.

• *Spécialisation des exercices :* les produits et les charges sont comptabilisés au fur et mesure qu'ils sont acquis ou qu'elles sont engagées (et non lors de leur encaissement ou de leur paiement) et enregistrés dans les états financiers de la période considérée (les problèmes relatifs au rattachement des coûts aux produits de la période concernée ne sont pas traités par cette norme).

• *Prudence :* de nombreuses transactions comportent inévitablement des incertitudes. Il convient d'en tenir compte en faisant preuve de prudence dans la préparation des états financiers. La prudence ne justifie cependant pas la création de réserves latentes ou occultes.

• *Prééminence de la réalité sur l'apparence :* les transactions et les autres événements de la vie de l'entreprise doivent être enregistrés et présentés conformément à leur nature et à la réalité financière sans s'en tenir uniquement à leur apparence juridique.

• *Importance relative :* les états financiers doivent révéler toutes les opérations dont l'importance peut affecter les évaluations et les décisions.

Face à la diversité des solutions retenues et des présentations possibles pour nombre de problèmes comptables, l'IASC s'est prononcé pour l'exposé des méthodes retenues, l'indication des données de l'exercice précédent conjointement à celles de l'exercice, à la publicité du changement de méthode et à l'impossibilité d'utiliser simplement des notes explicatives pour suppléer à des comptes inexacts.

2.2. Les dispositions de la norme de l'IASC

Le texte de la recommandation est donné dans l'encadré ci-dessous.

NORME COMPTABLE INTERNATIONALE 1

LA PUBLICITÉ DES MÉTHODES COMPTABLES

Les conventions comptables de base sont la « continuité de l'exploitation », la « permanence des méthodes» et la «spécialisation des exercices ». Lorsque les conventions comptables de base sont appliquées dans les états financiers, il n'y a normalement pas lieu de le mentionner. Si une convention comptable de base n'est pas observée, il convient de mentionner ce fait et d'en donner les raisons.

La prudence, la prééminence de la réalité sur l'apparence et l'importance relative doivent régir le choix et l'application des méthodes comptables.

Les comptes annuels doivent comporter une information claire et concise sur toutes les méthodes comptables importantes qui ont été utilisées.

L'indication des méthodes comptables utilisées doit faire partie intégrante des états financiers. Les méthodes doivent normalement être indiquées.

Le traitement inadéquat ou erroné de certains éléments du bilan, du compte de résultat et des autres états ne peut être corrigé ni par la publication des méthodes comptables utilisées, ni au moyen de notes explicatives.

Les états financiers doivent montrer les chiffres correspondants de l'exercice précédent.

Un changement de méthode qui a une incidence significative sur l'exercice en cours ou qui peut en avoir sur les exercices ultérieurs doit être divulgué et les raisons doivent en être données. Si l'incidence de ce changement sur l'exercice est importante, il doit être mentionné et quantifié.

Les dispositions de la présente norme comptable internationale sont applicables aux états financiers relatifs aux exercices ouverts à partir du 1er janvier 1975.

3. LES PRINCIPES COMPTABLES DANS LA QUATRIÈME DIRECTIVE

La quatrième directive du Conseil des communautés européennes du 25 juillet 1978 a élevé au rang de principe fondamental le concept d'image fidèle. « Les comptes annuels », stipule l'article 2, « doivent donner une image fidèle du patrimoine, de la situation financière ainsi que des résultats de la société. » L'article 31 de cette même directive, relative aux règles d'évaluation, a précisé les principes sur lesquels doit reposer l'établissement des comptes annuels : continuité de l'exploitation, permanence des méthodes, prudence, spécialisation des exercices, non-compensation, intangibilité du bilan d'ouverture.

ARTICLE 31

1. Les États membres assurent que l'évaluation des postes figurant dans les comptes annuels se fait suivant les principes généraux suivants :

a) la société est présumée continuer ses activités ;
b) les modes d'évaluation ne peuvent être modifiés d'un exercice à l'autre ;
c) le principe de prudence doit en tout cas être observé et notamment :
  aa) seuls les bénéfices réalisés à la clôture du bilan peuvent y être inscrits ;
  bb) il doit être tenu compte de tous les risques prévisibles et pertes éventuelles qui ont pris naissance au cours de l'exercice ou d'un exercice antérieur, même si ces risques ou pertes ne sont connus qu'entre la date de clôture du bilan et la date à laquelle il est établi ;
  cc) il doit être tenu compte des dépréciations, que l'exercice se solde par une perte ou par un bénéfice ;

d) il doit être tenu compte des charges et produits afférents à l'exercice auquel les comptes se rapportent, sans considération de la date de paiement ou d'encaissement de ces charges ou produits ;

e) le bilan d'ouverture d'un exercice doit correspondre au bilan de clôture de l'exercice précédent.

2. Des dérogations à ces principes généraux sont admises dans des cas exceptionnels. Lorsqu'il est fait usage de ces dérogations, celles-ci doivent être signalées dans l'annexe et dûment motivées, avec indication de leur influence sur le patrimoine, la situation financière et les résultats.

4. LES PRINCIPES GÉNÉRAUX PRATIQUÉS DANS UN CERTAIN NOMBRE DE PAYS

La loi du 30 avril 1983, intégrée dans les articles 8 à 17 du Code de commerce, a, en ce qui concerne la France, précisé quels étaient les principes généraux applicables. Ainsi, l'article 9 du Code de commerce précise que « Les comptes annuels doivent être réguliers, sincères et donner une image fidèle du patrimoine, de la situation financière et du résultat de l'entreprise ». Les articles 11, 12, 13, 14 et 15 exposent les principes utilisés :

- permanence des méthodes (article 11) ;
- utilisation du coût historique (article 12) ;
- non-compensation (article 13) ;
- intangibilité du bilan d'ouverture (article 13) ;
- prudence (article 14) ;
- continuité de l'exploitation (article 14) ;
- spécialisation des exercices (article 15).

Dans ce chapitre, nous étudierons la formalisation des principes comptables généraux en Allemagne, en Belgique, en Espagne, en Grande-Bretagne, en Italie, aux Pays-Bas et aux États-Unis.

4.1. Les principes comptables généraux en Allemagne

Dans ce pays il convient de distinguer les principes d'une comptabilité régulière (développés par le Code de commerce allemand – *HGB Handelsgesetzbuch*) et applicables à tous les commerçants et le principe d'image fidèle uniquement applicable aux sociétés de capitaux (et en application de la quatrième directive européenne).

▶ *Les principes d'une comptabilité régulière*

Ces principes sont les suivants[1] :

- comptabilisation des charges et des produits indépendants de la date de règlement ;
- principe du nominalisme ;
- principe du coût historique ;
- principe de la continuité d'exploitation – dans la mesure où ce principe n'est pas infirmé par les faits ou les dispositions légales ;
- principe d'exhaustivité ;
- comptes devant être clairs et compréhensibles ;
- éléments de l'actif ou du passif devant faire l'objet d'une évaluation séparée ;
- interdiction de compenser des comptes actifs et passifs ainsi que des charges et des produits ;

1. D'après *Dossiers internationaux Allemagne*, Francis Lefebvre, 1990, page 343 ; voir également Daniel Chmielewski, *Comprendre la comptabilité allemande*, Dunod, 1992.

- soldes d'ouverture de l'exercice N devant correspondre aux soldes de clôture de l'exercice N–1 ;
- principe de permanence des méthodes ;
- principe de prudence ;
- principe de matérialité.

► ***Le principe d'image fidèle***

Il est évoqué par l'article 264 du *HGB* (deuxième partie du troisième livre du Code de commerce applicable aux sociétés de capitaux). Cet article stipule que les comptes annuels de ces sociétés doivent être présentés selon les principes d'une comptabilité régulière et donner une image fidèle du patrimoine, de la situation financière et du résultat de la société.

4.2. Les principes comptables généraux en Belgique

En 1980, le Centre belge de normalisation de la comptabilité et du révisorat a consacré un de ses cahiers (n° 3 - 1980) aux principes comptables. Ceux-ci ont été répartis et identifiés en quatre groupes.

1. Fondements :

- principe d'entité d'entreprise (signifie que l'entreprise constitue une entité distincte de l'entrepreneur) ;
- principe d'unité de mesure monétaire (signifie que l'unité monétaire est utilisée comme commun dénominateur) ;
- principe de permanence des méthodes ;
- principe de continuité de l'entreprise.

2. Saisie des faits comptables :

- principe de justification (signifie que toute écriture comptable s'appuie sur une pièce justificative) ;
- principe d'universalité (signifie que la comptabilité doit saisir l'ensemble des opérations de l'entité) ;
- principe de non compensation ;
- principe de spécialisation de l'exercice.

3. Évaluation :

- principe d'évaluation distincte (signifie que pour chaque objet, une règle d'évaluation doit être appropriée) ;
- principe de prudence ;
- principe d'objectivité (signifie que l'évaluation doit être fondée sur des méthodes fiables et données contrôlables) ;
- principe d'importance relative.

4. Information :

- principe de périodicité (signifie que la vie d'une entreprise est divisée en périodes comptables afin de procurer des informations utiles sur sa situation financière et sur ses résultats) ;
- principe de comparabilité (signifie que la forme et le contenu des comptes annuels doivent rendre possibles des comparaisons dans le temps et entre les entreprises) ;
- principe d'image fidèle.

4.3. Les principes comptables généraux en Espagne

Ces principes généraux sont énoncés dans le plan comptable général de décembre 1990 élaboré par l'Institut de comptabilité et d'audit des comptes, suite à la loi du 25 juillet 1989 intégrant les directives européennes dans la législation nationale. La première partie de ce plan est consacrée aux principes comptables : y sont évoqués (pages 31 à 33) les principes suivants :

- principe de prudence (*principio de prudencia*) ;
- principe de continuité (*principio de empresa en funcionamiendo* – littéralement entreprise en fonctionnement) ;
- principe d'enregistrement (*principio del registro*), les faits économiques doivent être enregistrés dès la naissance du droit ou de l'obligation ;
- principe du prix d'acquisition (*principio del precio de acquisición*), en règle générale, tous les biens et les droits sont comptabilisés au prix d'acquisition ou au coût de production ; les dettes sont comptabilisées à la valeur de remboursement ;
- principe de la comptabilité d'engagement (*principio del devengo*), l'imputation des produits et charges doit être faite en fonction des flux de biens et services et indépendamment des dates d'encaissement et de décaissement ;
- principe de relation entre produits et charges (*principio de correlación de ingresos y gastos*), d'après ce principe, le résultat de l'exercice doit correspondre à la différence entre les produits et les charges liées à l'activité ayant permis de réaliser ces produits ;
- principe de non-compensation (*principio de no compensación*) ;
- principe de permanence des méthodes (*principio de uniformidad*) ;
- principe d'importance relative (*principio de importancia relativa*).

4.4. Les principes comptables généraux en Grande-Bretagne

C'est en Grande-Bretagne que le concept d'image fidèle *true and fair view* s'est d'abord développé. Les mots *true* vérité et *fair* juste, apparaissent déjà dans le *Joint Stock Company* de 1844. Le *Companies Act* de 1948 stipula que « le bilan doit donner une image fidèle de la situation de l'entreprise à la fin de l'exercice ». Ce concept a maintenant dans les principes généraux britanniques la place la plus importante. Il n'a pas été défini (et certainement volontairement) par les textes. Cette imprécision trouve notamment sa justification dans la pratique britannique lorsque les principes, règles ou normes ne suffisent plus et qu'il faut en appeler au jugement du professionnel, véritable révélateur de l'image fidèle.

La suprématie de l'image fidèle est consacrée autant par la loi que par les institutions professionnelles. Le *Companies Act* de 1985 indique que « dans l'application d'un changement de méthode ou l'utilisation d'un traitement alternatif, il importera de considérer le but suprême consistant à présenter une image fidèle ». Toutefois, il est également précisé par la loi et les institutions professionnelles que le principe d'image fidèle est respecté si les comptes obéissent à l'ensemble de la réglementation comptable. Dans des cas exceptionnels, une dérogation aux règles comptables est requise par la loi mais cette situation est en définitive très rare et nécessite de sérieuses justifications.

La norme SSAP 2 relative à la publicité des méthodes comptables identifie par ailleurs les quatre principes comptables suivants :

- continuité de l'exploitation (*going concern*) ;
- indépendance des exercices (comptabilité d'engagement) (*accruals*) ;
- permanence des méthodes (*consistency*) ;
- prudence (*prudence*).

L'application de ces principes est assez comparable à celle qui est effectuée en France. D'autre part, il existe dans la législation ou la pratique britannique quatre autres principes essentiels dont l'importance est aussi grande :

- non-compensation ;
- coût historique ;
- importance relative (*materiality*) ;
- primauté de la réalité économique sur la forme juridique (*substance over form*).

Ce dernier principe est essentiel et est très lié au concept d'image fidèle. L'exemple classique de son application est le traitement comptable de l'achat par crédit-bail d'un bien qui est porté à l'actif du bilan bien que juridiquement ce bien n'appartienne pas à l'entreprise.

4.5. Les principes comptables généraux en Italie

L'ensemble des principes comptables applicables en Italie peut être divisé en deux catégories[1] :

- les objectifs fondamentaux, compréhensibilité et image fidèle ;
- les principes généraux et complémentaires qui complètent et précisent les premiers.

Le principe de la compréhensibilité (dit principe de *chiarezza*) était déjà formulé dans les normes comptables antérieures à l'introduction dans la législation italienne des dispositions de la quatrième directive européenne. Ce principe a été maintenu : il implique que les états financiers doivent à la fois être intelligibles et pouvoir faire l'objet d'une analyse et doivent donc s'accompagner de toutes les notes et explications utiles. Le principe d'image fidèle a été introduit dans l'article 2423 du Code civil par la loi du 9 avril 1991 : la formulation qui en est faite reprend les mêmes termes que l'article 2 de la quatrième directive (voir p. 25).

Les autres principes applicables sont soit repris dans la loi, soit précisés par la profession, il s'agit :

- du principe de neutralité (*neutralità* ou *imparzialità*), selon ce principe, le bilan, étant destiné à une latitude d'utilisateurs, doit être le plus impartial possible ;
- du principe de prudence (*prudenza*) ;
- du principe d'indépendance des exercices (*competenza per esercizio*) ;
- du principe de comparabilité (*comparabilità*) qui induit le principe de permanence des méthodes ;
- du principe d'unicité de la monnaie (*omogeneità dei valori*) ;
- du principe d'importance relative (*significatività*) ;
- du principe du coût comme critère de base pour l'évaluation du bilan et du compte de résultats (correspond à notre principe des coûts historiques) ;
- du principe de conformité des méthodes d'élaboration des états financiers aux principes comptables ;
- du principe de l'information supplémentaire adéquate ;
- du principe de vérifiabilité de l'information.

1. Voir sous la direction de Louis Klee, *La Comptabilité des sociétés dans la CEE*, La Villeguerin, 1992, pp. 405 à 409.

4.6. Les principes comptables généraux aux Pays-Bas

La loi néerlandaise, à de rares exceptions, ne nomme pas en tant que tels les principes comptables : c'est la doctrine qui en donne la liste d'après le contenu des différents articles de la loi. Cette liste comprend[1] les principes suivants :
- continuité ;
- comptabilité en charges et produits ;
- rattachement des charges aux produits ;
- réalisation ;
- prudence ;
- permanence des méthodes;
- évaluation individuelle des postes ;
- interdiction de compensation ;
- clarté ;
- régularité ;
- fidélité.

4.7. Les principes comptables généraux aux États-Unis

Les concepts fondamentaux sont décrits dans la norme n° 4 de l'APB (*basis concepts underlying financial statements*). Ces concepts, dont de nombreux sont similaires à ceux que l'on trouve en France, sont les suivants[2] :
- séparation du patrimoine de l'entreprise et de celui des propriétaires (*entity concept*);
- continuité d'exploitation (*going concern*) ;
- unité de mesure monétaire et stabilité du dollar (*monetary unit* et *stable dollar*) ;
- séparation en exercices successifs (*time period concept*) ;
- coût historique (*historical cost*) ;
- comptabilité d'engagement (*accrual method*) ;
- permanence des méthodes (*consistency*) ;
- réalisation des résultats (*revenue realization*) ;
- rattachement des charges aux produits (*matching concept*) ;
- importance relative (*materality concept*) ;

---

1. Louis Klee, *ibid.*, page 486.
2. D'après *Dossiers internationaux États-Unis*, Francis Lefebvre, 4e édition 1990, page 249.

- prudence (*conservatism*) ;
- image fidèle (*fair presentation*) ;
- prééminence de la réalité économique sur l'apparence juridique (*substance over form*).

3. LA PRÉSENTATION DES COMPTES ANNUELS

Après avoir, dans les précédents chapitres, analysé sur le plan international les sources des règles comptables et les principes généraux appliqués en comptabilité, nous allons exposer, dans le présent chapitre, la manière dont les comptes annuels des entreprises individuelles et des sociétés sont présentés.

Pour ce qui concerne les sociétés, il est généralement proposé (au moins pour les sociétés d'une certaine taille) à la fois des comptes sociaux et des comptes consolidés (donnant l'image du groupe contrôlée par la société). Ces comptes sociaux et ces comptes consolidés ont généralement la même présentation et sont établis selon les mêmes règles. Dans certains pays (cas des États-Unis), le public ne peut avoir connaissance que des comptes consolidés (les comptes sociaux restant à usage « interne »). À ce principe de similitude, il n'existe en fait qu'une seule exception importante, celle de la France : les méthodes d'établissement des comptes sociaux, très largement imprégnées de fiscalité sont, sur de nombreux points, différentes de celles pratiquées pour les comptes consolidés.

Après avoir examiné les règles fixées par l'IASC et la quatrième directive européenne, nous analyserons la manière dont les comptes annuels (individuels et sociaux) sont présentés dans un certain nombre de pays, laissant le soin au chapitre 5 de cet ouvrage d'exposer les problèmes spécifiques à la consolidation.

1. LA PRÉSENTATION DES COMPTES ANNUELS SELON L'IASC

L'International Accounting Standards Committee n'a jamais traité directement de la présentation des comptes annuels. Aucune norme n'a proposé un modèle particulier de présentation des états financiers. Seule, la cinquième norme (IAS 5) adoptée en juillet 1976 et portant sur les informations que doit fournir l'entreprise dans ses états financiers précise quels renseignements minimaux doivent figurer dans ces états.

Selon cette norme, les états financiers comprennent « le bilan, le compte de résultats, les notes annexes et les autres états et documents qui sont considérés comme partie intégrante. Ces états sont indispensables entre autres pour procéder à des évaluations et prendre des décisions financières ». La norme précise que leurs utilisateurs ne peuvent sérieusement se faire une opinion que si les états financiers sont clairs et compréhensibles. « Les informations nécessaires à cet usage vont souvent au-delà du minimum requis pour satisfaire aux exigences de la loi ou des autorités administratives » indique-t-elle par ailleurs. La norme souligne également que les éléments significatifs ne doivent être ni groupés ni compensés avec d'autres postes, sans faire l'objet d'une mention séparée et que les états financiers doivent comporter les chiffres correspondants de l'exercice précédent. Elle détaille enfin les renseignements propres au bilan et propres au compte de résultats devant figurer dans les états financiers.

► *Renseignements propres au bilan*

• *Généralités précisant que certaines informations doivent être données :*

- limitations apportées au droit de propriété sur les éléments d'actif ;
- sûretés consenties en garantie des emprunts ;
- méthodes de calcul des provisions pour les provisions et plans de retraites ;
- créances et dettes éventuelles, quantifiées si possible ;
- engagements sur commandes d'immobilisations.

• *Valeurs immobilisées :*

Immobilisations corporelles
- terrains et constructions ;
- matériel et outillage ;
- autres catégories d'immobilisations, convenablement identifiés ;
- amortissements cumulés.

Autres valeurs immobilisées
- placements à long terme ;

- créances à long terme ;
- fonds de commerce et d'industrie ;
- brevets, marques et autres actifs similaires ;
- charges à répartir sur plusieurs exercices.

• *Actif circulant :*

- trésorerie ;
- titres de placement ;
- valeurs réalisables ;
- stocks.

• *Dettes à long terme :*

- emprunts assortis de sûretés ;
- emprunts sans sûretés ;
- emprunts inter-sociétés ;
- emprunts auprès de sociétés associées.

• *Dettes à court terme :*

- prêts et découverts bancaires ;
- partie à moins d'un an des dettes à long terme ;
- autres dettes à court terme : fournisseurs et effets à payer, comptes courants des dirigeants...

• *Provisions et autres dettes :* les éléments significatifs compris dans les autres dettes, les provisions pour pertes et charges, les charges à payer doivent être détaillés.

• *Capitaux propres :*

- capital ;
- autres fonds propres : primes d'émission, écart de réévaluation, réserves statutaires ou réglementaires, bénéfices non répartis.

► *Renseignements propres au compte de résultats*

- ventes et autres produits d'exploitation ;
- amortissements et provisions ;
- produits financiers ;
- revenus du portefeuille ;
- frais financiers ;
- impôt sur les bénéfices ;
- charges exceptionnelles ;
- produits exceptionnels ;
- opérations inter-sociétés significatives ;
- résultat net.

► *Cas d'utilisation d'une option comptable autorisée mais non retenue comme traitement de référence par l'IASC*

Dans ce cas, développé par l'exposé-sondage E 32, il y a lieu de présenter une information retraitée dans les notes annexes.

2. LA PRÉSENTATION DES COMPTES ANNUELS SELON LA QUATRIEME DIRECTIVE DES COMMUNAUTÉS EUROPÉENNES

La quatrième directive CEE 78-660 du Conseil des communautés européennes du 25 juillet 1978, en considérant que les comptes annuels doivent donner une image fidèle du patrimoine, de la situation financière ainsi que des résultats des sociétés soumises, a prévu des schémas de caractère obligatoire pour l'établissement du bilan et du compte de profits et pertes et un contenu minimal de l'annexe. Elle a également stipulé que des dérogations peuvent être accordées à certaines sociétés en raison de leur faible importance économique et sociale.

2.1. Structure du bilan selon la quatrième directive

La quatrième directive a prévu pour le bilan deux schémas différents qui peuvent être retenus par les États membres. Le schéma de l'article 9 présente le bilan sous forme de compte, l'actif pouvant être décomposé en 6 rubriques notées de A à F et le passif en 5 rubriques notées de A à E . Le schéma de l'article 10 de la directive présente le bilan sous forme de liste, actifs et passifs étant liés, un fonds de roulement étant calculé, l'ensemble des rubriques étant notées de A à L.

Nous présenterons ci-dessous ces schémas puis la structure détaillée des ces bilans. Il faut remarquer préalablement qu'un bilan abrégé peut être établi par les sociétés ne dépassant par les limites chiffrées de deux des trois critères suivants (qui ont été revalorisés par la directive 90-604 CEE du 8 novembre 1990, en dernier lieu) :

- total du bilan, 2 000 000 d'écus[1] ;
- montant net du chiffre d'affaires, 4 000 000 d'écus ;
- nombre de membres du personnel employé en moyenne au cours de l'exercice 50.

1. L'écu vaut approximativement 7 francs.

Schéma de l'article 9

Actif		*Passif*	
A. Capital souscrit non versé B. Frais d'établissement C. Actif immobilisé D. Actif circulant E. Comptes de régularisation F. Perte de l'exercice		A. Capitaux propres B. Provisions pour risques et charges C. Dettes D. Comptes de régularisation E. Bénéfice de l'exercice	

Schéma de l'article 10

A. Capital souscrit non versé
B. Frais d'établissement
C. Actif immobilisé
D. Actif circulant
E. Comptes de régularisation
F. Dettes dont la valeur résiduelle n'est pas supérieure à un an
G. Actif circulant (y compris E) supérieur aux dettes dont la durée résiduelle n'est pas supérieure à un an
H. Montant total des éléments de l'actif après déduction des dettes dont la durée résiduelle n'est pas supérieure à un an
I. Dettes dont la durée résiduelle est supérieure à un an
J. Provisions pour risques et charges
K. Comptes de régularisation
L. Capitaux propres

Structure détaillée du bilan article 9 de la directive

Actif		*Passif*	
A. Capital souscrit non versé dont appelé (à moins que la législation nationale ne prévoie l'inscription du capital appelé au passif. Dans ce cas, la partie du capital appelée mais non encore versée doit figurer soit au poste A à l'actif, soit au poste D II 5 à l'actif). **B. Frais d'établissement** tels qu'ils sont définis par la législation nationale et pour autant que celle-ci autorise l'inscription à l'actif. La législation nationale peut également prévoir l'inscription des frais d'établissement		**A. Capitaux propres** I. *Capital souscrit* (à moins que la législation nationale ne prévoie l'inscription du capital appelé sous ce poste. Dans ce cas, les montants du capital souscrit et du capital versé doivent être mentionnés séparément.) II. *Prime d'émission* III. *Réserve de réévaluation* IV. *Réserves*	

comme premier poste sous « immobilisations incorporelles ».

C. Actif immobilisé

I. *Immobilisations incorporelles*

1. Frais de recherche et de développement, pour autant que la législation nationale autorise leur inscription à l'actif.

2. Concessions, brevets, licences, marques, ainsi que droits et valeurs similaires, s'ils ont été :

a) acquis à titre onéreux sans devoir figurer au poste C 13 ;

b) créés par l'entreprise elle-même, pour autant que la législation nationale autorise leur inscription à l'actif.

3. Fonds de commerce, dans la mesure où il a été acquis à titre onéreux.

4. Acomptes versés.

II. *Immobilisations corporelles*

1. Terrains et constructions.

2. Installations techniques et machines.

3. Autres installations, outillage et mobilier.

4. Acomptes versés et immobilisations en cours.

III. *Immobilisations financières*

1. Parts dans les entreprises liées.

2. Créances dans les entreprises liées.

3. Participations.

4. Créances sur des entreprises avec lesquelles la société a un lien de participation.

5. Titres ayant le caractère d'immobilisations.

6. Autres prêts.

7. Actions propres ou parts propres (avec indication de leur valeur nominale ou à défaut de valeur nominale, de leur pair comptable) dans la mesure où la législation nationale autorise leur inscription au bilan.

1. Réserve légale dans la mesure où la législation nationale impose la constitution d'une telle réserve.

2. Réserve pour actions propres ou parts propres, dans la mesure où la législation nationale impose la constitution dune telle réserve, sans préjudice de l'article 22 paragraphe 1 de la directive 77/91/CEE.

3. Réserves statutaires.

4. Autres réserves

V. *Résultats reportés*

VI. *Résultat de l'exercice*
(à moins que la législation nationale ne prévoie l'inscription de ce poste aux postes F à l'actif ou E au passif).

B. Provisions pour risques et charges

1. Provisions pour pensions et obligations similaires.

2. Provisions pour impôts.

3. Autres provisions.

C. Dettes

(les montants des dettes dont la durée résiduelle n'est pas supérieure à un an doivent être indiqués séparément pour chacun des postes ci-dessous ainsi que pour l'ensemble de ces postes.)

1. Emprunts obligataires, avec mention séparée des emprunts convertibles.

2. Dettes envers des établissements de crédit.

3. Acomptes reçus sur commandes pour autant qu'ils ne sont pas déduits des stocks de façon distincte.

4. Dettes sur achats et prestations de services.

5. Dettes représentées par des effets de commerce.

6. Dettes envers des entreprises liées.

7. Dettes envers des entreprises avec lesquelles la société a un lien de participation.

D. Actif circulant

I. *Stocks*

1. Matières premières et consommables.

2. Produits en cours de fabrication.

3. Produits finis et marchandises.

4. Acomptes versés.

II. *Créances*

(Le montant des créances dont la durée résiduelle est supérieure à un an doit être indiqué séparément pour chacun des postes ci-dessous)

1. Créances résultant de ventes et prestations de services.

2. Créances sur des entreprises liées.

3. Créances sur des entreprises avec lesquelles la société a un lien de participation.

4. Autres créances.

5. Capital souscrit, appelé mais non versé (à moins que la législation nationale ne prévoie l'inscription des comptes de régularisation au poste E à l'actif).

6. Comptes de régularisation (à moins que la législation nationale ne prévoit l'inscription des comptes de régularisation au poste E à l'actif).

III. *Valeurs mobilières*

1. Parts dans les entreprises liées.

2. Actions propres ou parts propres (avec indication de leur valeur nominale ou, à défaut de valeur nominale, de leur pair comptable) dans la mesure où la législation nationale autorise leur inscription au bilan.

3. Autres valeurs mobilières.

IV. *Avoirs en banque, avoirs en compte de chèques postaux, chèques et encaisse*

E. Comptes de régularisation

(à moins que la législation nationale ne prévoie l'inscription des comptes de régularisation au poste DII 6 à l'actif).

8. Autres dettes, dont dettes fiscales et dettes au titre de la Sécurité sociale.

9. Comptes de régularisation (à moins que la législation nationale ne prévoie l'inscription des comptes de régularisation du poste C9 au passif.)

D. Comptes de régularisation

(à moins que la législation nationale ne prévoie l'inscription des comptes de régularisation au poste C9 au passif.)

E. Bénéfice de l'exercice

(à moins que la législation nationale ne prévoie son inscription au poste A VI au passif).

F. Perte de l'exercice (à moins que la législation nationale ne prévoie son inscription au poste A VI au passif).			

Structure détaillée du bilan article 10 de la directive

A. Capital souscrit non versé
dont appelé
(à moins que la législation nationale ne prévoie l'inscription du capital appelé au passif. Dans ce cas, la partie du capital appelée mais non encore versée doit figurer soit au poste A à l'actif, soit au poste D II 5 à l'actif).

B. Frais d'établissement
tels qu'ils sont définis par la législation nationale et pour autant que celle-ci autorise l'inscription à l'actif. La législation nationale peut également prévoir l'inscription des frais d'établissement comme premier poste sous « immobilisations incorporelles ».

C. Actif immobilisé

I. *Immobilisations incorporelles*
1. Frais de recherche et de développement, pour autant que la législation nationale autorise leur inscription à l'actif.
2. Concessions, brevets, licences, marques, ainsi que droits et valeurs similaires, s'ils ont été :
a) acquis à titre onéreux sans devoir figurer au poste C 13 ;
b) créés par l'entreprise elle-même, pour autant que la législation nationale autorise leur inscription à l'actif.
3. Fonds de commerce, dans la mesure où il a été acquis à titre onéreux.
4. Acomptes versés.

II. *Immobilisations corporelles*
1. Terrains et constructions.
2. Installations techniques et machines.
3. Autres installations, outillage et mobilier.
4. Acomptes versés et immobilisations en cours.

III. *Immobilisations financières*
1. Parts dans les entreprises liées.
2. Créances dans les entreprises liées.
3. Participations.
4. Créances sur des entreprises avec lesquelles la société a un lien de participation.
5. Titres ayant le caractère d'immobilisations.
6. Autres prêts.
7. Actions propres ou parts propres (avec indication de leur valeur nominale ou à défaut de valeur nominale, de leur pair comptable) dans la mesure où la législation nationale autorise leur inscription au bilan.

D. Actif circulant

I. *Stocks*

1. Matières premières et consommables.
2. Produits en cours de fabrication.
3. Produits finis et marchandises.
4. Acomptes versés.

II. *Créances*

(Le montant des créances dont la durée résiduelle est supérieure à un an doit être indiqué séparément pour chacun des postes ci-dessous)

1. Créances résultant de ventes et prestations de services.
2. Créances sur des entreprises liées.
3. Créances sur des entreprises avec lesquelles la société a un lien de participation.
4. Autres créances.
5. Capital souscrit, appelé mais non versé (à moins que la législation nationale ne prévoie l'inscription des comptes de régularisation au poste E à l'actif).
6. Comptes de régularisation (à moins que la législation nationale ne prévoie l'inscription des comptes de régularisation au poste E).

III. *Valeurs mobilières*

1. Parts dans les entreprises liées.
2. Actions propres ou parts propres (avec indication de leur valeur nominale ou, à défaut de valeur nominale, de leur pair comptable) dans la mesure où la législation nationale autorise leur inscription au bilan.
3. Autres valeurs mobilières.

IV. *Avoirs en banque, avoirs en compte de chèques postaux, chèques et encaisse*

E. Comptes de régularisation

(à moins que la législation nationale ne prévoie l'inscription des comptes de régularisation au poste DII 6 à l'actif).

F. Dettes dont la durée résiduelle n'est pas supérieure à un an

1. Emprunts obligataires, avec mentions séparée des emprunts convertibles.
2. Dettes envers des établissements de crédit.
3. Acomptes reçus sur commandes pour autant qu'ils ne sont pas déduits des stocks de façon distincte.
4. Dettes sur achats et prestations de services.
5. Dettes représentées par des effets de commerce.
6. Dettes envers des entreprises liées.
7. Dettes envers des entreprises avec lesquelles la société a un lien de participation.
8. Autres dettes, dont dettes fiscales et dettes au titre de la Sécurité sociale.
9. Comptes de régularisation (à moins que la législation nationale ne prévoie l'inscription des comptes de régularisation au poste K).

G. Actif circulant (y compris les comptes de régularisation si indiqués au poste E) **supérieur aux dettes dont la durée résiduelle n'est pas supérieure à un an** (y compris les comptes de régularisation si indiqués au poste K).

H. Montant total des éléments de l'actif après déduction des dettes dont la durée résiduelle n'est pas supérieure à un an

I. Dettes dont la durée résiduelle est supérieure à un an

1. Emprunts obligataires, avec mentions séparée des emprunts convertibles.
2. Dettes envers des établissements de crédit.
3. Acomptes reçus sur commandes pour autant qu'ils ne sont pas déduits des stocks de façon distincte.
4. Dettes sur achats et prestations de services.
5. Dettes représentées par des effets de commerce.
6. Dettes envers des entreprises liées.
7. Dettes envers des entreprises avec lesquelles la société a un lien de participation.
8. Autres dettes, dont dettes fiscales et dettes au titre de la Sécurité sociale.
9. Comptes de régularisation (à moins que la législation nationale ne prévoie l'inscription des comptes de régularisation au poste K).

J. Provisions pour risques et charges

1. Provisions pour pensions et obligations similaires.
2. Provisions pour impôts.
3. Autres provisions.

K. Comptes de régularisation

(à moins que la législation ne prévoie l'inscription des comptes de régularisation aux postes F 9 ou I 9).

L. Capitaux propres

I. *Capital souscrit*

(à moins que la législation nationale ne prévoie l'inscription du capital appelé sous ce poste. Dans ce cas, les montants du capital souscrit et du capital versé doivent être mentionnés séparément).

II. *Prime d'émission*

III. *Réserve de réévaluation*

IV. *Réserves*

1. Réserve légale dans la mesure où la législation nationale impose la constitution d'une telle réserve.
2. Réserve pour actions propres ou parts propres, dans la mesure où la législation nationale impose la constitution dune telle réserve, sans préjudice de l'article 22 paragraphe 1 de la directive 77/91/CEE.
3. Réserves statutaires.
4. Autres réserves.

V. *Résultats reportés*

VI. *Résultat de l'exercice*

2.2. Structure du compte de profits et pertes (compte de résultats) selon la quatrième directive

Comme pour le bilan, la quatrième directive a prévu pour le compte de profits et pertes quatre schémas qui peuvent être retenus par les États membres. Il peut être présenté sous forme de liste (schémas des articles 23 et 25) ou sous forme de tableau (ou compte) (schémas des articles 24 et 26). Il peut aussi analyser les charges selon leur origine (charges par nature : schémas des articles 23 et 24) ou selon leur destination (charges par fonction : schémas des articles 25 et 26).

Un compte de résultats abrégé peut être établi par les sociétés ne dépassant pas les limites chiffrées de deux des trois critères suivants (qui ont été revalorisés par la directive 90-604 CEE du 8 novembre 1990, en dernier lieu) :
- total du bilan, 8 000 000 d'écus ;
- montant net du chiffre d'affaires, 16 000 000 d'écus ;
- nombre de membres du personnel employé en moyenne au cours de l'exercice, 250.

Structure détaillée compte de profits et pertes
Article 23 de la directive

1. Montant net du chiffre d'affaires.	
2. Augmentation du stock de produits finis et en cours de fabrication.	
3. Travaux effectués par l'entreprise pour elle-même et portés à l'actif.	
4. Autres produits d'exploitation.	
5.	
a) Charges de matières premières et consommables.	
b) Autres charges externes.	
6. Frais de personnel.	
a) Salaires et traitements.	
b) Charges sociales, avec mention séparée de celles couvrant les pensions.	
7.	
a) Corrections de valeur sur frais d'établissement et sur immobilisations corporelles et incorporelles.	
b) Corrections de valeur sur éléments de l'actif circulant, dans la mesure où elles dépassent les corrections de valeur normales au sein de l'entreprise.	
8. Autres charges d'exploitation.	
9. Produits provenant de participations, avec mention séparée de ceux provenant d'entreprises liées.	
10. Produits provenant d'autres valeurs mobilières et de créances de l'actif immobilisé, avec mention séparée de ceux provenant d'entreprises liées.	
11. Autres intérêts et produits assimilés, avec mention séparée de ceux provenant d'entreprises liées.	

12. Corrections de valeur sur immobilisations financières et sur valeurs mobilières faisant partie de l'actif circulant.	
13. Intérêts et charges assimilées, avec mention séparée de ceux concernant des entreprises liées.	
14. Impôt sur le résultat provenant des activités ordinaires.	
15. *Résultat provenant des activités ordinaires, après impôt.*	
16. Produits exceptionnels.	
17. Charges exceptionnelles.	
18. Résultat exceptionnel.	
19. Impôts sur le résultat exceptionnel.	
20. Autres impôts ne figurant pas sous les postes ci-dessus.	
21. *Résultat de l'exercice.*	

Structure détaillée compte de profits et pertes
Article 24 de la directive

A. Charges		**B. Produits**	
1. Réduction de stock de produits finis et en cours de fabrication		1. Montant net du chiffre d'affaires.	
2. a) Charges de matières premières et consommables. b) Autres charges externes.		2. Augmentation du stock de produits finis et en cours de fabrication.	
3. Frais de personnel. a) Salaires et traitements. b) Charges sociales, avec mention séparée de celles couvrant les pensions.		3. Travaux effectués par l'entreprise pour elle-même et portés à l'actif.	
4. a) Corrections de valeur sur frais d'établissement et sur immobilisations corporelles et incorporelles. b) Corrections de valeur sur éléments de l'actif circulant, dans la mesure où elles dépassent les corrections de valeur normales au sein de l'entreprise.			
5. Autres charges d'exploitation.		4. Autres produits d'exploitation.	
6. Corrections de valeur sur immobilisations financières et sur valeurs mobilières faisant partie de l'actif circulant.		5. Produits provenant de participations, avec mention séparée de ceux provenant d'entreprises liées.	
7. Intérêts et charges assimilées, avec		6. Produits provenant d'autres valeurs mobilières et de créances de	

mention séparée de ceux concernant des entreprises liées.		l'actif immobilisé, avec mention séparée de ceux provenant d'entreprises liées.	
8. Impôt sur le résultat provenant des activités ordinaires.		7. Autres intérêts et produits assimilés, avec mention séparée de ceux provenant d'entreprises liées.	
9. *Résultat provenant des activités ordinaires, après impôt.*		8. *Résultat provenant des activités ordinaires, après impôts.*	
10. Charges exceptionnelles.		9. Produits exceptionnels.	
11. Impôt sur le résultat exceptionnel.			
12. Autres résultats ne figurant pas sous les postes ci-dessous.			
13. *Résultat de l'exercice.*		10. *Résultat de l'exercice.*	

Structure détaillée compte de profits et pertes
Article 25 de la directive

1. Montant net du chiffre d'affaires.	
2. Coûts de production des prestations fournies pour la réalisation du chiffre d'affaires (y compris les corrections de valeur).	
3. Résultat brut provenant du chiffre d'affaires.	
4. Coûts de distribution (y compris les corrections de valeur).	
5. Frais généraux administratifs (y compris les corrections de valeur).	
6. Autres produits d'exploitation.	
7. Produits provenant de participations, avec mention séparée de ceux provenant d'entreprises liées.	
8. Produits provenant d'autres valeurs mobilières et de créances de l'actif immobilisé, avec mention séparée de ceux provenant d'entreprises liées.	
9. Autres intérêts et produits assimilés, avec mention séparée de ceux provenant d'entreprises liées.	
10. Corrections de valeur sur immobilisations financières et sur valeurs mobilières faisant partie de l'actif circulant.	
11. Intérêts et charges assimilées, avec mention séparée de ceux concernant des entreprises liées.	
12. Impôt sur le résultat provenant des activités ordinaires.	
13. *Résultat provenant des activités ordinaires, après impôt.*	
14. Produits exceptionnels.	
15. Charges exceptionnelles.	
16. Résultat exceptionnel.	
17. Impôts sur le résultat exceptionnel.	
18. Autres impôts ne figurant pas sous les postes ci-dessus.	
19. *Résultat de l'exercice.*	

Structure détaillée compte de profits et pertes
Article 26 de la directive

A. Charges		B. Produits	
1. Coûts de production des prestations fournies pour la réalisation du chiffre d'affaires (y compris les corrections de valeur).		1. Montant net du chiffre d'affaires.	
2. Coûts de distribution (y compris les corrections de valeur).		2. Autres produits d'exploitation.	
3. Frais généraux administratifs (y compris les corrections de valeur).		3. Produits provenant de participations, avec mention séparée de ceux provenant d'entreprises liées.	
4. Corrections de valeur sur immobilisations financières et sur valeurs mobilières faisant partie de l'actif circulant.		4. Produits provenant d'autres valeurs mobilières et de créances de l'actif immobilisé, avec mention séparée de ceux provenant d'entreprises liées.	
5. Intérêts et charges assimilées, avec mention séparée de ceux concernant des entreprises liées.		5. Autres intérêts et produits assimilés, avec mention séparée de ceux provenant d'entreprises liées.	
6. Impôt sur le résultat provenant des activités ordinaires.			
7. *Résultat provenant des activités ordinaires, après impôt.*		6. *Résultat provenant des activités ordinaires, après impôts.*	
8. Charges exceptionnelles.		7. Produits exceptionnels.	
9. Impôt sur le résultat exceptionnel.			
10. Autres résultats ne figurant pas sous les postes ci-dessous.			
11. *Résultat de l'exercice.*		8. *Résultat de l'exercice.*	

2.3. Contenu de l'annexe selon la quatrième directive

C'est dans son article 43 que la quatrième directive prévoit l'essentiel des informations devant figurer dans l'annexe. D'autres articles complètent cet article 43 en précisant que certaines informations du bilan ou du compte de profits et pertes doivent être développées dans l'annexe si elle sont significatives. Une annexe simplifiée peut être établie pour les sociétés admises à présenter des comptes annuels abrégés (voir ci-dessus paragraphe 2).

INFORMATIONS DEVANT FIGURER DANS L'ANNEXE

• ***Informations de l'article 43***

1. Modes d'évaluation appliqués aux divers postes des comptes annuels, ainsi que les méthodes de calcul des corrections de valeur (amortissements et provisions) utilisées. Bases de conversion des éléments exprimés en monnaie étrangère.
2. Informations sur les participations détenues au moins à 20 %.
3. Nombre et valeur nominale des actions souscrites en cours d'exercice.
4. Nombre et valeur nominale des diverses catégories d'actions composant le capital.
5. Nombre et étendue des droits des parts bénéficiaires, des obligations convertibles et titres similaires.
6. Montant des dettes et en particulier de celles dont la valeur est supérieure à cinq ans.
7. Montant des engagements financiers hors bilan.
8. Ventilation du chiffre d'affaires par catégorie d'activité et par marché géographique.
9. Nombre et ventilation des membres du personnel, employé en moyenne au cours de l'exercice.
10. Incidence des évaluations fiscales dérogatoires sur le résultat net de l'exercice.
11. Montant des impôts différés.
12. Montant des rémunérations attribuées aux organes d'administration, de direction et de surveillance.
13. Montant des avantages et crédits attribués aux membres des organes d'administration, de direction et de surveillance.

• ***Autres informations***

1. Dérogation aux dispositions de la directive en vue de donner une image fidèle (article 2).
2. Modification de la forme et de la présentation du bilan et du compte de profits et pertes (article 3).
3. Adaptation des chiffres de l'exercice précédent en vue d'assurer la comparabilité en cas de changement de méthode (article 3).
4. Engagements et sûretés réelles (article 14).
5. Mouvements de l'actif immobilisé, des corrections de valeur de l'actif immobilisé (article 15).

6. Analyse des comptes de régularisation Actif et Passif (articles 18 et 21).
7. Analyse des charges exceptionnelles et produits exceptionnels (article 29).
8. Indication sur les proportions dans lesquelles les impôts sur le résultat grèvent le résultat provenant des activités ordinaires et le résultat exceptionnel (article 30).
9. Dérogations aux méthodes d'évaluation (article 31).
10. Traitement du poste « Réserve de réévaluation » (article 33).
11. Commentaire des éléments inscrits au poste « Frais d'établissement » (article 34).
12. Inclusion des frais financiers dans un poste d'actif (article 35).
13. Commentaire sur les éléments inscrits dans les postes « Frais de recherche et de développement » et « Fonds commercial » (article 37).
14. Corrections de valeurs exceptionnelles sur éléments de l'actif circulant en application de la législation fiscale (article 39).
15. Divergences entre évaluation au bilan et évaluation sur la base du prix du marché connu pour les biens fongibles ou les objets de même catégorie (article 40).
16. Autres provisions pour risques (article 42).

3. LA PRÉSENTATION DES COMPTES ANNUELS EN FRANCE

La présentation des comptes annuels en France est réglementée par le décret du 29 novembre 1983 et en particulier les articles 11 à 26 (voir paragraphe 1.2 du chapitre 1 de cet ouvrage). Le plan comptable général présente des modèles de comptes annuels.

L'article 17 du décret précité – en application de l'article 10 du Code de commerce qui permet d'adopter une présentation simplifiée (appelé système abrégé par le plan comptable général) des comptes annuels lorsque deux des trois critères suivants : total du bilan, montant net du chiffre d'affaires, nombre moyen de salariés permanents employés au cours de l'exercice, sont inférieurs à une certaine limite – fixe comme suit le niveau de ces critères.

• *En ce qui concerne le bilan et le compte de résultats des personnes physiques ou morales ayant la qualité de commerçant :*

total du bilan	F. 1 500 000
chiffre d'affaires	F. 3 000 000
nombre moyen de salariés	10

• *En ce qui concerne l'annexe établie par les personnes morales ayant la qualité de commerçant :*

total du bilan	F. 10 000 000
chiffre d'affaires	F. 20 000 000
nombre moyen de salariés	50

Le plan comptable général prévoit par ailleurs la présentation de comptes développés (système développé), en fait peu appliquée en pratique. Le décret précité (article 16) préconise la présentation du compte de résultats de l'exercice sous forme de liste. Nous présentons ci-après, la structure du bilan et du compte de résultats (système de base) préconisés par le décret du 29 novembre 1983 et par le plan comptable général ainsi que la liste des informations devant figurer dans l'annexe. Le bilan et le compte de résultats présentent également les données relatives à l'exercice précédent. En ce qui concerne l'actif du bilan, il est distingué :

– le montant brut ;
– les amortissements et provisions (à déduire) ;
– le montant net.

En tête du modèle de bilan[1]

	Exercice N			*Exercice N – 1*
ACTIF	*Brut*	*Amortissements et provisions*	*Net*	*Net*

1. Plan comptable général page II.64.

La structure du bilan[1]

Actif		*Passif*	
Actif immobilisé		**Capitaux propres**	
Immobilisations incorporelles		Capital (dont versé)	
Immobilisations corporelles		Primes d'émission, de fusion, d'apport	
Immobilisations financières		Écarts de réévaluation	
		Réserves	
Actif circulant		Report à nouveau	
Stocks et en cours		Résultat de l'exercice (bénéfice ou perte)	
Avances et acomptes versés sur commandes		Subventions d'investissement	
Créances		Provisions réglementées	
Valeurs mobilières de placement			
Disponibilités		**Provisions pour risques et charges**	
Charges constatées d'avance		Provisions pour risques	
		Provisions pour charges	
Comptes de régularisation			
		Dettes	
Charges à répartir sur plusieurs exercices		Emprunts obligataires convertibles	
		Autres emprunts obligataires	
Primes de remboursement des obligations		Emprunts et dettes auprès d'établissements de crédit	
		Emprunts et dettes financières divers	
Écarts de conversion Actif		Avances et acomptes reçus sur commandes en cours	
		Dettes fournisseurs et comptes rattachés	
		Dettes fiscales et sociales	
		Dettes sur immobilisations et comptes rattachés	
		Autres dettes	
		Comptes de régularisation	
		Écarts de conversion Passif	

1. D'après plan comptable général modèle de base pages II 64 à 66.

La structure du compte de résultat[1]

Produits d'exploitation	
Ventes de marchandises	
Production vendue (biens et services)	
Montant net du chiffre d'affaires	
Production stockée	
Production immobilisée	
Subventions d'exploitation	
Reprises sur provisions (et amortissements), transferts de charges	
Autres produits	
Total I	
Charges d'exploitation	
Achats de marchandises	
Variation de stock	
Achats de matières et premières et autres approvisionnements	
Variation de stock	
Autres achats et charges externes	
Impôts, taxes et versements assimilés	
Salaires et traitements	
Charges sociales	
Dotations aux amortissements et aux provisions	
Autres charges	
Total II	
1. RÉSULTAT D'EXPLOITATION (I–II)	
Quotes-parts de résultat sur opérations faites en commun	
Bénéfice attribué (ou perte transférée) **III**	
Perte supportée (ou bénéfice transféré) **IV**	
Produits financiers	
De participations	
D'autres valeurs mobilières ou créances de l'actif immobilisé	
Autres intérêts et produits assimilés	
Reprises sur provisions et transferts de charges	
Différences positives de change	
Produits nets sur cessions de valeurs mobilières de placement	
Total V	
Charges financières	
Dotations aux amortissements et provisions	
Intérêts et charges assimilées	
Différences négatives de change	
Charges nettes sur cessions de valeurs mobilières de placement	
Total VI	
2. RÉSULTAT FINANCIER (V–VI)	
3. RÉSULTAT COURANT AVANT IMPÔTS (I–II+III–IV+V–VI)	

Produits exceptionnels
Sur opérations de gestion
Sur opérations en capital
Reprises sur provisions et transferts de charges
Total VII

Charges exceptionnelles
Sur opérations de gestion
Sur opérations en capital
Dotations aux amortissements et aux provisions
Total VIII

4. RÉSULTAT EXCEPTIONNEL (VII–VIII)

Participation des salariés aux fruits de l'expansion IX
Impôts sur les bénéfices X

Total des produits (I+III+V+VII)
Total des charges (II+IV+VI+VIII+IX+X)
Bénéfice ou perte

1. D'après plan comptable général pages II-70 et 71.

La structure de l'annexe[1]

I Règles et méthodes comptables

- Mention de l'application des observations générales et des adaptations professionnelles par référence à l'avis du Conseil national de la comptabilité et, le cas échéant, indications des dérogations.
- Lorsque, pour certaines opérations, plusieurs méthodes sont également praticables, mention de la période retenue et, si nécessaire, justification de cette méthode.
- En cas de changement de méthode, justification de ce changement avec indication de son influence sur le patrimoine, la situation financière et les résultats.

II Compléments d'information relatifs au bilan et au compte de résultat[2]

1. Indication des postes bilan concernés également par un élément d'actif ou de passif imputé à un autre poste.
2. État de l'actif immobilisé.
3. État des amortissements avec indication des modes de calcul utilisés.
4. État des provisions.
5. En cas de comptabilisation de valeurs réévaluées :
   - variation au cours de l'exercice et ventilation de l'écart de réévaluation ;
   - mention de la part de capital correspondant à une incorporation de l'écart ;
   - rétablissement des informations en coût historique pour les immobilisations réévaluées.
6. Montant des intérêts éventuellement inclus dans le coût de production d'immobilisations faites à l'entreprise pour elle-même.
7. État des échéances des créances et des dettes à la clôture de l'exercice.
8. Indication pour chacun des postes relatifs aux dettes de celles garanties par des sûretés réelles données.
9. Montant des engagements financiers.

10. Commentaires sur les éventuelles dérogations, en matière de frais de recherche et de développement.
11. Indication sur les montants inscrits au poste « Fonds commercial » et sur les modalités de comptabilisation de leur dépréciation définitive ou non.
12. Indication pour chaque poste des éléments de l'actif circulant de la différence, lorsqu'elle est importante, entre :
    - d'une part leur évaluation suivant la méthode pratiquée ;
    - d'autre part, leur évaluation sur la base du dernier prix de marché connu à la clôture des comptes.
13. Indication de l'incorporation dûment justifiée de frais financiers, de recherche et de développement, d'administration générale, au coût d'acquisition et de production des stocks.
14. Précisions sur la nature, le montant et le traitement comptable des frais d'établissement, des produits à recevoir et charges à payer, des écarts de conversion, des produits et charges imputables à un autre exercice, des quotes-parts de résultat sur opérations faites en commun, des produits exceptionnels et charges exceptionnelles, des transferts de charges.
15. Ventilation du chiffre d'affaires.
16. Montant détaillé des frais accessoires d'achat lorsqu'ils n'ont pas été enregistrés dans les comptes de charges par nature prévus à cet effet.
17. Répartition du montant global des impôts sur le bénéfice entre le résultat courant et le résultat exceptionnel.
18. Détail et justification des corrections exceptionnelles de valeurs liées à la législation fiscale et concernant :
    - les immobilisations ;
    - les actifs circulant.
19. Indication de la mesure dans laquelle le résultat a été affecté par des évaluations dérogatoires en vue d'obtenir des allégements fiscaux.
20. Montant des dettes et créances d'impôts différées provenant des décalages dans le temps entre le régime fiscal et le traitement comptable de produits ou de charges.

III Autres éléments d'information

21. Indication sur les modalités d'amortissement des primes de remboursement d'emprunt.
22. L'entreprise qui produit l'annexe doit donner l'identité de la société qui l'inclut dans son périmètre de consolidation par intégration globale.
23. Liste des sociétés dans lesquelles la société détient au moins 10 % des actions.
24. Tableau des divergences constatées entre la variation des capitaux propres au cours de l'exercice et le résultat dudit exercice.
25. Nombre et valeur nominale des actions et parts sociales.
26. Parts bénéficiaires, obligations convertibles, échangeables et titres similaires émis par la société.
27. Effectif moyen employé pendant l'exercice (ventilé par catégories).
28. Pour les membres des organes d'administration, de direction ou de surveillance, montant global pour chaque catégories :
    - des avances et crédits alloués ;
    - des rémunérations allouées ainsi que le montant des engagements contractés pour pensions de retraite à leur profit.

1. D'après plan comptable général pages II-73 à 76.
2. La numérotation des points de la présente annexe ne coïncide pas avec celle de l'article 24 du décret 83-1020 du 29 novembre 1983.

4. LA PRÉSENTATION DES COMPTES ANNUELS DANS UN CERTAIN NOMBRE DE PAYS ÉTRANGERS

4.1. La présentation des comptes annuels en Allemagne

En Allemagne, les comptes annuels se composent du bilan (*Bilanz*) du compte de profits et pertes (*Gewinn und Verlustrechnung*) et de l'annexe (*Anhang*). Les obligations comptables sont différentes selon qu'il s'agit de sociétés de capitaux ou d'autres commerçants (personnes physiques ou sociétés de personnes) ou selon la taille de l'entreprise. Le modèle de bilan est différent selon qu'il s'agit de grandes, de moyennes ou de petites sociétés. Le compte de résultats est présenté sous forme de liste : les entreprises peuvent choisir (comme la quatrième directive européenne le prévoit) entre une présentation des charges par nature et une présentation des charges par fonction. Nous avons pu observer, à l'examen des plaquettes annuelles, que les sociétés Siemens et Daimlerbenz avaient adopté une présentation par nature alors que les sociétés Bayer et Volkswagen avaient adopté une présentation par fonction.

La distinction entre petites, moyennes et grandes sociétés de capitaux (les sociétés cotées en Bourse sont toujours considérées comme de grandes sociétés) s'effectue selon les critères fixés par la quatrième directive européenne.

Catégories / *Critères*	*Petites*	*Moyennes*	*Grandes*
Total de l'actif	< 3,9 millions DEM	de 3,9 à 15,5 millions DEM	> 15,5 millions de DM
Chiffre d'affaires	< 8 millions DEM	de 8 à 32 millions DEM	> 32 millions de DEM
Effectif moyen	<50	de 50 à 250	> 250

Les commerçants individuels et les sociétés de personnes peuvent opter pour les règles d'établissement et de présentation des comptes annuels applicables aux sociétés de capitaux. Les règles deviennent obligatoires lorsqu'ils remplissent les critères suivants au cours de trois exercices consécutifs.

Total du bilan	> 125 millions de DEM
Chiffre d'affaires	> 250 millions de DEM
Effectif moyen	> 5 000

La structure du bilan

Le bilan allemand doit être présenté sous la forme d'un compte ou d'un tableau, à l'exclusion de la liste. Le Code de commerce allemand a adopté le principe d'une présentation avant affectation, mais il autorise tout de même une présentation après répartition partielle ou totale du résultat.

À côté d'un bilan très synthétique exprimé en valeur nette, il est généralement présenté un tableau des immobilisations expliquant ces valeurs nettes. En face de chaque rubrique du bilan (et ceci est vrai également pour le compte de profits et pertes) sont habituellement présentés des numéros renvoyant aux différents points de l'annexe. Nous présentons ci-après la structure habituelle du bilan allemand en langue française puis en langue allemande[1]. Les postes spécifiques sont commentés.

Structure habituelle du bilan allemand (en langue française)

Capital souscrit, non versé Frais de démarrage et de développement de l'exploitation **A. Actif immobilisé** I. Immobilisations incorporelles II. Immobilisations corporelles III. Immobilisations financières **B. Actif circulant** I. Stocks II. Créances et autres actifs circulants III. Titres de placement IV. Chèques, caisse, avoirs auprès de la Banque Fédérale, de la Poste, des Instituts de crédit **C. Comptes de régularisation** Pertes excédant les capitaux propres		**A. Capitaux propres** I. Capital souscrit II. Primes liées au capital III. Réserves IV. Résultats reportés (bénéfices ou pertes) V. Résultat de l'exercice Postes particuliers à caractère de réserve **B. Provisions pour risques et charges** 1. Provisions pour pensions et obligations assimilées 2. Provisions pour impôts 3. Autres provisions **C. Dettes** 1. Emprunts dont emprunts convertibles 2. Dettes auprès des établissements de crédit 3. Acomptes reçus sur commandes 4. Dettes sur achats de biens et services 5. Dettes par acceptation de lettres de change ou émission de billets à ordre 6. Dettes envers des entreprises liées 7. Dettes envers des entreprises dans lesquelles est détenue une participation 8. Autres dettes **D. Comptes de régularisation**	

1. D'après, sous la coordination de Louis Klee, *op. cit.*

Structure habituelle du bilan allemand (en langue allemande)

Ausstehende Einlagen, davon eingefordert		**A. Eigenkapital**	
Aufwendungen für die Ingangsetzung und Erweiterung des Geschäftsbetriebs		I. Gezeichnetes Kapital	
		II. Kapitalrücklage	
		III. Gewinnrücklagen	
		IV. Gewinn-/Verlustvortrag	
A. Anlagevermögen		V. Jahresüberschuss mit Rücklageanteil Sonderposten mit Rücklageanteil	
I. Immaterielle Vermögengegenstände			
II. Sachanlagen		**B. Rückstellungen**	
III. Finanzanlagen		1. Rückstellungen für Pensionen und ähnliche Verpflichtungen	
B. Umlaufvermögen		2. Steuerrückstellungen	
I. Vorräte		3. Sonstige Rückstellungen	
II. Forderungen und sonstige Vermögensgegenstände		**C. Verbindlichkeiten**	
III. Wertpapiere		1. Anleihen, davon konvertibel	
IV. Schecks, Kassenbestand, Bundesbank und Postgiroguthaben, Guthaben bei Kreditinstituten		2. Verbindlichkeiten gegenüber Kreditinstituten	
		3. Erhaltene Anzahlungen auf Bestellungen	
C. Rechnungsabgrenzungsposten		4. Verbindlichkeiten aus Lieferungen und Leistungen	
Nicht durch Eigenkapital gedeckter Fehebetrag		5. Verbindlichkeiten aus der Annahme gezogener Wechsel und der Austellung eigener Wechsel	
		6. Verbindlichkeiten gegenüber verbundenen Unternehmen	
		7. Verbindlichkeiten gegenüber Unternehmen, mit denen ein Beteiligungsverhältnis besteht	
		8. Sonstige Verbindlichkeiten	
		D. Rechnungsabgrenzungsposten	

Les frais de démarrage et de développement de l'exploitation ne font pas partie des immobilisations incorporelles (contrairement aux frais d'établissement qui y sont incorporés dans le bilan français). Ils ne comprennent pas les frais de constitution ou d'augmentation de capital que la loi interdit d'immobiliser. Ils sont constitués de dépenses à caractère général qui sont appelées à générer des produits futurs et qui peuvent être inscrites dans ce poste. L'amortissement de ce poste doit s'effectuer en quatre années à partir de l'exercice qui suit sa comptabilisation.

Le bilan allemand a voulu calculer et signaler l'insuffisance d'actif net. Pour mettre en évidence cette situation, il a utilisé l'option de la directive qui autorise à porter au bas de l'actif la perte de l'exercice. Les postes particuliers à caractère de réserves sont constitués en vertu de dispositions fiscales : ils peuvent comprendre les montants des amortissements correspondant à l'excédent des dépréciations fiscales sur les dépréciations économiquement justifiées, des provisions pour renouvellement d'immobilisations, des subventions d'investissement reçues des organismes publics, certaines plus values de cession d'éléments d'actif.

Le tableau des immobilisations peut se présenter comme suit.

	Valeurs brutes				*Dépréciations*				*Valeurs nettes*	
	Au 1.1. N	Aug-mentation	Dimi-nution	Au 31.12 N	Au 1.1. N	Aug-mentation	Dimi-nution	Au 31.12 N	N	N–1
I Immobilisations incorporelles 1. Concessions, licences, et droits et valeurs assimilées 2. Fonds commercial 3. Acomptes versés sur immobilisations incorporelles										
II Immobilisations corporelles 1. Terrains et constructions 2. Installations techniques et machines 3. Autres installations, outillages et mobilier 4. Acomptes versés et immobilisations corporelles en cours										
III Immobilisations financières 1. Parts sociales dans les entreprises liées 2. Prêts à des entreprises liées 3. Participations 4. Prêts à des entreprises dans lesquelles est détenue une participation 5. Autres titres rattachés aux immobilisations 6. Autres prêts										
Actif immobilisé total										

► *La structure du compte de profits et pertes*

Structure habituelle du compte de profits et pertes (en langue française)
Modèle par nature de charges

1. Chiffre d'affaires 2. Variation des stocks de produits finis et en cours de fabrication 3. Travaux faits par l'entreprise pour elle-même 4. Autres produits d'exploitation	
5. Consommation de matières 6. Charges de personnel 7. Amortissements et provisions pour dépréciation 8. Autres charges d'exploitation	
9. Produits des participations 10. Produits des autres titres et des prêts rattachés aux immobilisations financières 11. Autres intérêts et produits assimilés	
12. Provisions pour dépréciation des immobilisations financières et des titres de placement de l'actif circulant 13. Intérêts et charges assimilées 14. Résultat de l'activité ordinaire	
15. Produits extraordinaires 16. Charges extraordinaires 17. Résultat extraordinaire	
18. Impôts sur le résultat 19. Autres impôts	
20. Résultat de l'exercice (bénéfice ou perte)	

Modèle de l'affectation des charges par fonction

1. Chiffre d'affaires	
2. Coût de production des ventes 3. Marge brute	
4. Coût de distribution 5. Frais d'administration générale 6. Autres produits d'exploitation 7. Autres charges d'exploitation	
8. Produits des participations 9. Produits des autres titres et des prêts rattachés aux immobilisations financières 10. Autres intérêts et produits assimilés	

11. Provisions pour dépréciation des immobilisations financières et des titres de placement de l'actif circulant
12. Intérêts et charges assimilées
13. Résultat de l'activité ordinaire

14. Produits extraordinaires
15. Charges extraordinaires
16. Résultat extraordinaire

17. Impôts sur le résultat
18. Autres impôts

19. Résultat de l'exercice (bénéfice ou perte)

Structure habituelle du compte de profits et pertes (en langue allemande)
Modèle des charges par nature

1. Umsatzerlöse
2. Erhöhung oder Verminderung des Bestands an fertigen und unfertigen Erzeugnissen
3. Andere aktivierte Eigenleistungen
4. Sonstige betriebliche Erträge

5. Materialaufwand
6. Personalaufwand
7. Abschreibungen
8. Sonstige betriebliche Aufwendungen

9. Erträge aus Beteiligungen
10. Erträge aus anderen Wertpapieren und Ausleihungen des Finanzanlagevermögens
11. Sonstige Zinsen und ähnlichte Erträge

12. Abschreibungen auf Finanzanlagen und Wertpapiere des Umlaufvermögens
13. Zinsen und ähnliche Aufwendungen
14. Ergebnis der gewöhnlichen Geschäftstätigkeit

15. Außerordentliche Erträge
16. Außerordentliche Aufwendungen
17. Außerordentliche Ergebnis

18. Steuern vom Einkommen und vom Ertrag
19. Sonstige Steuern

20. Jahresüberschuss/-fehlebetrag

Modèle de l'affectation des charges par fonction

1. Umsatzerlöse	
2. Herstellungskosten der zur Erzielung der Umsatzerlöse erbrachten Leistungen	
3. Bruttoergebnis vom Umstatz	
4. Vertriebskosten	
5. Allgemeine Verwaltungskosten	
6. Sonstige betriebliche Erträge	
7. Sonstige betriebliche Aufwendungen	
8. Erträge aus Beteiligungen	
9. Erträge aus anderen Wertpapieren und Ausleihungen des Finanzanlagevermögens	
10. Sonstige Zinsen und ähnlichte Erträge	
11. Abschreibungen auf Finanzanlagen und Wertpapiere des Umlaufvermögens	
12. Zinsen und ähnliche Aufwendungen	
13. Ergebnis der gewöhnlichen Geschäftstätigkeit	
14. Außerordentliche Erträge	
15. Außerordentliche Aufwendungen	
16. Außerordentliche Ergebnis	
17. Steuern vom Einkommen und vom Ertrag	
18. Sonstige Steuern	
19. Jahresüberschuß/-fehlebetrag	

► *La structure de l'annexe*

L'annexe des comptes annuels allemands se décompose généralement en trois grandes rubriques.

1. Règles et principes comptables.
2. Notes aux comptes de bilan et de résultats.
3. État des participations comprenant pour chacune des sociétés liées le capital et le taux de participation.

- *Règles et principes comptables*

On trouve habituellement dans cette partie de l'annexe :

- indication des méthodes pratiquées pour chacune des rubriques du bilan et du compte de profits et pertes ;

- informations complémentaires lorsque les comptes ne suffisent pas pour donner l'image fidèle ;
- indication et justification des modifications intervenues concernant la présentation des comptes ;
- indication et justification des changements affectant la comparabilité des postes avec ceux de l'exercice précédent.

• *Notes relatives aux comptes de bilan et de profits et pertes*

Ces notes se présentent sous forme littérale ou sous forme de tableaux. Elles explicitent les informations synthétiques fournies dans le bilan ou le compte de profits : elles ne sont guère différentes dans la forme des notes de l'annexe française (voir ci-dessus paragraphe 3.3).

4.2. La présentation des comptes annuels en Belgique

En Belgique, selon l'arrêté royal du 8 octobre 1976 modifié, les comptes annuels comprennent :
- le bilan ;
- le compte de résultats ;
- l'annexe.

Ces trois documents forment un tout indissociable[1]. Le bilan et le compte de résultats sont établis conformément aux schémas prévus par l'arrêté royal du 12 septembre 1983 modifiant l'arrêté royal du 8 octobre 1976 relatif aux comptes annuels des entreprises et à l'arrêté royal du 30 décembre 1987 relatif à la publicité des actes et documents des sociétés et des entreprises (*Moniteur belge* du 22 janvier 1988).

Le bilan est établi après répartition, c'est-à-dire compte tenu des décisions d'affectation du solde du compte de résultats de l'exercice et du résultat reporté. Lorsque, à défaut de décision prise par l'organe compétent, cette affectation n'est pas définitive, le bilan est établi sous condition suspensive. Le compte de résultats est, au choix de l'entreprise, présenté :
- soit sous forme de liste ;
- soit sous forme de compte.

---

1. Pour plus détails voir Joseph Antoine et Jean Paul Cornil, *Lexique thématique de la comptabilité*, Bruxelles, Éditions De Broeck, 1989 et Fabienne Van Wolput-Guerra et Eddie de Haan, *Comptabilité : les procédures comptables et les comptes annuels*, Bruxelles, Éditions De Broeck, 1990.

Le bilan et le compte de résultats indiquent pour chacune des rubriques et sous-rubriques les montants correspondants de l'exercice précédent. L'annexe doit comporter les états et renseignements prévus dans l'arrêté royal relatif aux comptes annuels sans qu'une présentation déterminée ne soit imposée.

Les entreprises classées dans les entreprises moyennes, c'est-à-dire les entreprises ne dépassant pas plus d'une des limites suivantes :

chiffre d'affaires	:	145 millions de BEF
total du bilan	:	70 millions de BEF
effectif moyen	:	50

peuvent établir leur bilan et leur compte de résultats selon des schémas abrégés et présenter une annexe abrégée. Toutefois les entreprises qui ont occupé en moyenne 100 travailleurs au moins sont toujours considérées (quels que soient leur chiffre d'affaires et le total de leur bilan) comme des grandes entreprises et ne peuvent pas présenter les comptes annuels selon des schémas simplifiés.

Quant aux entreprises classées dans les petites entreprises (personnes physiques, sociétés en nom collectif ou en commandite simple dont le chiffre d'affaires hors taxes n'excède pas 20 millions de francs belges) elles peuvent tenir une comptabilité simplifiée (le plan comptable minimum normalisé n'étant pas obligatoire pour ces entreprises).

► *La structure du bilan*

Le bilan est présenté en valeurs nettes, généralement en milliers de francs, l'actif étant analysé en actifs immobilisés et actifs circulants, le passif en capitaux propres, capitaux pour risques et charges et dettes. Les données de l'exercice précédent sont fournies en même temps que les données de l'exercice.

Structure du bilan après répartition

Actif

ACTIFS IMMOBILISÉS

I Frais d'établissement
II Immobilisations incorporelles
II Immobilisations corporelles
A. Terrains et constructions
B. Installations, machines et outillage
C. Mobilier et matériel roulant
D. Location financement et droits similaires
E. Autres immobilisations corporelles
F. Immobilisations en cours et acomptes
IV Immobilisations financières
A. Entreprises liées
1. Participations
2. Créances
B. Autres entreprises avec lesquelles il existe un lien de participation
1. Participations
2. Créances
C. Autres immobilisations financières
1. Actions et parts
2. Créances et cautionnements en numéraire

ACTIFS CIRCULANTS

V Créances à plus d'un an
A. Créances commerciales
B. Autres créances
VI Stocks et commandes en cours d'exécution
A. Stocks
1. Approvisionnements
2. En cours de fabrication
3. Produits finis
4. Marchandises
5. Immeubles destinés à la vente
6. Acomptes versés
B. Commandes en cours d'exécution
VII Créances à un an au plus
A. Créances commerciales
B. Autres créances
VIII Placements de trésorerie
A. Actions propres
B. Autres placements
IX Valeurs disponibles
X Comptes de régularisation

Passif

CAPITAUX PROPRES

I Capital
A. Capital souscrit
B. Capital non appelé (–)
II Primes d'émission
III Plus-values de réévaluation
IV Réserves
A. Réserve légale
B. Réserves indisponibles
1. Pour actions propres
2. Autres
C. Réserves immunisées
D. Réserves disponibles
V Bénéfice reporté (+)
Perte reportée (–)
VI Subsides en capital

PROVISIONS POUR RISQUES ET CHARGES

A. Pensions et obligations similaires
B. Charges fiscales
C. Grosses réparations
D. Autres risques et charges

DETTES

VIII Dettes à plus d'un an
A. Dettes financières
1. Emprunts subordonnés
2. Emprunts obligataires non subordonnés
3. Dettes de location financement et assimilés
4. Établissements de crédit
5. Autres emprunts
B. Dettes commerciales
1. Fournisseurs
2. Effets à payer
C. Acomptes reçus sur commandes
D. Autres dettes
IX Dettes à un an au plus
A. Dettes à plus d'un an échéant dans l'année
B. Dettes financières
1. Établissements de crédit
2. Autres emprunts
C. Dettes commerciales
1. Fournisseurs
2. Effets à payer
D. Acomptes reçus sur commandes

		E. Dettes fiscales, salariales et sociales 1. Impôts 2. Rémunérations et charges sociales F. Autres dettes **X Comptes de régularisation**	
Total de l'actif		**Total du passif**	

- Les réserves immunisées représentent des plus-values dont l'immunisation fiscale ou la taxation différée implique leur maintien dans le patrimoine de l'entreprise.
- Les subsides en capital correspondent à des aides des pouvoirs publics accordés en financement d'investissements en immobilisations (subventions d'investissements).
- Les biens en location-financement (crédit-bail) sont portés à l'actif du bilan et la dette correspondante au passif (contrairement à la pratique française).

► *La structure du compte de résultats*

Le compte de résultats est présenté généralement en milliers de francs : il dégage le bénéfice ou la perte à affecter. Les données de l'exercice précédent sont fournies en même temps que les données de l'exercice.

Structure du compte de résultats (présenté en liste)

I Ventes et prestations A. Chiffre d'affaires B. Variation des en cours de fabrication des produits finis et des commandes en cours d'exécution C. Production immobilisée D. Autres produits d'exploitation	
II Coût des ventes A. Approvisionnements et marchandises 1. Achats 2. Variation des stocks B. Services et biens divers C. Rémunérations, charges sociales et pensions D. Amortissement et réduction de valeur sur frais d'établissement, sur immobilisations incorporelles et corporelles E. Réductions de valeur sur stocks, sur commandes en cours d'exécution et sur créances commerciales (dotations +, reprises –) F. Provisions pour risques et charges (dotations + utilisations et reprises –) G. Autres charges d'exploitation H. Charges d'exploitation portées à l'actif au titre des frais de distribution	

III Bénéfice d'exploitation (+) ou Perte d'exploitation (–)		
IV Produits financiers		
A. Produits des immobilisations financières		
B. Produits des actifs circulants		
C. Autres produits financiers		
V Charges financières		
A. Charges des dettes		
B. Réduction de valeur sur actifs circulants autres que ceux visés II.E (dotations + reprises –)		
C. Autres charges financières		
VI Bénéfice courant avant impôts (+) ou Perte courante avant impôts (–)		
VII Produits exceptionnels		
A. Reprises d'amortissements et réductions de valeur sur immobilisations incorporelles et corporelles		
B. Reprises de réductions de valeur sur immobilisations financières		
C. Reprises de provision pour risques et charges exceptionnels		
D. Plus-values sur réalisation d'actifs immobilisés		
E. Autres produits exceptionnels		
VIII Charges exceptionnelles		
A. Amortissements et réductions de valeur exceptionnelles sur frais d'établissement, sur immobilisations incorporelles et corporelles		
B. Réductions de valeur sur immobilisations financières		
C. Provisions pour risques et charges exceptionnels		
D. Moins-values sur réalisation d'actifs immobilisés		
E. Autres charges exceptionnelles		
F. Charges exceptionnelles portées à l'actif au titre des frais de restructuration		
IX Bénéfice de l'exercice avant impôts (+) ou Perte de l'exercice avant impôts (–)		
X Impôt sur le résultat		
A. Impôts		
B. Régularisations d'impôts et reprises de provisions fiscales		
XI Bénéfice de l'exercice (+) ou Perte de l'exercice (–)		
XII Prélèvements sur les réserves immunisées (+) ou Transfert aux réserves immunisées (–)		
XIII Bénéfice de l'exercice à affecter (+) ou Perte de l'exercice à affecter (–)		

Ce compte de résultats est toujours accompagné (puisque le bilan est établi après répartition) d'un tableau d'affectations et prélèvements.

Structure du tableau d'affectations et de prélèvements

A. Bénéfice à affecter (+) ou Perte à affecter (–)	
1. Bénéfice de l'exercice à affecter (+) ou Perte de l'exercice à affecter (–)	
2. Bénéfice reporté sur l'exercice précédent (+) ou Perte reportée sur l'exercice précédent (–)	
B. Prélèvement sur les capitaux propres	
1. Sur le capital et les primes d'émission	
2. Sur les réserves	
C. Affectation aux capitaux propres (–)	
1. Au capital et aux primes d'émission	
2. A la réserve légale	
3. Aux autres réserves	
D. Résultat à reporter	
1. Bénéfice à reporter (–)	
2. Perte à reporter (+)	
E. Intervention d'associés dans la perte	
F. Bénéfice à distribuer (–)	
1. Rémunération du capital	
2. Administrateurs ou gérants	
3. Autres allocataires	

► *La structure de l'annexe*

L'annexe est subdivisée en deux parties :

- la première est constituée d'états et de tableaux à compléter par l'entreprise et qui constituent des informations complémentaires relatives à différents postes de comptes annuels ;
- la seconde est constituée d'informations complémentaires exigées dans les différents articles de l'arrêté royal du 8 octobre 1976 modifié.

Les données de l'exercice précédent sont fournies en même temps que les données de l'exercice.

LISTE DES ÉTATS ET TABLEAUX DE L'ANNEXE À COMPLÉTER PAR L'ENTREPRISE

1. État des frais d'établissement
2. État des immobilisations incorporelles
3. État des immobilisations corporelles
4. État des immobilisations financières
5. Participations et actions détenues par d'autres sociétés
6. Placements de trésorerie, autres placements
7. Comptes de régularisation d'actif
8. État du capital
9. Provisions pour risques et charges
10. État des dettes
11. Comptes de régularisation de passif
12. Résultat d'exploitation
13. Résultats financiers
14. Résultats exceptionnels
15. Impôts sur le résultat
16. Autres taxes et impôts à la charge des tiers
17. Droits et engagements hors bilan
18. Relations avec les entreprises liées et les entreprises avec lesquelles il existe un lien de participation
19. Relations financières avec les administrateurs et les gérants

LISTE (NON EXHAUSTIVE) DES MENTIONS COMPLÉMENTAIRES À FOURNIR DANS L'ANNEXE

- Règles d'évaluation.
- Informations complémentaires pour donner l'image fidèle lorsque l'application des dispositions de l'arrêté royal ne suffit pas.
- Modifications apportées à la présentation des comptes annuels.
- Redressements opérés aux chiffres de l'exercice précédent.
- Droits et engagements non quantifiables.
- Dérogations aux règles d'évaluation.
- Modifications des règles d'évaluation.
- Frais indirects de production non compris dans le coût de revient des fabrications.
- Charges financières incluses dans le coût de revient des stocks et commandes en cours d'exécution.
- Méthodes de conversion des avoirs, dates et engagements libellés en devises étrangères.

4.3. La présentation des comptes annuels en Espagne

Les comptes annuels espagnols se composent :

- du bilan (*balance*) ;
- du compte de pertes et profits (*cuenta de perdidas y ganancias*) ;
- de l'annexe (*memoria*) ;
- du tableau de financement (*cuadro de financiación*).

Le plan comptable espagnol[1] présente deux schémas de comptes annuels :

- les comptes annuels de « base » (*cuentas anuales*) ;
- les comptes annuels abrégés (*cuentas anuales abreviados*).

Ces derniers sont peuvent être présentés par les sociétés qui ne dépassent pas plus d'un ces critères suivants :

- total du bilan : 230 millions de pesetas ;
- chiffre d'affaires : 480 millions de pesetas ;
- effectif moyen : 50 salariés.

Les grandes entreprises doivent par ailleurs présenter un tableau de financement lorsqu'elles dépassent deux des critères suivants :

- total du bilan : 920 millions de pesetas ;
- chiffre d'affaires : 1920 millions de pesetas ;
- effectif moyen : 250 salariés.

► *La structure du bilan*

Nous présentons ci-après la structure habituelle du bilan espagnol en langue française puis en langue espagnole. Les postes spécifiques seront commentés[2].

---

1. Borrador, *Plan General de Contabilidad* Enero 1990, Instituto de Contabilidad y Auditoria de Cuentas.
2. D'après Barrador, *Plan General de Contabilidad* et Bernard Chauveau, « L'Espagne face à sa mutation comptable », *Revue française de comptabilité*, n° 241, janvier 1993, pages 75 à 89.

Structure habituelle du bilan espagnol - abrégé - (en langue française)

ACTIF		*PASSIF*	
A. Actionnaires (associés) versements non appelés **B. Immobilisations** I. Frais d'établissement II. Immobilisations incorporelles III. Immobilisations corporelles IV. Immobilisations financières V. Actions propres **C. Charges à répartir sur plusieurs exercices** **D. Actif circulant** I. Actionnaires, versements appelés non libérés II. Stocks III. Débiteurs IV. Investissements financiers temporaires V. Actions propres VI. Trésorerie VII. Comptes de régularisation		**A. Fonds propres** I. Capital souscrit II. Prime d'émission III. Réserve de réévaluation IV. Réserves V. Résultats des exercices antérieurs VI. Pertes et profits(bénéfice ou perte) VII. Acomptes sur dividendes accordés pendant l'exercice **B. Produits à répartir sur plusieurs exercices** **C. Provisions pour risques et charges** **D. Créditeurs à long terme** **E. Créditeurs à court terme**	
Total général		**Total général**	

Structure habituelle du bilan espagnol – abrégé – (en langue espagnole)

ACTIVO		*PASIVO*	
A. Accionistas(socios) por desembolsos no exigidos **B. Immovilizado** I. Gastos de Establecimiento II. Immovilizaciones Immateriales III. Immovilizaciones Materiales IV. Immovilizaciones Financieras V. Acciones propias **C. Gastos a distribuir en varios ejercicios** **D. Activo circulante** I. Accionistas por desembolsos exigidos II. Existencias III. Deudores V. Inversiones financieras temporales V. Tesorería VI. Ajustes por periodificación		**A. Fondos Proprios** I. Capital suscrito II. Prima de emisión III. Reserva de revalorización IV. Reservas V. Resultados de ejercicios anteriores VI. Pérdidas y ganancias (Beneficio o pérdida) VII. Dividendo a cuenta entregado en el ejercicio **B. Ingresos a distribuir en varios ejercicios** **C. Provisiones para riesgos y gastos** **D. Acreedores a largo plazo** **E. Acreedores a corto plazo**	
Total general		**Total general**	

Nous pouvons noter que, dans le bilan espagnol, parallèlement à la rubrique des charges à répartir sur plusieurs exercices, existe une rubrique produits à répartir sur plusieurs exercices dont les postes sont les suivants :
- subventions de capital ;
- différences positives de change ;
- autres produits à répartir sur plusieurs exercices.

► *La structure du compte de pertes et profits*

Parmi les modèles préconisés par la quatrième directive, la législation espagnole a choisi le modèle en compte qui présente les charges et les produits classés par nature. Nous présentons ci-après la structure habituelle du compte de pertes et profits espagnol en langue française puis en langue espagnole. Les postes spécifiques seront commentés[1].

1. *Ibid.*

Structure habituelle du compte de pertes et profits – abrégé – (en langue française)

DÉBIT		*CRÉDIT*	
A. CHARGES		B. PRODUITS	
1. Consommations d'exploitation		1. Produits d'exploitation	
2. Charges de personnel		a) Montant net du chiffre d'affaires	
a) Traitements, salaires et assimilés		b) Autres produits d'exploitation	
b) Charges sociales			
3. Dotations aux amortissements des immobilisations		**I Perte d'exploitation**	
4. Variation des provisions commerciales		2. Produits des participations	
a) Variation des provisions pour stocks		a) Des entreprises du groupe	
b) Variation des provisions et pertes sur créances irrécouvrables		b) Des entreprises associées	
c) Variation des autres provisions commerciales		c) Autres	
5. Autres charges d'exploitation		3. Différences positives de change	
I Bénéfice d'exploitation		**II Résultat financier négatif**	
6. Charges financières et charges assimilées		**III Perte sur activités ordinaires**	
a) Sur dettes envers les entreprises du groupe		4. Bénéfices des cessions d'immobilisations incorporelles, corporelles et participations	
b) Sur dettes envers les entreprises associées		5. Bénéfices des opérations sur actions et obligations propres	
c) Autres		6. Subventions de capital transférées au résultat de l'exercice	
d) Pertes sur investissements financiers		7. Produits extraordinaires	
7. Différences négatives de change		8. Produits et bénéfices sur exercices antérieurs	
II Résultat financier positif			
III Bénéfice des activités ordinaires		**IV Résultat extraordinaire négatif**	
8. Variation des provisions pour immobilisations incorporelles, corporelles et participations		**V Perte avant impôts**	
9. Pertes provenant des immobilisations		**VI Résultat de l'exercice (perte)**	
10. Pertes de opérations sur actions et obligations propres			
11. Charges extraordinaires			
12. Charges et pertes sur exercices antérieurs.			
IV Résultats extraordinaires positifs			
V Bénéfice avant impôt			
13. Impôt sur les sociétés			
14. Autres impôts			
VI Résultat de l'exercice (bénéfice)			

Structure habituelle du compte de pertes et profits – abrégé – (en langue espagnole)

DEBE		*HABER*	
A. GASTOS 1. Consumos de explotación 2. Gastos de personal a) Sueldos, salarios y asimilados b) Cargas sociales 3. Dotaciones para amortizaciones de immovilizado 4. Variación de las provisiones de trafico a) Variación de provisiones de existencias b) Variación de provisiones y pérdidas de creditos incobrables c) Variación de otras provisiones de tráfico 5. Otros gastos de explotación **I Beneficios de explotación** 6. Gastos financieros y gastos asimilados a) Por deudas con empresas del grupo b) Por deudas con empresas asociadas c) Otras d) Pérdidas de inversiones financieras 7. Diferencias negativas de cambio **II Resultados financieros positivos** **III Beneficios de las actividades ordinarias** 8. Variación de las provisiones de immovilizado inmaterial, material y cartera de control 9. Pérdidas procedentes del immovilizado 10. Pérdidas por operaciones con acciones y obligaciones propias 11. Gastos extraordinarios 12. Gastos y pérdidas de otros ejercicios. **IV Resultatados extraordinarios positivos** **V Beneficios antes de impuestos** 13. Impuesto sobre sociedades 14. Otros impuestos **VI Resultado del ejercicio (beneficios)**		B. INGRESOS 1. Ingresos de explotación a) Importe neto de la cifra de negocios b) Otros ingresos de explotación **I Perdidas de explotacion** 2. Ingresos de participaciones a) En empresas del grupo b) En empresas asociadas c) Otras 3. Diferencias positivas de cambio **II Resultados financieras negativos** **III Perdidas de las actividades ordinarias** 4. Beneficios en enajenación de immovilizado 5. Beneficios per operaciones con acciones y obligaciones propias 6. Subvenciones de capital transferidas al resultado del ejercicio 7. Ingresos extraordinarios 8. Ingresos y beneficios de otros ejercicios **IV Resultados extraordinarios negativos** **V Perdidas antes de impuestos** **VI Resultados del ejercicio (perdidas)**	

► *La structure de l'annexe*

L'annexe (*memoria*) complète et commente l'information contenue dans le bilan et le compte de pertes et profits. Au cas où une obligation l'impose (grandes entreprises) l'annexe est complétée par un tableau de financement. Habituellement, l'annexe espagnole comprend les rubriques suivantes :

1. Bases de présentation des comptes annuels
   - image fidèle ;
   - principes comptables ;
   - comparabilité de l'information ;
   - modalités de groupement des comptes ;
   - éléments communs à plusieurs parties.
2. Distribution des résultats
3. Normes de valorisation
4. Frais d'établissement
5. Immobilisations incorporelles
6. Immobilisations corporelles
7. Valeurs mobilières de placement
8. Créances non commerciales
9. Stocks
10. Fonds propres
11. Subventions
12. Provisions pour pensions et obligations similaires
13. Autres provisions
14. Dettes non commerciales
15. Situation fiscale
16. Engagements financiers
17. Produits et charges
18. Autres informations
19. Événements postérieurs à la clôture de l'exercice
20. Tableau de financement (éventuellement)

Les normes de valorisation décrites dans la section 3 concernent les différentes rubriques du bilan et du compte de produits et charges.

4.4. La présentation des comptes annuels en Grande-Bretagne

Si l'on examine le texte du *Companies Act*, chaque entreprise britannique a le choix entre les formats en compte et en liste pour la présentation du bilan et du compte de profits et pertes, la forme la plus généralement adoptée étant la présentation en liste[1]. Par ailleurs, le compte de résultats peut être présenté sous deux formes, la première donnant une analyse fonctionnelle, alors que la seconde détaille les coûts par nature de dépenses. La plupart des grandes sociétés ont largement adopté la première forme alors que la plupart des petites et moyennes entreprises ont choisi la seconde forme.

Les dirigeants des sociétés doivent présenter l'ensemble des états financiers lors de l'assemblée générale et déposer une copie de ces comptes au registre des sociétés. Certaines sociétés peuvent déposer des comptes simplifiés, si, au cours de deux exercices successifs, deux au moins des trois seuils suivants n'ont pas été dépassés.

	« Petite »	« Moyenne »
Total du bilan	£. 1,4 million	£. 5,6 millions
Chiffre d'affaires	£. 2,8 millions	£. 11,2 millions
Effectif moyen	50	250

Pour les sociétés « moyennes », la présentation du compte de résultats est allégée, alors que les sociétés « petites » sont dispensées de déposer le compte de résultats. On peut remarquer que l'on trouve dans cette législation britannique la tendance des financiers du Royaume-Uni à s'intéresser davantage au bilan qu'au compte de profits et pertes (ce qui n'est pas le cas de certains pays comme la France).

► *La structure du bilan*

Le *Companies Act* de 1981 a repris l'ensemble des dispositions énoncées par la quatrième directive en matière de présentation de bilan (*balance sheet* en anglais). Ainsi deux formats en liste ou en tableau sont proposés aux entreprises. Ces bilans sont toujours établis après répartition des bénéfices. En vertu du principe de permanence des méthodes, le même cadre doit être conservé d'une année à l'autre. Les montants concernant le précédent exercice doivent être indiqués pour chaque élément du bilan : il en sera de même d'ailleurs pour chaque élément du compte de résultats ou de l'annexe.

Nous présentons ci-après la structure habituelle du bilan en liste britannique (en langue française, puis en langue anglaise). Les postes spécifiques seront commentés. Ce bilan, d'inspiration financière, commence par l'emploi des capitaux pour se terminer par l'origine des fonds. Il fait ressortir le fonds de roulement et dans quelles proportions les actifs sont financés par les différentes formes de capitaux stables.

---

1. Colin Thomas, *Company Law*, British Library Cataloguing in Publication Data, 1990, pages 171 à 181.

Structure habituelle du bilan (en langue française)

A. Capital appelé non payé

B. Immobilisations

I Immobilisations incorporelles
1. Frais de recherche et de développement
2. Concessions, brevets, licences, marques et autres droits et actifs similaires
3. Fonds commercial
4. Acomptes versés

II Immobilisations corporelles
1. Terrains et constructions
2. Installations techniques et machines
3. Autres installations, outillage et mobilier
4. Acomptes versés et immobilisations en cours

III Immobilisations financières
1. Participations dans les entreprises de groupe
2. Prêts à des entreprises de groupe
3. Participations dans des entreprises sous influence notable
4. Prêts à des entreprises sous influence notable
5. Autres titres de participation
6. Autres prêts
7. Actions propres

C. Actif circulant

I Stocks
1. Matières premières et consommables
2. Produits et travaux en cours
3. Produits finis et marchandises
4. Acomptes versés

II Débiteurs
1. Clients
2. Entreprises du groupe
3. Entreprises sous influence notable
4. Autres débiteurs
5. Capital appelé non payé
6. Charges constatées d'avance et produits à recevoir

III Valeurs mobilières de placement
1. Parts dans des entreprises du groupe
2. Actions propres
3. Autres valeurs mobilières de placement

IV Disponibilités

D. Charges constatées d'avance et produits à recevoir

E. Créditeurs à moins d'un an
1. Emprunts obligations
2. Emprunts et concours bancaires courants
3. Acomptes reçus
4. Fournisseurs
5. Effets à payer

	6. Entreprises du groupe 7. Entreprises sous influence notable 8. Autres créditeurs, y compris dettes fiscales et sociales 9. Charges à payer et produits constatés d'avance	
F.	**Actif net courant (passif net courant)**	
G.	**Actif total moins passif courant**	
H.	**Créditeurs à plus d'un an** 1. Emprunts obligataires 2. Emprunts et concours bancaires courants 3. Acomptes reçus 4. Fournisseurs 5. Effets à payer 6. Entreprises du groupe 7. Entreprises sous influence notable 8. Autres créditeurs, y compris dettes fiscales et sociales 9. Charges à payer et produits constatés d'avance	
I	**Provisions pour risques et charges** 1. Retraites et obligations similaires 2. Impôts, y compris impôts différés 3. Autres provisions	
J.	**Charges à payer et produits constatés d'avance**	
K.	**Capitaux propres**	
I	*Capital appelé*	
II	*Primes d'émission*	
III	*Réserve de réévaluation*	
IV	*Autres réserves* 1. Réserves équivalant au capital remboursé 2. Réserves pour actions propres 3. Réserves statutaires 4. Autres réserves	
V	*Compte de profits et pertes à reporter*	

Les sociétés britanniques présentent souvent leurs bilan de manière très synthétique (seules les lignes en gras et en italique sont retenues), préférant faire figurer dans l'annexe les informations détaillées de chacune des rubriques. Les charges constatées d'avance, les produits à recevoir, les charges à payer et les produits constatés d'avance peuvent être présentés soit dans la rubrique des débiteurs ou des créditeurs, soit isolément dans un chapitre particulier.

- La ligne F correspond au total C + D – E
- La ligne G correspond au total A + B + F
- La ligne K correspond au total G – H – I – J.

Structure habituelle du bilan (en langue anglaise)

A. Called up share capital not paid

B. Fixed assets

I Intangible assets

1. Development costs
2. Concessions, patents, licences, trade marks and similar rights and assets
3. Goodwill
4. Payments on account

II Tangible assets

1. Land and buildings
2. Plant and machinery
3. Fixtures, fittings, tools and equipment
4. Payments on account and assets in course of construction

III Investments

1. Shares in group undertakings
2. Loans to group undertakings
3. Participating interests
4. Loans to undertakings in which company has a participating interest
5. Other investments other than loans
6. Other loans
7. Own shares

C. Current assets

I Stocks

1. Raw materials and consumables
2. Work in progress
3. Finished goods and goods for resale
4. Payments on accounts

II Debtors

1. Trade debtors
2. Amounts owed by group undertakings
3. Amounts owed by undertakings in which the company has a participating interest
4. Other debtors
5. Called up share capital non paid
6. Prepayments and accrued income

III Investments

1. Shares in group undertakings
2. Own shares
3. Other investments

IV Cash at bank and in hand

D. Prepayments and accrued income

E. Créditors : amounts falling due within one year

1. Debenture loans
2. Bank loans and overdrafts
3. Payments receveid on account
4. Trade creditors
5. Bills of exchange payable

	6. Amounts owed to group undertakings	
	7. Amounts owed to undertaking in wich the company has a participating interest	
	8. Other creditors including taxation and social security	
	9. Accruals and deferred income	
F.	**Net current assets (liabilities)**	
G.	**Total assets less current liabilities**	
H.	**Creditors : amounts falling due after more than one year**	
	1. Debenture loans	
	2. Bank loans and overdrafts	
	3. Payments receveid on account	
	4. Trade creditors	
	5. Bills of exchange payable	
	6. Amounts owed to group undertakings	
	7. Amounts owed to undertaking in which the company has a participating interest	
	8. Other creditors including taxation and social security	
	9. Accruals and deferred income	
I	**Provisions for liabilities and charges**	
	1. Pensions and similar obligations	
	2. Taxation, including deferred taxation	
	3. Other provisions	
J.	**Accruals and deffered income**	
K.	**Capital and reserves**	
I	*Called up share capital*	
II	*Share premium account*	
III	*Revaluation reserve*	
IV	*Other reserves*	
	1. Capital redemption reserve	
	2. Reserve for own shares	
	3. Reserves provided for by the articles of association	
	4. Other reserves	
V	*Profit and loss account*	

► *La structure du compte de profits et pertes*

Deux schémas du compte de profits et pertes (*profit and loss account*) sont possibles : analyse fonctionnelle des charges (format 1) ou classification par nature (format 2). Les entreprises cotées doivent par ailleurs indiquer quel est le résultat obtenu par action. Chaque compte de profits et pertes est accompagné d'une répartition de bénéfices.

Structure du format 1 du compte de profits et pertes (en langue française)

1.	Chiffre d'affaires	
2.	Coût des ventes	
3.	*Résultat brut*	
4.	Coût de distribution	
5.	Frais administratifs	
6.	Autres produits d'exploitation	
7.	Produits des parts dans les entreprises du groupe	
8.	Produits des participations dans les entreprises sous influence notable	
9.	Produits des autres immobilisations financières	
10.	Autres produits financiers	
11.	Dotations aux provisions financières	
12.	Intérêts et charges similaires	
13.	Impôt sur le résultat de l'activité ordinaire	
14.	*Résultat de l'activité ordinaire après impôt*	
15.	Produits extraordinaires	
16.	Charges extraordinaires	
17.	*Résultat extraordinaire*	
18.	Impôt sur le résultat extraordinaire	
19.	Autres taxes non incluses sous les rubriques précédentes	
20.	*Résultat net de l'exercice*	
	Dividendes	
	Transfert en (reprise en) réserves	
	Compte de résultat reporté	
Résultat à reporter		

Structure du format 2 du compte de profits et pertes (en langue française)

1.	Chiffre d'affaires	
2.	Variation des stocks de produits finis et travaux en cours	
3.	Production immobilisée	
4.	Autres produits d'exploitation	
5.		
	a) Matières premières et consommables	
	b) Autres charges externes	
6.	Frais de personnel	
	a) Appointements et salaires	
	b) Charges sociales	
	c) Autres charges de retraite	
7.		
	a) Amortissements et provisions des immobilisations corporelles et incorporelles	
	b) Provisions exceptionnelles sur actifs circulants	
8.	Autres charges d'exploitation	
9.	Produits des parts dans les entreprises du groupe	
10.	Produits des participations dans les entreprises sous influence notable	
11.	Produits des autres immobilisations financières	

12. Autres produits financiers	
13. Dotations aux provisions financières	
14. Intérêts et charges similaires	
15. Impôt sur le résultat de l'activité ordinaire	
16. Résultat de l'activité ordinaire après impôt	
17. Produits extraordinaires	
18. Charges extraordinaires	
19. Résultat extraordinaire	
20. Impôt sur le résultat extraordinaire	
21. Autres taxes non incluses sous les rubriques précédentes	
22. Résultat net de l'exercice	
Dividendes	
Transfert en (reprise en) réserves	
Compte de résultat reporté	
Résultat à reporter	

Structure du format 1 du compte de profits et pertes (en langue anglaise)

1. Turnover	
2. Cost of sales	
3. Gross profit or loss	
4. Distribution cost	
5. Administrative expenses	
6. Other operating income	
7. Income from shares in group undertakings	
8. Income from participating interests	
9. Income from other fixed asset investments	
10. Other interest receivable and similar charges	
11. Amounts written off investments	
12. Interest payable and similar charges	
13. Tax on profit or loss on ordinary activities	
14. Profit or loss on ordinary activities after taxation	
15. Extraordinary income	
16. Extraordinary charges	
17. Extraordinary profit or loss	
18. Tax on extraordinary profit or loss	
19. Other taxes not shown under the above items	
20. Profit or loss for the financial year	
Dividends	
Transfer to (from) reserves	
Profit and loss account brought forward	
Profit and loss account carried forward	

Structure du format 2 du compte de profits et pertes (en langue anglaise)

1.	Turnover	
2.	Change in stocks of finished goods and in work in progress	
3.	Own work capitalised	
4.	Other opérating income	
5.		
	a) Raw materials and consumables	
	b) Other external charges	
6.	Staff costs :	
	a) Wages and salaries	
	b) Social security costs	
	c) Other pension costs	
7.		
	a) Depreciation and other amounts written off tangible and intangible fixed assets	
	b) Exceptional amounts written off current assets	
8.	Other operating charges	
9.	Income from shares in group undertakings	
10.	Income from participating interests	
11.	Income from other fixed asset investments	
12.	Other interest receivable and similar charges	
13.	Amounts written off investments	
14.	Interest payable and similar charges	
15.	Tax on profit or loss on ordinary activities	
16.	*Profit or loss on ordinary activities after taxation*	
17.	Extraordinary income	
18.	Extraordinary charges	
19.	*Extraordinary profit or loss*	
20.	Tax on extraordinary profit or loss	
21.	Other taxes not shown under the above items	
22.	*Profit or loss for the financial year*	
	Dividends	
	Transfer to (from) reserves	
	Profit and loss account brought forward	
Profit and loss account carried forward		

La norme FRS 3 (information financière : *Reporting financial performance*) de l'ASB prévoit une information spécifique des pertes et profits comptabilisés.

Le compte de résultats devra être présenté en trois grandes parties : activités poursuivies, activités non poursuivies, éléments extraordinaires selon le schéma présenté ci-après : la norme fait la distinction entre le résultat exceptionnel et le résultat extraordinaire.

	Activités poursuivies	*Activités non poursuivies*
Courant	Opérations courantes	Opérations courantes avant la date de cessation de l'activité
Exceptionnel	Éléments inhabituels sur opérations courantes (cessions d'actifs, restructurations...)	Profit ou perte de cession ou cessation d'activité
Extraordinaire	Éléments inhabituels sur opérations d'exploitation	

Les opérations ordinaires comprennent les éléments courants et les éléments exceptionnels. Un bénéfice par action est calculé sur le résultat distribuable après prise en compte des éléments extraordinaires.

► *La structure de l'annexe*

Les textes officiels, inspirés de la quatrième directive européenne, établissent une très forte relation entre la notion d'image fidèle et la quantité d'informations données. En effet, les comptes ne peuvent retracer fidèlement la situation de l'entreprise si leur contenu est pauvre et peu détaillé. Aussi, l'annexe (*notes*) est très développée : ce développement est bien entendu fonction de la taille de l'entreprise. Au nom de l'égalité entre les actionnaires, toute personne doit être à même de comprendre le contenu et l'ensemble des documents qui lui sont mis à disposition. La fonction de l'annexe est donc de les présenter de la manière la plus claire et la plus explicative. Elle est la « notice explicative » du bilan et du compte de profits et pertes. Ce document constitue la clef de voûte des documents de synthèse. Obligations légales et liberté en matière comptable (auxquelles les britanniques sont très attachés) s'y retrouvent conjointement et se complètent.

Par des notes et des tableaux, l'annexe va, d'une part définir la politique comptable adoptée par les dirigeants de la société, présenter et expliquer d'autre part, le détail de chaque rubrique ou poste du bilan ou du compte de profits et pertes. Il est à noter que doit être joint à l'annexe pour les entreprises dont le chiffre d'affaires est supérieur à £. 2 800 000, un tableau de financement (*statement of source and application of funds*). Les annexes britanniques, nous l'avons évoqué ci-dessus, sont en général très volumineuses (de 20 à 30 pages). Elles se composent habituellement de trois parties.

1. Politique comptable, où sont analysés, selon un certain nombre de rubriques, les principes comptables adoptés.
2. Analyse des postes du bilan.
3. Analyse des postes du compte de profits et pertes.

L'analyse des postes du bilan et du compte de profits et pertes se doit de détailler l'ensemble de rubriques présentées dans ces deux documents de synthèse mais aussi doit comporter les informations suivantes[1].

POUR LE BILAN

1. Le capital « autorisé » et le capital souscrit
2. Le détail des variations de capital de l'exercice
3. Le montant des distributions effectuées en actions
4. Les spécificités de chaque catégorie d'actions
5. Le montant cumulé des dividendes en retard
6. Les méthodes d'évaluation des actifs immobilisés et le montant total pour l'exercice des acquisitions et des cessions
7. Le montant des charges imputés à l'actif de la société pour le compte d'autrui
8. La nature des dettes conditionnelles
9. Les dépenses futures autorisées par les dirigeants
10. Le détail des immobilisations financières
11. La nature et les variations des réserves et provisions
12. La ventilation des impôts
13. Le détail des garanties et autres engagements financiers

POUR LE COMPTE DE PROFITS ET PERTES

1. Le montant des intérêts des emprunts de la sociétés, comprenant les emprunts à long terme, les emprunts bancaires et le découvert
2. Le montant du résultat provenant du rachat d'actions ou d'obligations
3. Le montant des revenus des immobilisations financières
4. Le montant des locations de terrains
5. le montant des locations des installations techniques et machines
6. Le montant des rémunérations versées aux auditeurs
7. Le montant sur lequel l'impôt est calculé et le montant de cet impôt
8. La ventilation du chiffre affaires par activité, et le résultat sectoriel, avant impôt
9. La ventilation du chiffre d'affaires durant l'année
10. L'effectif, sa ventilation et le cumul des rémunérations
11. Le détail des charges et des produits extraordinaires
12. L'incidence des opérations exceptionnelles sur l'activité ordinaire

La norme FRS 3 adjoint à l'annexe un état des mouvements des capitaux propres.

1. Colin Thomas, *op. cit.*, pages 177 et 181.

4.5. La présentation des comptes annuels en Italie

Avant 1993, date d'application de la loi du 9 avril 1991 modifiant les articles 2424 et suivants du Code civil en les adaptant aux règles de la quatrième directive, les comptes annuels en Italie se composaient d'un état patrimonial (*stato patrimoniale*) qui est l'équivalent d'un bilan, d'un compte économique (*conto economico*) et d'une annexe (*note illustrative*) souvent très volumineuse. Les valeurs de l'actif et du passif du patrimoine étaient portées sur l'état patrimonial, classées selon les différents postes énumérés par l'article 2424 du Code civil. Il s'agissait d'une énumération juridique n'ayant aucune cohérence économique. Les produits et les charges qui concouraient à la formation du résultat de l'exercice étaient affectés aux treize postes de produits ou aux seize postes de charges prévus par l'article 2425 du Code civil.

Les organismes professionnels CNDC et CNDR (Consiglio Nazionale dei Dottori Commercialisti et Consiglio Nazionale dei Ragionieri) ont, quant à eux, proposé des modèles de bilan et de compte de résultats (Recommandation n° 2) utilisables par les entreprises. La nouvelle loi a refondu l'ensemble des dispositions pour les rendre compatibles avec la quatrième directive.

Le bilan doit être présenté sous forme de compte ou tableau (actif/passif) alors que le compte de profits et pertes doit être présenté sous forme de liste, les comptes de charges étant classés par nature. Les petites sociétés qui n'atteignent pas deux des trois limites suivantes pendant deux exercices successifs peuvent présenter des comptes sous une forme abrégée :

total du bilan	2 milliards de lires
chiffre d'affaires	4 milliards de lires
effectif moyen	50 salariés

Nous présenterons ci-après la structure (en langue française et en langue italienne) du bilan (*bilanzio*) et du compte de profits et pertes (*conto dei profitti e delle perditi*) ainsi que les principales informations devant figurer dans l'annexe[1].

1. Pour plus de détails voir Louis Klee, *op. cit.*, pages 387 à 444 et Marco Tucci, « Italie, les quatrième et septième directives européennes enfin adoptées », *Revue française de comptabilité*, juillet-août 1991.

▶ *La structure du bilan*

Structure habituelle du bilan – abrégé – (en langue française)

ACTIF		*PASSIF*	
A. Capital souscrit, non versé (en indiquant séparément la partie appelée) **B. Immobilisations** I. Immobilisations incorporelles II. Immobilisations corporelles III. Immobilisations financières (en indiquant pour chaque poste la part à moins d'un an) **C. Actif circulant** I. Stocks II. Créances (en indiquant, pour chaque poste, la part à moins d'un an) III. Valeurs mobilières (actifs financiers ne constituant pas des immobilisations) IV. Liquidités **D. Comptes de régularisation (en indiquant séparément le montant des primes d'émission ou de remboursement)**		**A. Capitaux propres** I. Capital social II. Primes d'émission III. Écarts de réévaluation IV. Réserve légale V. Réserve pour actions propres en portefeuille VI. Réserves statutaires VII. Autres réserves VIII. Report à nouveau IX. Bénéfice(perte) de l'exercice **B. Provisions pour risques et charges** **C. Dettes provisionnées pour indemnités de fin de contrat des salariés** **D. Dettes (en indiquant séparément pour chaque poste les sommes exigibles à plus d'un an)** **E. Comptes de régularisation (en indiquant séparément le montant des primes d'émission)**	

Structure habituelle du bilan – abrégé – (en langue italienne)

ACTIVO		*PASSIVO*	
A. Crediti verso soci per versamenti ancora dovuti, con separata indicazione della parte gia richiamata **B. Immobilizzazioni** I. Immobilizzazioni immateriali II. Immobilizzazioni materiali III. Immobilizzazioni finanziarie, con separata indicazione, per ciascuna voce dei crediti, degli importi esigibili entro l'esercizio successivo **C. Attivo circolante** I. Rimanenze II. Crediti, con separata indicazione, per ciascuna voce, degli importi esigibili oltre l'esercizio successivo III. Attività finanziarie che non costituscono immobilizzazioni IV. Disponibilità liquide **D. Ratei e risconti, con separata indicatione del dissagio su prestiti**		**A. Patrimonio netto** I. Capitale II. Riserva da sopraprezzo delle azioni III. Riserva di rivalutazione IV. Riserva legale V. Riserva per azioni proprie in portafoglio VI. Riserva statutarie VII. Altri riserve VIII. Utili (perdite) portati a nuevo IX. Utile (perdita) dell' esercicio **B. Fondi rischi e oneri** **C. Trattamento di fine rapporto di lavoro subordinato** **D. Debiti con separata indicazione, per ciascuna voce, degli importi esigibili oltre l'esercizio successivo** **E. Ratei e risconti, con separata indicazione dell'agio su prestiti**	

Les montant regroupés sous la rubrique « dettes provisionnées pour indemnités de fin de contrat » représentent les sommes versées au personnel lors de leur départ à la retraite ou à l'issue d'un contrat.

▶ *La structure du compte de profits et pertes*

Structure habituelle du compte de profits et pertes (en langue française)

A. Produits d'exploitation

1. Production vendue (biens et services)
2. Autres produits et revenus
3. Variation de stocks d'en cours, de produits semis finis et produits finis
4. Variation des travaux en cours
5. Production immobilisée

B. Charges d'exploitation

6. Matières premières, fournitures, consommables et marchandises
7. Prestations de services
8. Utilisation de biens appartenant à des tiers
9. Charges de personnel
10. Amortissements et dépréciations
11. Variations de stocks de matières premières, fournitures, consommables et marchandises
12. Dotations aux provisions pour risques
13. Autres provisions
14. Charges diverses de gestion

Résultat d'exploitation

C. Charges et produits financiers

15. Revenus des participation (en indiquant séparément ceux relatifs aux entreprises contrôlées et associées)
16. Autres produits financiers
17. Intérêts et autres charges financières (en indiquant séparément ceux rattachés à des sociétés liées)

D. Corrections de valeur sur immobilisations financières et sur valeurs mobilières inscrites à l'actif circulant

18. Réévaluations
19. Dépréciations

E. Produits et charges exceptionnels

20. Produits (en indiquant séparément les plus-values des cessions de biens autres que ceux mentionnés au poste n° 1)
21. Charges exceptionnelles (en indiquant séparément les plus-values des biens autres que ceux mentionnés au poste n° 1 et les impôts relatifs aux exercices précédents)

Résultat avant impôt

22. Impôt sur le résultat de l'exercice
23. Résultat net de l'exercice
24. Corrections de valeur uniquement liées à l'application des normes fiscales
25. Dotations à des fonds de réserve à caractère fiscal

26. Bénéfice (ou perte) de l'exercice

Les corrections de valeur sur immobilisations financières et sur valeurs mobilières inscrites à l'actif circulant concernent les réévaluations d'une part et les dépréciations d'autre part sur :
- des participations ;
- des immobilisations financières ne constituant pas des participations ;
- des valeurs mobilières inscrites à l'actif et ne constituant pas des participations.

Structure habituelle du compte de profits et pertes – abrégé – (en langue italienne)

A. Valore della produzione

1. Ricavi delle vendite e delle prestazioni
2. Altri ricavi e proventi
3. Variazioni delle rimanenze di prodotti in corso di lavorazione, semilavorati e finiti
4. Variazoni di lavori in corso su ordinazione
5. Incrementi di immobilizzazioni per lavori interni

B. Costi della produzione

6. Per materie prime, sussidiarie, di consumo e di merci
7. Per servizi
8. Per godimento di beni di terzi
9. Per il personale
10. Ammortamenti e svalutazioni
11. Variazoni delle rimanenze di materie prime, sussidiarie, di consumo e merci
12. Accantonamenti per rischi
13. Altri accantonamenti
14. Oneri diversi di gestione

Differenza tra valore e costi della produzione

C. Proventi e oneri finanziari

15. Proventi da partecipazioni, con separata indicazione di quelli relativi ad imprese controllate e collegate
16. Altri proventi finanziari
17. Interessi e altri oneri finanziari, con separata indicazione di quelli verso imprese controllate e collegate e verso controllanti

D. Rettificche di valore di attivita financiaziare

18. Rivalutazioni
19. Svalutazioni

E. Proventi e oneri straordinari

20. Proventi, con separata indicazione delle plusvalenze da alienazioni i cui ricavi non sono iscivibili al n° 1
21. Oneri straordinari, con separata indicazione delle minusvalenze da alienzioni i cui ricavi non sono iscrivibili al n° 1 e delle imposte relative a escercizi precedenti

Risultato prima della imposte

22. Imposte sul reddito dell' esercizio
23. Risultato dell'eserciso
24. Rettifiche di valore operate esclusivamente in applicazione di norme tributarie
25. Accantonamenti operati esclusivamente in applicazione di norme tributarie

26. Utile (perdita) dell'esercizio

▶ *La structure de l'annexe*

L'annexe doit comprendre les informations suivantes.

1. Les modes d'évaluation appliqués aux divers postes des comptes annuels.
2. Les variations de l'actif immobilisé.
3. La composition des postes « frais d'installations et d'extension » et « frais de recherche et de développement » inclus dans les immobilisations incorporelles.
4. Les variations dans le contenu des autres postes de l'actif et du passif.
5. La liste des participations.
6. Le montant des dettes à plus de cinq ans et celles qui sont assorties de sûretés réelles.
7. La composition des comptes de régularisation, des postes « autres provisions » et « autres réserves ».
8. Le montant des charges financières de l'exercice inscrites à l'actif du bilan.
9. Les engagements ne figurant pas au bilan.
10. La ventilation des ventes en fonction du type d'activité et de l'ère géographique.
11. Le montant des revenus des participations inscrites au poste 15.
12. Les subdivisions des intérêts et autres charges financières inscrites au poste 17.
13. La composition du poste « produits exceptionnels » et « charges exceptionnelles ».
14. La composition des postes 24 et 25.
15. Le nombre moyen de salariés répartis par catégories.
16. Le montant des rémunérations allouées aux administrateurs et aux commissaires aux comptes.
17. Le nombre et la valeur nominale des actions.
18. Les actions de jouissance, les obligations convertibles en actions et autres valeurs similaires.

4.6. La présentation des comptes annuels aux Pays-Bas

Depuis le 1er janvier 1984, c'est la quatrième directive incorporée dans un nouveau chapitre du Code civil néerlandais (chapitre 9 - articles 362 et suivants) qui régit aux Pays-Bas la présentation des documents comptables de fin d'exercice, ainsi que les modalités de la publicité qui doit en être donnée. La législation néerlandaise, bâtie autour de l'idée d'une présentation sincère et correcte des comptes afin de donner une « image fidèle » de la situation patrimoniale et financière ainsi que de l'exploitation de l'entreprise, laisse à l'entreprise une grande liberté pour organiser son système comptable.

Aussi, les deux modèles de bilan et les quatre modèles de comptes de profits et pertes de la quatrième directive européenne ont été repris par la législation néerlandaise. Ceci peut s'expliquer également par l'existence sur le territoire néerlandais de grandes entreprises multinationales (Philips, Unilever, Royal Dutch-Shell...) et de la possibilité qui est leur donnée d'adapter au mieux la présentation des comptes à leurs objectifs. Pour l'entreprise moyenne, le compte de résultats est moins détaillé ; pour la petite entreprise, bilan et compte de résultats sont simplifiés, les informations complémentaires fort allégées. Par ailleurs, les petites entreprises doivent présenter obligatoirement leur compte de résultats en liste.

Le classement entre petites, grandes et moyennes entreprises s'effectue à partir des critères suivants.

Critères	*«Petites»*	*«Moyennes»*	*«Grandes»*
Total du bilan	< 5 millions de florins	entre 5 et 20 millions de florins	> 20 millions de florins
Chiffre d'affaires	< 10 millions de florins	entre 10 et 40 millions de florins	> 40 millions de florins
Effectif moyen	< 50	entre 50 et 250	> 250

▶ *La structure du bilan*

Il est d'usage aux Pays-Bas de distinguer la forme courte du bilan (*balans*) où l'on opère un solde des actifs circulants, de la forme longue ou ce solde n'est pas effectué.

	Forme courte
	Actif immobilisé
+	Actif circulant
–	Dettes à court terme
=	Total actif – Dettes à court terme
–	Dettes à long terme
–	Provisions
=	Capitaux propres

Forme longue	
Actif immobilisé	Capitaux propres Provisions
Actif circulant	Dettes à long terme Dettes à court terme
Total actif	Total passif

Le bilan peut être présenté avant ou après répartition du bénéfice. Mention expresse est portée en tête du bilan. Nous présenterons ci-après en langue française et en langue néerlandaise la forme courte du bilan (qui est celle utilisée par la société Unilever par exemple).

Structure habituelle du bilan (en langue française)

A. **Immobilisations** Immobilisations incorporelles Immobilisations corporelles Immobilisations financières	
B. **Actif circulant** Stocks Créances Titres Disponibilités	
C. **Dettes à court terme** Emprunts Fournisseurs et créditeurs commerciaux Traites et chèques à payer Autres dettes	
D. **Actif circulant nets (B – C)**	
E. **Actif total moins dettes à court terme (A + B – C)**	
F. **Dettes à long terme** Emprunts Fournisseurs et créditeurs commerciaux Autres dettes	
G. **Provisions** Pour retraites Pour impôts et autres	
H. **Capitaux propres** Capital souscrit Primes Réserves de réévaluation Autres réserves légales Autres réserves Bénéfice non réparti ou Bénéfice de l'année si le bilan est avant répartition	
I. **Total des capitaux investis (F + G + H)**	

Structure habituelle du bilan (en langue néerlandaise)

A. Vaste activa Immateriële vaste activa Materiële activa Financiële vaste activa	
B. Vlottende activa Voorraden Vorderingen Effecten Liquide middelen	
C. Kortlopende schulden Leningen Leveranciers en handelskredieten Te belaten wissels en cheques Overige schulden	
D. Totaal (B – C)	
E. Totaal (A + B – C)	
F. Langlopende schulden Leningen Leveranciers en handelskredieten Overige schulden	
G. Voorzieningen Voor pensioenen Voor belastingen en overige	
H. Eigen vermogen Geplaast kapitaal Agio Herwaarderingsreserve Andere wettelijke reserves Overige reserves Onverdeelde winst, w.o. afzonderlijk jaarresultat indien balans voor winstbestemming	
I. Totaal (F + G + H)	

▶ *Structure du compte de résultats*

Nous présentons ci-après la structure du compte de résultats (*winst en verliesrekening*) en liste et avec des charges classées par fonction (la plus courante aux Pays-Bas). Cette présentation sera faite en langue française puis en langue néerlandaise.

Structure habituelle du compte de résultats (en langue française)

Chiffre d'affaires net	
Coût de production du chiffre d'affaires	
Marge brute	
Coûts commerciaux	
Coûts d'administration générale	
Résultat d'exploitation	
Résultat des participations	
Autres intérêts et revenus analogues	
Charges d'intérêt	
Résultat financier	
Résultat courant avant impôt	
Impôt sur le résultat courant	
Résultat exceptionnel après impôt	
Produits exceptionnels	
Charges exceptionnelles	
Impôt relatifs aux résultats exceptionnels	
Résultat exceptionnel après impôt	
Résultat après impôt	

Structure habituelle du compte de résultats (en langue néerlandaise)

Netto-omzet	
Kostprijs van de omzet	
Bruto-omzetresultaat/marge	
Verkoopkosten	
Algemene beheerkosten	
Bedrijfsresultaat	
Resultaat uit deelnemingen	
Andere rentebaten en soortgeliijke opbrengsten	
Rentelasten	
Uitkomst der financiële baten en lasten	
Resultaat uit gewone bedrijfsuitoefening voor belastingen	
Belastingen resultaat uit gewone bedrijfsuitoefening	
Resultaat uit gewone bedrijfsuitoefening na belastingen	
Buitengewone baten	
Buitengewone lasten	
Belastingen buitengewoon resultaat	
Buitengewoon resultaat na belastingen	
Resultaat na beslastingen	

▶ *La structure de l'annexe*

Dans l'annexe ne sont notés que les éléments significatifs. Un tableau de financement y est souvent joint.

- *Informations essentielles figurant dans l'annexe*
– Principes comptables
– Immobilisations incorporelles, corporelles et financières
– Créances, effets, liquidités
– Capitaux propres
– Dettes à long et court terme
– Provisions
– Régime de retraite
– Sûretés et engagements
– Accords de garanties
– Passifs éventuels et litiges
– Informations par secteur d'activité (actifs, chiffres d'affaires, effectifs...)
– Frais de distribution, frais généraux administratifs
– Amortissements
– Charges et produits exceptionnels.

4.7. La présentation des comptes annuels en Suisse

Quelle que soit leur forme juridique, les sociétés inscrites au registre du commerce doivent établir des états financiers annuels, un compte d'exploitation (pertes et profits) et un inventaire établi en francs suisses (Code des obligations article 957 s). Cependant les fonds de placements (nombreux dans ce pays) peuvent établir leurs comptes dans la devise où sont principalement situés leurs actifs.

Aucun texte du Code des obligations ne traite des modalités d'établissement des états financiers. Les postes qui doivent être ventilés au bilan et dans le compte de profits et pertes ne sont pas spécifiés par la loi. Le choix est laissé à la discrétion des dirigeants. Cependant, la présentation doit être complète, claire et exhaustive afin de permettre au lecteur d'avoir une idée précise du patrimoine et de l'activité de la société. Aussi, les comptes annuels présentés par des sociétés suisses s'inspirent généralement soit du modèle américain (voir ci-après paragraphe 4.9) soit de l'un des modèles européens de la quatrième directive, soit des normes IASC[1].

1. David Alexander et Simon Archer, *op. cit.*, page 832.

4.8. La présentation des comptes annuels en Suède

Les comptes annuels des sociétés suédoises comprennent, d'après la législation de ce pays, un bilan, un compte de résultats, des notes annexes, ainsi qu'un rapport de gestion et pour certaines sociétés, un tableau de financement. La particularité essentielle de la réglementation suédoise relative aux comptes annuels est la définition du rapport de gestion comme élément de ces comptes.

► *La structure du bilan*

La structure du bilan est définie par la loi comptable de 1976 (article 19). À l'inverse du bilan français, les postes d'actif dans le bilan suédois sont présentés par ordre de liquidité décroissante et les postes de passif par ordre d'exigibilité décroissante. Les postes d'actif sont toujours présentés à leur valeur nette. Les principales différences entre les structures des bilans français et suédois sont la rubrique « comptes bloqués à la Banque de Suède », la rubrique « dette d'impôt différé sur les provisions non imposées » et la distinction entre capitaux propres distribuables et capitaux propres non distribuables.

Modèle de bilan
(défini par l'article 19 de la loi de 1976 sur les règles comptables)

A. Actif	
I. Actif circulant	
1. Caisse et disponibilités en banque	
2. Actions et titres assimilés	
3. Obligations et titres assimilés	
4. Effets à recevoir	
5. Comptes clients	
6. Charges payées d'avance et produits à recevoir	
7. Autres créances	
8. Stocks	
9. Avances aux fournisseurs	
II. Comptes bloqués à la Banque de Suède	
III. Actif immobilisé	
1. Actions et titres assimilés	
2. Obligations et titres assimilés	
3. Prêts à des participations	
4. Autres créances	
5. Avances aux fournisseurs	
6. Brevets et droits assimilés	

7. Droits de location et droits assimilés
8. Goodwill
9. Dépenses capitalisées
10. Navires
11. Matériel et équipements
12. Constructions
13. Terrains

B. Dettes et capitaux propres

I. Dettes à court terme

1. Effets à payer
2. Comptes fournisseurs
3. Dettes fiscales
4. Charges à payer et produits constatés d'avance
5. Autres dettes à court terme
6. Avances et acomptes reçus des clients

II. Dettes à long terme

1. Provisions pour retraite
2. Autres dettes à long terme

III. Provisions non imposées

1. Provisions sur stocks
2. Fonds d'investissement et fonds assimilés
3. Autres provisions non imposées

IV Capitaux propres

Indication du solde à l'ouverture de l'exercice, des augmentations ou diminutions au cours de l'exercice, du résultat de l'exercice et du solde à la clôture de l'exercice.

Cette rubrique se présente généralement comme suit

Capitaux propres non distribuables

Capital social

Réserves non distribuables

Capitaux propres distribuables

Réserves distribuables

Résultat net de l'exercice

C. Nantissement et gage

1. Nantissement d'actifs immobiliers et d'actions
2. Nantissement d'autres actifs

D. Engagements hors bilan

1. Effets escomptés
2. Garanties et autres engagements
3. Engagements en matière de retraite non provisionnés dans le bilan.

► *La structure du compte de résultats*

La présentation du compte de résultats est définie par la loi comptable de 1976 (article 18). La notion de résultat d'exploitation est plus large que la notion française. Le résultat d'exploitation en Suède est défini comme celui provenant des activités ordinaires de la société et comprend certains produits ou certaines charges, qui, en France, sont définies comme des éléments, soit du résultat financier, soit du résultat exceptionnel (différences de change par exemple).

Modèle de compte de résultats
(défini par l'article 18 de la loi de 1976 sur les règles comptables)

Produits d'exploitation	
Chiffre d'affaires	
Autres produits d'exploitation	
Charges d'exploitation (coût des ventes)	
Résultat d'exploitation avant amortissements	
Dotations aux amortissements	
Résultat d'exploitation après amortissements	
Produits financiers	
Dividendes perçus sur titres de participation et actions	
Revenus d'intérêt	
Charges financières	
Charges d'intérêts	
Résultat après produits et charges financières	
Produits exceptionnels	
Charges exceptionnelles	
Résultat avant dotations aux provisions non imposées et avant impôts	
± Mouvements de provisions non imposées	
Provisions sur stocks	
Provisions pour investissements	
Autres provisions (à détailler)	
Résultat avant impôts	
Impôts	
Résultat après impôts	

▶ *La structure des notes annexes*

La loi de 1976 sur les règles comptables (article 20), la loi sur les sociétés (chapitre 11 article 8) et une recommandation du « FAR » (rapport annuel dans les AB n° 11) ont défini le contenu minimal des notes annexes aux comptes annuels. En pratique, les sociétés sont tenues de présenter les informations significatives nécessaires à la compréhension des comptes annuels. La loi de 1976 prévoit notamment que doivent être présentées des informations sur :

- les principes et règles d'évaluation appliqués aux éléments d'actif et de passif en indiquant tout changement qui a eu un impact significatif sur le résultat ;
- les méthodes d'amortissement pour chaque élément de l'actif immobilisé et les changements éventuels ;
- toute autre information d'importance significative nécessaire pour apprécier le résultat de l'exercice et la situation financière de l'entreprise.

La loi sur les « AB » (sociétés) et la recommandation du « FAR » précise notamment que les sociétés doivent présenter une information détaillée, si celle-ci est d'importance significative sur :

- les filiales et les participations ;
- les prêts octroyés aux actionnaires, aux administrateurs ou au directeur général ;
- les éléments de l'actif immobilisé en présentant leur valeur brute, les amortissements cumulés et leur valeur nette ;
- la valeur fiscale des constructions ;
- lorsque la société a émis des emprunts convertibles ou échangeables en actions, certaines informations telles que leur nombre par catégorie et les conditions de conversion et d'échange ;
- lorsque le capital se compose de différentes catégories d'actions, les différentes catégories et le nombre d'actions pour chacune d'entre elles ;
- les mouvements ayant affecté les capitaux propres au cours de l'exercice ;
- les principes et règles d'évaluation appliqués aux éléments d'actif et de passif ;
- les changements de méthode ou les circonstances qui empêchent de comparer d'un exercice à l'autre certains postes du bilan ou du compte de résultats.

4.9. La présentation des comptes annuels aux États-Unis

Le contenu minimum des états financiers aux États-Unis a été défini par la profession comptable[1]. Les comptes annuels comprennent généralement :

- le bilan (*Balance sheet*) ;
- le compte de résultats (*Income statement*) ;
- le tableau de variation de trésorerie (*Statement of cash flow*) ;
- l'état des mouvements dans les comptes de capitaux propres (*Statement of Stockholders' Equity*) ;
- l'état des bénéfices (*Retained earnings statements*) ;
- les notes annexes à ces documents (*Note to financial statements*).

La plupart des sociétés américaines ne sont pas obligées de présenter leurs comptes annuels mais doivent au contraire publier leurs comptes consolidés. Ces comptes consolidés sont établis selon la même structure que les comptes annuels. Aucune forme stricte n'est requise pour la présentation du bilan et du compte de résultat[2] ; néanmoins, les présentations sont assez standardisées. les sociétés respectent une ventilation minimum, peuvent regrouper certains comptes si le détail n'est pas significatif et ont la faculté de fournir une information plus complète quand elles l'estiment nécessaire. Chaque société doit théoriquement conserver la même présentation d'une année sur l'autre, les changements éventuels devant être décrits et expliqués dans l'annexe.

▶ *La structure du bilan*

Le bilan est présenté de manière concise : les comptes de l'entreprise sont regroupés dans un certain nombre de rubriques. Les actifs sont inscrits pour leur montant net, c'est-à-dire après déduction des provisions et des amortissements. Les informations de l'exercice précédent sont publiées en regard. Il y a donc qu'une seule colonne par année. Le bilan peut être présenté sous forme verticale (actif au dessus du passif sans dégagement des besoins de fonds de roulement) ou forme horizontale (la forme verticale est la plus souvent utilisée). Le résultat n'apparaît pas dans le bilan qui est présenté après répartition.

---

1. Pour plus de détails voir Laurence Binet, *Les états financiers anglo-saxons. Comparaison avec les états financiers dans le cadre de l'harmonisation internationale*, Economica, 1991, et Jacqueline Langot, *Comptabilité anglo-saxonne. Normes, mécanismes et documents financiers*, Economica, 1992.
2. D'après *Dossiers internationaux États-Unis, juridique, fiscal, social et comptable*, Francis Lefebvre, 4e édition 1990, page 248.

Nous présenterons ci-après en langue française, puis en langue anglaise, le modèle habituel du bilan américain.

Modèle habituel de bilan (en langue française)

ACTIFS

Actifs circulants
Trésorerie et quasi-trésorerie
Valeurs mobilières de placement
Clients, autres débiteurs et effets à recevoir
Stocks
Charges payées d'avance
Total actif circulant

Immobilisations corporelles
Terrains
Constructions
Matériels et équipements
Moins amortissements cumulés

Immobilisations financières et autres actifs
Fonds de commerce
Brevets et marques

Charges différées

Total

PASSIF ET CAPITAUX PROPRES

Passifs circulants
Fournisseurs
Partie à court terme des emprunts et des dettes de crédit-bail
Dividendes à payer
Provisions pour impôt sur les bénéfices
Autres créditeurs et frais à payer

Emprunts à long terme
Dettes sur crédit-bail
Autres dettes
Provisions pour impôts différés

Passif total

Capitaux propres
Capital
Prime d'émission
Bénéfices réinvestis

Total capitaux propres

Total

Les actifs immobilisés contiennent les biens acquis grâce à un contrat de crédit-bail (*capital lease*), les dettes correspondantes étant portées au passif. Les impôts différés font l'objet d'une mention particulière.

Dans la rubrique capital sont généralement indiquées les rubriques suivantes :
- les différentes catégories d'actions (actions ordinaires, actions privilégiées) ;
- les actions autorisées en circulation ;
- les actions rachetées par la société ;
- les actions non encore émises.

Modèle habituel de bilan (en langue anglaise)

ASSETS	
Current assets	
Cash and cash equivalents	
Marketable equity securities	
Accounts and notes recevables	
Inventories	
Prepaid expenses	
Total current assets	
Property, plant and equipement	
Lands	
Buildings	
Machinery,equipment and furniture and fixtures	
Less accumulated depreciation	
Investments and other assets	
Goodwill	
Patents	
Deferred charges	
Total	
LIABILITIES AND STOCKHOLDERS' EQUITY	
Current liabilities	
Accounts payable trade	
Short-term borrowings and capital lease obligations	
Dividends payable	
Income tax	
Others accounts payable and accrued expenses	
Long term borrowings	
Capital lease obligations	

Other liabilities	
Deferred Income Tax	
Total liabilities	
Stockholders' Equity	
Common stock	
Additional paid in capital	
Reinvested Earnings	
Total stockholders' equity	
Total	

► *La structure du compte de résultats*

Aux États-Unis, le compte de résultats est généralement établi de manière analytique :
- répartition des coûts entre coûts directs et coûts indirects ;
- charges réparties entre les différents centres d'activité des entreprises.

Les éléments exceptionnels sont portés (après impôt) à la suite du résultat d'exploitation. Un résultat par action est déterminé. Nous présentons ci-après un modèle habituel de compte de résultats (en langue française et en langue anglaise).

Modèle habituel de compte de résultats (en langue française)

Chiffre d'affaires et autres revenus	
Ventes nettes	
Autres revenus	
Total	
Coûts et dépenses	
Coûts de produits vendus	
Marge brute	
Dépenses d'exploitation	
Frais de vente, généraux et administratifs	
Dotations aux amortissements	
Frais de recherche et de développement	
Total	
Résultat d'exploitation	
Autres revenus principalement financiers	
Frais financiers	
Résultat avant impôt	
Impôt sur les bénéfices	
Éléments exceptionnels	
Résultat net	
Résultat par action	

Modèle habituel de compte de résultats (en langue anglaise)

Sales and other revenues	
Net sales	
Other income	
Total	
Cost and expenses	
Cost of products solds	
Gross profit	
Operating expenses	
Selling, general and administrative expenses	
Depreciation and amortization	
Reseach and development expenses	
Total	
Operating income	
Other income, principally interest	
Interest expense	
Earnings before income tax	
Income tax	
Discontinuing operations	
Net income	
Net income per share	

► *La structure des notes annexes*

Les notes annexes sont obligatoires et font partie intégrante des « comptes ». Elles comportent les éléments suivants.

1. Le résumé des principes comptables fondamentaux.

2. Le choix des règles comptables communément acceptées. Il s'agit du choix retenu par l'entreprise parmi plusieurs méthodes généralement acceptées pour tel type d'enregistrement ou d'évaluation : méthode d'amortissement, valorisation des stocks, par exemple.

3. Les changements de méthode comptable. L'entreprise doit expliquer la nature et les raisons de tout changement de méthode ou d'évaluation comptable. L'impact sur le résultat de toute modification doit être chiffrée.

4. Les informations complémentaires. Elles renseignent sur les postes particuliers des états financiers : les différentes catégories de stocks, les frais financiers, les contrats de crédit-bail, les taux d'intérêt des dettes à long et moyen terme, la composition du capital entre les différentes catégories d'actions...

Les notes annexes doivent informer sur les événements survenus dans l'entreprise après la clôture de l'exercice, sur les engagements hors bilan, sur la situation de l'entreprise par secteur d'activité ou par secteur géographique, sur les effets des prix sur les états financiers. Elles analysent également le tableau des variations de trésorerie (voir chapitre 5, paragraphe 4.12), les états des mouvements des comptes de capitaux propres (capital, réserves et résultats), qui sont joints aux comptes annuels et consolidés classiques.

À titre d'exemple, le lecteur pourra trouver ci-joint les thèmes développés dans l'annexe présentée dans le rapport annuel 1991 de la société Du Pont de Nemours (où ne sont publiées que des situations consolidées).

- Note aux états financiers (*notes to financial statements*)

Ces notes comprennent 28 points. Les points 2 à 9 analysent des rubriques du compte de résultats, les points 10 à 21 des rubriques du bilan. Ils sont intitulés comme suit.

1. Présentation des méthodes comptables appliquées (relatives à la consolidation, aux stocks, aux immobilisations corporelles, aux immobilisations incorporelles, aux impôts sur les bénéfices, aux conversions des données en monnaies étrangères, aux instruments financiers)
2. Analyse de la rubrique « Autres revenus »
3. Analyse de la rubrique « Coût des produits vendus »
4. Analyse de la rubrique « Frais financiers »
5. Analyse de la rubrique « Impôts autres que l'impôt sur les bénéfices »
6. Analyse de la rubrique « Revenu d'une opération en participation (*joint venture*)
7. Analyse de la rubrique « Dépenses du programme de réduction des coûts »
8. Analyse de la rubrique « Impôts sur les bénéfices »
9. Analyse de la rubrique « Bénéfice par action »
10. Analyse de la rubrique « Trésorerie et quasi-trésorerie »
11. Analyse de la rubrique « Clients, autres débiteurs et effets »
12. Analyse de la rubrique « Stocks »
13. Analyse de la rubrique « Immobilisations corporelles »
14. Analyse de la rubrique « Autres actifs »
15. Analyse de la rubrique « Fournisseurs »
16. Analyse de la rubrique « Partie à court terme des emprunts et des dettes de crédit bail »
17. Analyse de la rubrique « Autres créditeurs »
18. Analyse de la rubrique « Emprunts à long terme »
19. Analyse des opérations de crédit-bail

20. Analyse de la rubrique « Autres dettes »
21. Analyse de la rubrique « Capitaux propres »
22. Analyse des opérations de rachat par la société de ses propres actions
23. Analyse des acquisitions du groupe
24. Détail des engagements pour pensions et obligations similaires
25. Autres avantages de retraite
26. Engagements financiers et dettes conditionnelles
27. Information sectorielle par secteur géographique (chiffre d'affaires, résultats, actifs)
28. Information sectorielle par secteur d'activité (chiffre d'affaires, résultats, actifs)

4.10. La présentation des comptes annuels au Japon

Les sociétés japonaises présentent leurs comptes conformément aux articles 281 à 295 du Code de commerce japonais. Ces articles précisent en particulier que le rapport annuel doit comprendre un bilan, un compte de résultats, un rapport d'activité et une proposition de répartition de résultat. Il est à noter que l'année japonaise commence le 1er février du calendrier judéo-chrétien et se termine le 31 janvier.

▶ *La structure du bilan*

Le modèle de présentation du bilan est imposé par le Code de commerce. Pour ce qui concerne les sociétés cotées, la loi sur le contrôle boursier (SEL) reprend systématiquement la même structure.

Modèle de bilan

ACTIF	
Actif circulant	
Caisse et Banque	
Placements à court terme	
Créances commerciales	
Créances clients	
Prêts à court terme	
Stocks	
– de produits finis	
– de produits en cours	
– de matières premières	
Charges constatées d'avance	
Autres créances	
Total actif circulant	

Actif immobilisé
Immobilisations corporelles
Terrains
Constructions
Matériels et outillages
Matériels de transport
Matériels de bureau
Immobilisations incorporelles
Droits légaux
Fonds de commerce
Immobilisations financières
Titres immobilisés
Autres placements à long terme
Prêts à long terme
Total actif immobilisé
Charges à répartir
Total actif

DETTES ET CAPITAUX PROPRES

Dettes
Dettes à court terme
Dettes commerciales
Dettes fournisseurs
Emprunts à court terme
Part des emprunts à long terme payable au prochain exercice
Dettes fiscales
Provisions
Autres dettes
Total dettes à court terme
Dettes à long terme
Obligations
Retraite et indemnité de départ
Total dettes à long terme
Total dettes
Capitaux propres
Capital
Prime d'émission, de fusion
Réserves
– statutaire
– légale
– autres
Report à nouveau
Résultat
Total capitaux propres
Total dettes + capitaux propres

► *La structure du compte de résultats*

La présentation en liste, ici utilisée, est la plus courante.

Modèle du compte de résultats

Exploitation	
Ventes	
– Coût des ventes	
– Autres charges d'exploitation	
= Résultat d'exploitation	
Hors exploitation	
+ Intérêts reçus	
+ Dividendes reçus	
+ Revenus divers	
– Intérêts versés et agios	
= Résultat courant avant impôts	
Extraordinaire	
+ Profits liés aux ajustements	
+ Produits sur cessions d'actifs	
– Pertes liées aux ajustements	
– Pertes sur cessions d'actif	
= Résultat avant impôts	
– Impôts	
= Résultat net	

4. LE TRAITEMENT DES PRINCIPAUX THÈMES COMPTABLES

Immobilisations, stocks, impôt sur les bénéfices, amortissements… sont parmi les principaux concepts rencontrés en comptabilité. Leur évaluation et leur traitement peuvent être différents d'un pays à l'autre, quoique les normes internationales les conduisent souvent vers un certain rapprochement (mais il reste encore de nombreuses options). Nous allons, dans ce chapitre, analyser un certain nombre de thèmes en examinant d'abord comment ceux-ci sont développés dans les normes internationales de l'IASC, en voyant ensuite comment la quatrième directive européenne les a traités, enfin, comment ils sont traduits dans la comptabilité d'un certain nombre de pays.

1. LE TRAITEMENT DES IMMOBILISATIONS INCORPORELLES

S'il est un domaine ou les méthodes de traitement sont très hétérogènes, il s'agit bien de celui des immobilisations incorporelles. Si l'on se réfère aux différentes pratiques, les immobilisations incorporelles comprennent généralement :

- les brevets ;
- les droits d'auteurs ;
- les logiciels ;
- les licences, marques de fabrique ;
- les franchises ;
- les frais d'établissement ;
- les frais de recherche et de développement ;
- le fonds de commerce ;

- le droit au bail ;
- le goodwill et les écarts d'acquisition des titres.

Seuls les frais de recherche et de développement ont à ce jour fait l'objet d'une norme de l'IASC (IAS 9). Toutefois, un projet d'énoncé de principes a été présenté en novembre 1993 et devrait conduire à la production d'une nouvelle norme devant s'appliquer à toutes les immobilisations incorporelles qui ne seraient pas traitées par d'autres normes internationales.

Les écarts d'acquisitions se présentent dans les comptes consolidés : ils feront l'objet d'une analyse dans le chapitre 5 consacré à la consolidation.

1.1. Le traitement des immobilisations incorporelles selon les normes de l'IASC

La norme n° 9 de l'IASC adoptée en mars 1978, applicable à compter du 1er janvier 1980, puis révisée en novembre 1993 définit dans son introduction les notions de recherche et de développement. La recherche est considérée comme « Le travail original, conduit systématiquement avec la perspective d'acquérir une compréhension et des connaissances scientifiques ou techniques nouvelles ». Le développement, quant à lui, est défini comme « La mise en œuvre de plans ou d'études pour la production des matériaux, d'appareils, de produits, de procédés, de systèmes ou de services nouveaux ou fortement améliorés, en application de découvertes réalisées ou de connaissances acquises, avant le commencement d'une production commerciale. »

Cette norme a prévu en matière de comptabilisation deux possibilités :
- soit la comptabilisation immédiate en charges ;
- soit l'inscription à actif des dépenses de développement lorsque ces dépenses répondent à des critères déterminés.

Cette seconde solution (qui ne concerne que les frais de développement) a la préférence de l'IASC.

Dans IAS 9, l'IASC impose que cinq conditions soient préalablement remplies pour permettre l'inscription à l'actif :
- le produit ou le procédé est clairement identifié et les coûts imputables au produit ou au procédé peuvent être nettement individualisés ;
- la faisabilité technique du produit ou du procédé a été démontrée ;
- la direction de l'entreprise a indiqué son intention de produire ou de commercialiser ou d'utiliser le produit ou le procédé ;
- l'existence d'un marché potentiel pour le produit ou le procédé apparaît clairement ou, s'il doit être utilisé d'une manière interne, son utilité pour l'entreprise peut être démontrée ;

– des ressources suffisantes pour compléter le projet et commercialiser le produit ou procédé existent ou, selon des estimations raisonnables, pourront être réunies.

L'amortissement des frais de développement doit être effectué sur la durée des prévisions de vente du produit ou d'utilisation interne du procédé.

Si ces conditions sont remplies, il sera possible, selon l'IAS 9, pour l'entreprise de reporter les coûts des opérations de développement sur les exercices futurs. Mais l'inscription à l'actif des frais de développement doit être limitée au montant des charges qui peut être raisonnablement couvert par des produits futurs correspondants.

Quant à l'énoncé des principes devant conduire à une nouvelle norme sur les immobilisations incorporelles, il précise que les immobilisations incorporelles sont des actifs non monétaires identifiables, sans substance physique, que l'entreprise détient pour les utiliser à la production ou à la fourniture de services, pour être loués à d'autres ou pour ses besoins administratifs propres et dont la durée d'utilisation prévue est supérieure à un an. Une immobilisation incorporelle doit être comptabilisée à l'actif quand :

– il est probable que des avantages économiques futurs liés à cet actif profiteront à l'entreprise et que :
– le coût de cet actif peut être mesuré de façon fiable.

Le fonds de commerce créé par l'entreprise ne peut être inscrit à l'actif.

1.2. Le traitement des immobilisations incorporelles dans la quatrième directive européenne

La quatrième directive traite :

– des frais d'établissement ;
– des frais de recherche et de développement ;
– des concessions, brevets, licences marques, droits et valeurs similaires ;
– du fonds de commerce.

Dans les articles 9 et 10 qui présentent la structure de l'actif du bilan (selon les schémas examinés dans la troisième partie de cet ouvrage : chapitre 3 paragraphe 2), on y trouve les rubriques suivantes.

B. Frais d'établissement tels qu'ils sont définis par la législation nationale et pour autant que celle-ci autorise leur inscription à l'actif. La législation nationale peut aussi prévoir l'inscription des frais d'établissement comme premier poste sous « Immobilisations incorporelles ».

C. Actif immobilisé

I. Immobilisations incorporelles

1. Frais de recherche et de développement pour autant que la législation nationale autorise leur inscription à l'actif.
2. Concessions, brevets, licences, marques, ainsi que les droits et valeurs similaires, s'ils ont été :
   a) acquis à titre onéreux, sans figurer au poste C13 ;
   b) créés par l'entreprise elle-même, pour autant que la législation nationale autorise leur inscription à l'actif.
3. Fonds de commerce, dans la mesure où il a été acquis à titre onéreux.
4. Acomptes versés.

Cet article 9 prévoit différentes options. Les frais d'établissement peuvent être inscrits dans la rubrique « Immobilisations incorporelles » ou dans une rubrique spécifique. D'autre part, certaines « dépenses d'immobilisations » ne seront pas inscrites à l'actif du bilan (et seront considérées comme des charges de l'exercice) si la législation nationale n'a pas prévu cette possibilité. C'est le cas des frais d'établissement, des frais de recherche et de développement, des concessions, brevets, licences, marques ainsi que les droits et valeurs similaires s'ils ont été créés par l'entreprise elle-même.

L'article 34 de la directive, quant à lui, stipule que :

1a) dans le cas où la législation nationale autorise l'inscription à l'actif des frais d'établissement, ceux-ci doivent être amortis dans un délai maximal de cinq ans ;

1b) dans la mesure où les frais d'établissement n'ont pas été complètement amortis, toute distribution des résultats est interdite à moins que le montant des réserves disponibles à cet effet et des résultats reportés ne soit au moins égal au montant des frais non amortis ;

2) les éléments inscrits au poste « Frais d'établissement » doivent être commentés dans l'annexe.

L'article 37 précise que l'article 34 est applicable aux postes « Frais de recherche et de développement » et « Fonds de commerce ». Les États peuvent cependant, dans le cas des « Frais de recherche et de développement » autoriser des dérogations et dans le cas du « Fonds de commerce » l'amortissement sur une durée supérieure à cinq ans, à condition que cette période n'excède pas la durée d'utilisation de l'actif correspondant. Mentions doivent être portées en annexe.

1.3. Le traitement des immobilisations incorporelles dans un certain nombre de pays

▶ *Le traitement des immobilisations incorporelles en France*

La rubrique « Immobilisations incorporelles » du bilan français comprend les postes suivants :
- frais d'établissement ;
- frais de recherche et de développement ;
- concessions, brevets, licences, marques, procédés, droits et valeurs similaires ;
- fonds commercial (et droit au bail) ;
- autres immobilisations incorporelles ;
- avances et acomptes sur immobilisations incorporelles.

Les frais d'établissement (qui ne sont pas portés, comme le permet l'article 9 de la directive, dans une rubrique spécifique) comprennent les frais de constitution de sociétés (frais d'actes, d'enregistrement), les frais de premier établissement (frais de prospection, frais de publicité) et les frais d'augmentation de capital et d'opérations diverses (fusions, scissions, transformations). Les frais d'établissement doivent être amortis en 5 ans au maximum.

Pour les frais de recherche et de développement, plan comptable général ne donne pas de véritable définition. Il est nécessaire de se reporter à la note d'information n° 23 (novembre 1971) du Conseil national de la comptabilité pour trouver une définition et une classification. Dans cette note d'information, le CNC reprend les travaux de la DGRST (Direction générale de la recherche scientifique et technique) et distingue trois catégories de recherche et donc de frais :
- la recherche fondamentale ;
- la recherche appliquée ;
- le développement.

Le plan comptable général autorise l'enregistrement des frais de recherche appliquée et de développement à l'actif sous respect de deux conditions :
- les projets en cause doivent être nettement individualisés et leur coût distinctement établi pour être réparti dans le temps ;
- chaque projet doit avoir, à la date de l'établissement des situations comptables, de sérieuses chances de réussite technique et de rentabilité commerciale.

Les concessions, brevets... comprennent également les logiciels informatiques destinés à servir de façon durable à l'activité de l'entreprise.

Le fonds commercial est constitué par les éléments incorporels, y compris le droit au bail qui ne font pas l'objet d'une évaluation et d'une comptabilisation séparées au bilan et qui concourent au maintien et au développement du potentiel d'activité de l'entreprise (plan comptable général, page I.31). L'amortissement du fonds commercial est facultatif. Dans tous les cas, il n'est pas déductible fiscalement.

► *Le traitement des immobilisations incorporelles en Allemagne*

La rubrique correspondant aux immobilisations incorporelles en Allemagne ne comprend que les immobilisations acquises à titre onéreux. Les immobilisations créées par l'entreprise en sont exclues. Les frais de démarrage et développement de l'exploitation sont inscrits à une rubrique particulière. Ce poste ne comprend pas les frais de constitution et d'augmentation du capital que la loi interdit d'immobiliser. Ces frais sont constitués de dépenses à caractère général engagées à la création de nouvelles sociétés ou de nouvelles activités. Ces frais, dont l'inscription au bilan est facultative, doivent être amortis au minimum de 25 % sur chacun des exercices qui suivent l'exercice de comptabilisation. L'inscription à l'actif des frais de recherche et de développement n'est pas autorisée.

Le fonds commercial peut être amorti selon un des deux modes suivants :

- amortissement régulier sur la durée d'utilisation prévue ;
- amortissement minimum de 25 % pendant les quatre années suivant l'acquisition.

Du point de vue fiscal, l'amortissement du fonds commercial doit obligatoirement être effectué sur une durée de 15 ans.

► *Le traitement des immobilisations incorporelles en Grande-Bretagne*

En Grande-Bretagne, la réglementation actuellement en vigueur ne donne aucune définition générale applicable aux immobilisations incorporelles. Le modèle britannique du bilan ne prévoit pas de rubrique spéciale pour les frais d'établissement. Aucune SSAP ou FRS ne traite à ce jour des immobilisations incorporelles dans leur ensemble, la SSAP 13 traitant cependant de la comptabilisation des dépenses de recherche et de développement, et la SSAP 22 du goodwill (fonds commercial pour les comptes annuels, écarts d'acquisition pour les comptes consolidés).

Toutefois, un exposé sondage (ED 52) a été présenté à la profession en mai 1990 et définit l'actif incorporel (*intangible fixed assets*) comme « une immobilisation de nature non monétaire et n'ayant aucune substance matérielle ». Cet actif peut être inscrit à l'actif du bilan si :

- les coûts d'origine engendrés par sa production ou acquisition sont connus et facilement déterminables ;
- il est totalement distinct des autres actifs et du goodwill ;
- son coût est connu indépendamment de celui du goodwill ou des autres actifs.

Sa valeur ne doit pas être estimée par référence aux bénéfices réalisés par la branche d'activité. Cet exposé sondage aborde le problème des marques. Il conclut que celles-ci ne satisfont pas aux critères définissant les immobilisations incorporelles et qu'elles sont parties intégrantes du goodwill.

La comptabilisation des dépenses de recherche et de développement fait l'objet en Grande-Bretagne d'une norme (SSAP 13) établie en 1977. Cette norme, révisée en fonction des principes de la quatrième directive, ne permet l'inscription à l'actif que des frais de développement. En conséquence, la comptabilisation des frais de recherche pure ou appliquée doit être effectuée obligatoirement en charges.

La norme susnommée impose certaines conditions à l'enregistrement des frais de développement à l'actif :

- le projet doit être clairement défini ;
- les frais relatifs doivent être identifiables distinctement ;
- le résultat d'un tel projet doit être déterminé avec une certitude raisonnable quant à sa fiabilité technique et sa viabilité commerciale, laquelle doit être établie en tenant compte du marché potentiel (y compris les produits concurrents) de l'opinion publique, du consommateur et de la législation de l'environnement ;
- le total des coûts de développement différés, des coûts de développement supplémentaires et des coûts de production, de vente et d'administration s'y référant, doit être raisonnablement couvert par des ventes futures ou d'autres revenus correspondants ;
- des ressources suffisantes existent ou doivent être raisonnablement disponibles pour compléter le projet et pourvoir à toute augmentation importante dans le fonds de roulement.

La SSAP 22 définit le goodwill comme la différence entre la valeur d'ensemble d'une entreprise et la somme des valeurs propres des éléments individualisables composant son actif net. Le goodwill créé par l'entreprise ne peut pas être porté à l'actif du bilan.

Les immobilisations incorporelles sont portées au bilan pour leur coût historique (amorti et éventuellement déprécié) : elles doivent être amorties sur leur durée de vie économique, cette durée ne devant pas excéder 20 ans sauf les cas particuliers dans lesquels une durée plus longue pouvant aller jusqu'à 40 ans est clairement justifiée.

► *Le traitement des immobilisations incorporelles dans d'autres pays de la Communauté européenne*

En Belgique et en Espagne, les frais d'établissement font l'objet d'une rubrique particulière, les concessions, brevets, licences, marques, droits et valeurs similaires, créés par l'entreprise ainsi que les frais de recherche peuvent être portés à l'actif du bilan. Aux Pays-Bas, la rubrique frais d'établissement (appelée frais de constitution et d'émission de parts) est intégrée dans celle des immobilisations incorporelles. Les immobilisations incorporelles produites peuvent être également portées à l'actif du bilan. En Italie, la rubrique frais d'établissement (appelée frais d'installation et d'extension) est aussi intégrée à celle des immobilisations incorporelles. Les immobilisations incorporelles produites (excepté les marques, semble-t-il) peuvent être portées à l'actif.

En Belgique, en Espagne, aux Pays-Bas, les frais de recherche et de développement peuvent être portés à l'actif dans une ligne spécifique, comme le prévoit la directive européenne. Pour ce qui concerne l'Italie, les frais de recherche et de développement peuvent être portés à l'actif dans le compte « Frais d'installation et d'extension ».

► *Le traitement des immobilisations incorporelles aux États-Unis*

Aux États-Unis, l'APB n° 17 reprend dans sa classification des immobilisations incorporelles des éléments tels que les brevets, licences, franchises, marques et autres droits similaires qui peuvent être identifiés de manière suffisamment précise. Ces éléments sont comptabilisés pour leur valeur historique. La valeur de ces actifs doit faire l'objet d'un amortissement qui est fonction, bien entendu, de la durée de ces actifs mais qui ne peut en aucun cas, excéder 40 ans ou la durée de protection légale. Peuvent être également inscrits en immobilisations incorporelles les frais de constitution (*organization cost*) et les écarts d'acquisition (*goodwill*). La notion américaine de frais d'établissement est plus restrictive que celle de la France, les frais de premier établissement étant portés en charges.

Les frais de recherche et de développement doivent être comptabilisés en charges et ne peuvent être immobilisés (FAS 2). Les frais de production et logiciel informatique destinés à être vendus sont à passer en charge tant que la faisabilité technique n'a pas été établie et sont à immobiliser ensuite et sont amortis une fois que le produit est prêt à la vente selon des annuités représentées par le montant le plus élevé entre, d'une part, le ratio revenus annuels/revenus totaux, et d'autre part, l'annuité linéaire sur la durée de vie résiduelle (FAS 16).

Le goodwill est enregistré comme tel en immobilisations incorporelles lorsque la totalité d'une entreprise est achetée. Il est déterminé en faisant la différence entre le prix d'acquisition de l'entreprise et la juste valeur marchande de son actif net. Il est amorti sur la période pendant laquelle l'entreprise tirera des gains de ses immobilisations incorporelles. La durée maximale d'amortissement est de 40 ans. L'amortissement du goodwill n'est pas déductible pour le calcul de l'impôt.

2. LE TRAITEMENT DES IMMOBILISATIONS CORPORELLES

Les immobilisations corporelles représentent l'une des rubriques les plus importantes de l'actif d'une entreprise. Elles concernent la majeure partie des investissements productifs de l'entité.

2.1. Le traitement des immobilisations corporelles selon les normes de l'IASC

Le traitement des immobilisations incorporelles a fait l'objet de la norme internationale 16 approuvée en octobre 1981 et applicable à partir du 1er janvier 1983. Suite au projet ED 32 relatif à la réduction des options, un projet ED 43 a vu le jour en mai 1992 et a conduit à une refonte de la norme IAS 16 approuvée en novembre 1993. Après avoir donné un certain nombre de définitions, cette norme traite des règles de comptabilisation à pratiquer.

▶ *Définitions*

Les immobilisations corporelles sont des éléments d'actif :

- qui sont détenus par une entreprise soit pour être utilisés dans la production de biens ou la prestation de services, soit pour être loués à des tiers, soit à des fins administratives ;
- qui sont appelés à être utilisés durant plus d'un exercice.

• Le coût de l'immobilisation est le montant payé ou l'équivalent ou la valeur vénale estimée pour acquérir une immobilisation au moment de son acquisition ou de sa fabrication.

• La valeur résiduelle est le montant net que l'entreprise peut espérer obtenir d'une immobilisation en fin de période d'utilisation, après déduction des frais estimés de revente.

• La valeur vénale est le prix auquel un bien pourrait être échangé entre un acheteur et un vendeur normalement informés et consentants, dans une transaction équilibrée.

• La valeur nette comptable est le montant pour lequel une immobilisation est inscrite au bilan après déduction des amortissements cumulés.

La valeur actuelle d'un bien est le montant correspondant aux sommes que l'entreprise pourra tirer d'un usage futur du bien, y compris sa valeur vénale de cession.

► *Règles de comptabilisation*

La norme IAS 16 précise que l'inscription d'une immobilisation à l'actif suppose que :

- les flux financiers futurs attendus liés à l'immobilisation seront probablement reçus ;
- le coût de l'immobilisation peut être raisonnablement évalué.

La norme indique sa préférence pour la méthode du coût historique : les réévaluations ne sont autorisées que comme méthode alternative, les plus-values étant inscrites en capitaux propres.

• *Règles fixées pour les actifs comptabilisés au coût historique*

1. Le coût d'une immobilisation corporelle comprend son prix d'achat, y compris les droits de douane et taxes non remboursables et tous les frais directs engagés pour l'amener à l'endroit où elle se trouve et la mettre en état de marche pour l'usage auquel est destiné.

2. Le coût des immobilisations produites par l'entreprise pour elle-même doit comprendre les coûts qui se rattachent directement à l'élément considéré et les coûts d'atelier pouvant être affectés à l'élément en question. Les frais de sous-activité ne doivent pas être inclus dans ce coût.

3. Quand une immobilisation corporelle est acquise par échange, pour tout ou partie, avec un autre élément d'actif, le coût de l'immobilisation doit être comptabilisé à sa valeur vénale, compte tenu de tout règlement ou

encaissement supplémentaire ou autre contrepartie. À cette fin, la valeur vénale peut être déterminée par référence soit à l'actif donné en échange, soit à l'actif requis, suivant celle des deux valeurs qui paraît la plus sûre. Les immobilisations corporelles acquises en échange d'actions ou d'autres valeurs mobilières de l'entreprise doivent être enregistrées à leur valeur vénale ou à la valeur vénale des titres émis, suivant celle de ces deux valeurs qui paraît la plus sûre.

4. Les frais postérieurs à la mise en service se rapportant à une immobilisation corporelle ne doivent être inclus dans la valeur comptable de celle-ci que s'ils améliorent sa capacité bénéficiaire par rapport à la capacité bénéficiaire normale déterminée antérieurement.

5. Si une altération permanente d'une immobilisation corporelle ou d'un groupe d'immobilisations corporelles provoque une baisse de la valeur actuelle en dessous de la valeur nette comptable, cette dernière doit être ramenée à la première, la différence étant imputée immédiatement aux résultats. Toute immobilisation retirée du service actif et restant détenue en vue d'une cession ultérieure doit être traitée de la même façon et classée séparément dans les états financiers.

6. Les immobilisations corporelles doivent être éliminées des états financiers lors de leur cession ou quand aucun bénéfice futur n'est attendu de leur usage ou de leur cession.

7. Les plus ou moins values provenant de la mise au rebut ou de la cession d'une immobilisation doivent figurer au compte de résultats.

Il est à noter que la définition de l'IAS 16 stipule également que les biens détenus en location (voir dans ce chapitre paragraphe 7) peuvent être également traités comme des immobilisations corporelles sous certaines conditions.

• *Règles fixées pour des actifs comptabilisés à des montants réévalués*

Ces règles précisent qu'une immobilisation corporelle n'est réévaluée dans les états financiers que si la totalité de sa catégorie est réévaluée ou si la sélection des actifs à réévaluer est faite selon une méthode rationnelle. La contrepartie de l'augmentation de la valeur nette comptable provenant de la réévaluation des immobilisations corporelles doit être portée en capitaux propres sous le libellé « écart de réévaluation ».

Dans l'hypothèse de l'application de cette méthode, les valeurs réévaluées devront être revues régulièrement, afin d'être toujours plus proches de la juste valeur des immobilisations à la clôture de l'exercice.

2.2. Le traitement des immobilisations corporelles dans la quatrième directive européenne

La quatrième directive européenne a créé à l'actif du bilan une rubrique « Immobilisations corporelles » comprenant les postes suivants :
- terrains et constructions ;
- installations techniques et machines ;
- autres installations, outillage et mobilier ;
- acomptes versés et immobilisations corporelles.

Ces éléments doivent (article 35) être évalués au prix d'acquisition ou au coût de revient.

Le prix d'acquisition s'obtient en ajoutant les frais accessoires au prix d'achat. Le coût de revient s'obtient en ajoutant aux prix d'acquisition des matières premières et consommables les coûts directement imputables au produit considéré. Une fraction raisonnable des coûts qui ne sont qu'indirectement imputables au produit considéré peut être ajoutée au coût de revient dans la mesure où ces coûts concernent la période de fabrication. L'inclusion dans le coût de revient des intérêts sur les capitaux empruntés pour financer la fabrication d'immobilisations est permise dans la mesure où ces intérêts concernent la période de fabrication. Dans ce cas, leur inscription à l'actif doit être signalée dans l'annexe.

Le prix d'acquisition ou le coût de revient des éléments de l'actif immobilisé, dont l'utilisation est limitée dans le temps, doit être diminué des corrections de valeur calculées de manière à amortir systématiquement la valeur de ces éléments pendant leur durée d'utilisation. L'article 33 de la directive permet :
- la réévaluation des immobilisations corporelles (ainsi que des immobilisations financières) ;
- l'évaluation sur la valeur de remplacement pour ces mêmes immobilisations (ainsi que pour les stocks) ;
- l'évaluation sur des méthodes destinées à tenir compte de l'inflation.

2.3. Le traitement des immobilisations corporelles dans un certain nombre de pays

► *Le traitement des immobilisations corporelles en France*

Les immobilisations corporelles peuvent faire l'objet d'une réévaluation (article 12 du Code de commerce). Cette réévaluation, comme celle des immobilisations financières, également autorisée, peut être totalement libre (dans ce cas, les plus-values dégagées sont imposées) ou être programmée par une loi (dans ce cas, les plus-values dégagées sont exonérées d'impôt : la dernière réévaluation légale date de la période 1976-1980). Les intérêts des capitaux empruntés pour financer une immobilisation peuvent être inclus dans le coût de production lorsqu'ils concernent la période de fabrication (article 7 du décret du 29 novembre 1983)[1].

▶ *Le traitement des immobilisations amortissables en Allemagne*

En Allemagne, les principes fondamentaux retenus sont, pour les immobilisations corporelles : le principe de prudence, le principe d'évaluation bien par bien et le principe de constance dans l'évaluation. La réévaluation des bilans n'est pas autorisée ni sur le plan commercial ni sur le plan fiscal.

Sur ces bases générales, les concepts de coût d'acquisition et de coût de production se définissent de la manière suivante. Ces coûts comprennent toutes les dépenses nécessaires pour obtenir un produit prêt à être vendu ou à être utilisé, en dehors des coûts financiers, administratifs, de distribution et de charges supplétives. Dans tous les cas, les coûts de production marquent la limite supérieure de toute évaluation.

▶ *Le traitement des immobilisations corporelles en Grande-Bretagne*

Le projet ED 51 (*Accounting for fixed assets and reevaluation*) définit ces immobilisations comme étant des actifs :

- détenus par l'entreprise et utilisés pour la production de biens et de services, la location à des tiers ou les besoins administratifs ;
- acquis ou produits avec l'intention d'une utilisation durable ;
- non destinés à la vente dans le cadre des activités ordinaires de l'entreprise.

La Grande-Bretagne est, avec la France et l'Irlande, l'un des trois pays de la Communauté qui pratique le plus souvent la réévaluation des immobilisations corporelles[2].

---

1. Mais cette solution n'est pas admise en France sur le plan fiscal.
2. FEE, *European survey of published accounts 1991*, Fédération des experts-comptables européens, Londres, Routlege, 1992, page 85.

► *Le traitement des immobilisations corporelles dans d'autres pays de la Communauté européenne*

La réévaluation des immobilisations corporelles est moyennement pratiquée en Belgique et aux Pays-Bas. Elle l'est beaucoup plus en Italie et en Espagne.

► *Le traitement des immobilisations corporelles aux États-Unis*

Les immobilisations corporelles sont évaluées à leur coût historique et ne peuvent être réévaluées. Elles sont comptabilisées à leur coût de revient qui comprend notamment :

- le prix d'achat ou le coût de production ;
- les frais accessoires de préparation à la mise en service de l'immobilisation ;
- éventuellement, les intérêts payés pendant la période où l'immobilisation n'est pas encore en activité, même dans le cadre d'une acquisition (FAS 34).

Une norme particulière (APB 29) régit les transactions non monétaires, c'est-à-dire celles qui ne mettent pas en jeu des paiements en espèces. Selon cette norme, une immobilisation acquise par voie d'échange sera évaluée à sa valeur vénale (réalisable) ou à la valeur du bien initial échangé si cette valeur vénale est difficile à déterminer.

3. LE TRAITEMENT DES AMORTISSEMENTS

Les immobilisations amortissables représentent une part importante de l'actif de la majorité des entreprises. L'amortissement peut donc avoir un impact considérable sur la détermination et la présentation financière et des résultats des entreprises.

3.1. Le traitement des amortissements selon les normes de l'IASC

L'IASC a adopté en juillet 1976 la norme IAS 4 qui porte sur la comptabilisation des amortissements. Cette norme s'est vue complétée par la norme IAS 16 (analysée ci-dessus paragraphe 2.1) qui a reformulé un certain nombre de définitions et précisé un certain nombre de méthodes. Elles s'appliquent à toutes les immobilisations amortissables à l'exception :

- des forêts et autres ressources se régénérant naturellement ;
- des dépenses de prospection et d'extraction des minerais, du pétrole, du gaz naturel et autres ressources ne se régénérant pas naturellement ;
- des dépenses de recherche et de développement ;
- des goodwills, fonds de commerce et survaleurs.

Les normes IAS 4 et IAS 16 ont d'abord défini les notions d'amortissement, d'immobilisations amortissables, de durée d'utilisation et de montant amortissable.

L'amortissement est la répartition systématique du montant dépréciable d'une immobilisation sur sa durée d'utilisation estimée. Les immobilisations amortissables sont les immobilisations :

- dont la durée d'utilisation escomptée est supérieure à un exercice ;
- qui ont une durée d'utilisation limitée ;
- qui sont détenues par une entreprise, soit pour être utilisées à la production ou à la fourniture de biens et services, soit pour être louées à des tiers, soit à des fins administratives.

La durée d'utilisation est :

- soit la période de temps pendant laquelle l'entreprise compte utiliser une immobilisation amortissable ;
- soit le nombre d'unités de production (ou l'équivalent) que l'entreprise compte obtenir pour la mise en œuvre de l'immobilisation.

Le montant amortissable est le coût d'une immobilisation, ou tout autre montant qui lui a été substitué dans les états financiers, diminué de la valeur résiduelle estimée.

La norme IAS 4 note en particulier que la durée d'utilisation est généralement fournie par des types d'immobilisations comparables. La durée d'utilisation peut être plus courte que la durée physique de cette immobilisation. Aussi, en plus de l'usure physique, l'obsolescence et les limites juridiques doivent être prises en compte. Quant à la valeur résiduelle, elle est souvent négligée car d'un faible montant.

La norme IAS 4 précise que le montant amortissable d'une immobilisation doit être réparti de façon systématique sur chaque exercice durant la durée d'utilisation du bien. La méthode d'amortissement doit être appliquée de façon constante d'un exercice à l'autre en fonction de l'usure physique prévisible, de l'obsolescence et des limites juridiques. Les bases d'évaluation doivent être mentionnées avec les informations principales données pour chaque catégorie d'immobilisations amortissables (méthodes d'amortissement, durée d'utilisation, dotation totale de l'exercice, valeur brute des immobilisations amortissables et amortissements cumulés).

La norme IAS 16 précise que l'amortissement peut être linéaire ou dégressif et qu'en cas de réévaluation, il doit porter sur la valeur réévaluée, portant ainsi la réévaluation en résultat.

3.2. Le traitement des amortissements dans la quatrième directive européenne

Le champ de la quatrième directive est plus étendu que celui de l'IAS 4 en matière de comptabilisation des amortissements. La quatrième directive parle de « correction de valeur » ce qui correspond à la fois aux amortissements et aux provisions. Dans la section 4 de la directive, il est spécifié que les mouvements des divers postes de l'actif immobilisé doivent être indiqués dans le bilan ou dans l'annexe. À cet effet, il est précisé qu'il y a lieu de faire apparaître les corrections de valeur cumulées à la date de clôture du bilan et les rectifications effectuées pendant les exercices antérieurs. Les corrections de valeur sont indiquées soit dans le bilan, en les déduisant de façon distincte du poste concerné, soit dans l'annexe.

Il est également fait référence de manière plus précise aux amortissements dans la section 7 de la directive concernant les règles d'évaluation. L'article 31 précise qu'il doit être tenu compte des dépréciations, que l'exercice se solde par une perte ou un bénéfice. L'article 35 nous révèle que le prix d'acquisition ou le coût de revient des éléments de l'actif immobilisé dont l'utilisation est limitée dans le temps doit être diminué des corrections de valeur calculées de manière à amortir systématiquement la valeur de ces éléments pendant leur durée d'utilisation. De plus l'article 34 stipule que dans le cas où la législation nationale autorise l'inscription à l'actif des frais d'établissement, ceux-ci devront être amortis dans un délai maximum de 5 ans. L'article 37 traitant des frais de recherche et de développement et du fonds de commerce renvoie à l'article 34 pour ce qui concerne l'amortissement de ces éléments.

3.3. Le traitement des amortissements dans un certain nombre de pays

► *Le traitement des amortissements en France*

En France, le comptabilisation des amortissements est obligatoire même en cas d'absence ou d'insuffisance de bénéfices (article 12 du Code de commerce – article 340 de la loi du 24 juillet 1966 sur les sociétés commerciales). Sur le plan fiscal, l'amortissement, pour être déductible, doit être comptabilisé (article 39 B du Code général des impôts). Aussi, la différence entre l'amortissement fiscal et l'amortissement pour dépréciation est comptabilisée en amortissements dérogatoires, lesquels sont portés au passif dans une rubrique « Provisions réglementées » incluse dans les capitaux propres et dans le compte de résultats en charges exceptionnelles (ou en produits exceptionnels lors de la reprise).

Excepté quelques cas exceptionnels (comme celui de l'amortissement des logiciels achetés sur douze mois), l'amortissement fiscal pratiqué est calculé soit linéairement, soit dégressivement (pour certains biens désignés par la législation fiscale) sur la durée d'utilisation. Cette durée normale d'utilisation est fixée par les usages.

L'article 8 du décret du 29 novembre 1983 oblige enfin les entreprises à établir un plan d'amortissement lors de l'entrée de l'immobilisation dans le patrimoine de l'entreprise.

► *Le traitement des amortissements en Allemagne*

Le choix du plan d'amortissement est soumis aux principes généraux du Code de commerce allemand (article 243 HGB). En fait, dans la pratique, les entreprises se réfèrent à des tableaux, établis par l'administration fiscale qui donnent les durées d'utilisation habituellement pratiquées par les entreprises.

Le plan d'amortissement commence en principe à la date de livraison ou de mise en service de l'immobilisation, en cas d'acquisition, ou à la date d'achèvement ou de mise en service en cas de production par l'entreprise. Cependant, par souci de simplification, la loi fiscale autorise l'amortissement des biens mobiliers, acquis ou créés, à partir du début de l'année si les biens ont été acquis ou créés au cours du premier semestre, ou à partir du début du second semestre, si les biens ont été acquis ou créés au cours du second semestre. Les méthodes les plus couramment utilisées sont l'amortissement linéaire, l'amortissement dégressif, la combinaison de ces deux modes et l'amortissement en fonction de l'utilisation réelle du bien.

Des amortissements exceptionnels accordés à titre d'avantages fiscaux pour des raisons de politique économique peuvent s'ajouter aux amortissements normaux. Les amortissements fiscaux peuvent être inscrits au passif du bilan dans la rubrique « Postes particuliers à caractère de réserve » pour le montant qui dépasse la dépréciation économique.

► *Le traitement des amortissements en Grande-Bretagne*

En Grande-Bretagne, le traitement des amortissements est réglementé par la norme SSAP 12 (*Accounting for depreciation*) qui définit l'amortissement comme la mesure de la diminution de la durée de vie utile d'un actif immobilisé résultant de l'usage, du temps et de l'obsolescence. Ni le *Companies Act* ni le SSAP 12 ne préconisent de méthodes particulières d'amortissement. Il appartient aux entreprises de retenir la méthode qui leur semble la plus appropriée. Les méthodes les plus appliquées sont les méthodes suivantes :

- méthode linéaire (*straight line method*) ;
- méthode dégressive à taux fixe (*reducting balance method*) ;
- méthode dégressive par les nombres (*sum of digits method*) ;
- méthode de l'unité de production (*unit of production method*).

Il existe en Grande-Bretagne une totale déconnexion entre les amortissements fiscaux et les amortissements comptables[1]. La base imposable est obtenue en réintégrant la totalité des amortissements comptables et en déduisant, extra-comptablement, les déductions fiscales pour amortissements déterminées sur la base des taux et méthodes de calcul prévus par la loi fiscale. Ce dispositif permet d'éviter la comptabilisation d'amortissements dérogatoires.

► *Le traitement des amortissements dans d'autres pays de la Communauté européenne*

En Espagne, les amortissements sont normalement calculés par la méthode linéaire sur les durées de vies des actifs. Depuis que l'administration fiscale a stipulé des taux maximaux d'amortissement et des durées de vie « généreuses » des actifs, cela a un impact conséquent sur le montant de l'amortissement constitué.

---

1. Voir Peter Walton, « Liens entre la comptabilité financière et la fiscalité au Royaume Uni », *Revue française de comptabilité*, juin 1992.

En Italie, l'amortissement est constaté conformément aux règles de l'administration fiscale (l'amortissement non comptabilisé n'est pas déductible), à des taux se référant à l'industrie et au type de l'actif. La méthode de base applicable est l'amortissement linéaire. Cependant en cas d'utilisation intensive d'un bien, un amortissement spécifique, appelé amortissement intensif peut être constaté. Un amortissement accéléré peut aussi être constaté la première année. Ce type d'amortissement a un caractère dérogatoire et doit être comptabilisé dans un compte de réserves.

▶ *Le traitement des amortissements aux États-Unis*

Une enquête effectuée auprès des grosses sociétés américaines a fait ressortir un nombre important de méthodes d'amortissements :

- l'amortissement linéaire ;
- l'amortissement dégressif à taux fixe ;
- l'amortissement accéléré à doublement du taux d'amortissement correspondant ;
- l'amortissement dégressif à taux décroissant appliqué à une valeur constante (*sum of the years digits ou SOFTY system*) ;
- l'amortissement fonction de la production réalisée ;
- l'amortissement fonction du nombre d'heures d'utilisation ;
- l'amortissement progressif – méthode du fonds d'amortissement (*sinking fund method*).

La méthode la plus utilisée est celle de l'amortissement linéaire. Contrairement à ce qui se passe en France, les entreprises américaines ne comptabilisent pas leurs amortissements en fonction de règles fiscales. Il en résulte souvent des différences entre amortissements comptables et amortissements fiscaux qui donnent lieu à des impôts différés.

Si l'on considère un coût d'acquisition d'une immobilisation de 10 000 $, une valeur résiduelle de 400 $, une durée de vie en années de 3 ans et un taux d'actualisation de 12 %, les tableaux d'amortissements dégressifs à taux fixe, accéléré à doublement de taux, dégressif à taux décroissant appliqué à une valeur constante et progressif selon la méthode du fonds d'amortissement se présenteraient ainsi.

Amortissement dégressif à taux fixe

Taux d'amortissement :

$$1 - \sqrt[3]{\frac{400}{10000}} = 1 - \sqrt[3]{\frac{\text{Valeur résiduelle}}{\text{Coût d'acquisition}}} = 0{,}658$$

Tableau d'amortissement

Années	*Bases de calcul*	*Amortissement*	*Valeur résiduelle*
1	10 000	6 580	3 420
2	3 420	2 250	1 170
3	1 170	770	400

Amortissement accéléré à doublement de taux

Taux d'amortissement : 33 1/3 % x 2 = 66 2/3 %

Tableau d'amortissement

Années	*Bases de calcul*	*Amortissement*	*Valeur résiduelle*
1	10 000	6 667	3 333
2	3 333	2 222	1 111
3		711	400

Amortissement dégressif à taux décroissant appliqué à une valeur constante (méthode Softy)

L'objectif de la méthode est de déterminer une fraction significative par année. Le dénominateur est égal au total des chiffres représentant chacune des années (ici 1 + 2 + 3 = 6).

Le numérateur est le chiffre de chaque année pris en ordre inverse : 3, 2, 1.

Les fractions sont donc :
- première année : 3/6
- deuxième année : 2/6
- troisième année : 1/6

Tableau d'amortissement

Années	*Bases de calcul*	*Amortissement*	*Valeur résiduelle*
1	3/6	4 800	5 200
2	2/6	3 200	2 000
3	1/6	1 600	400

Amortissement déterminé selon la méthode du fonds d'amortissement

La première annuité d'amortissement se calcule comme suit :

Annuité = (Coût d'acquisition – Valeur résiduelle) / (Coefficient de capitalisation de n annuités au taux i)

$$\text{Annuité} = \frac{10\,000 - 400}{1{,}12^3 - 1/0{,}12} = 2\,844{,}95$$

Tableau d'amortissement

Années	*Bases de calcul*	*Intérêt*	*Amortissement*	*Valeur résiduelle*
1	10 000,00	1 200,00	2 844,95	7 155,05
2	7 155,05	858,60	3 186,35	3 968,70
3	3 968,70	476,25	3 568,70	400,00

Chaque année l'annuité totale est de 4 044,95.

L'US Treasury Departement en créant en 1986 le MACRS (*Modified accelered cost recovery system*) a classé les actifs dépréciables en 8 classes selon leur durée d'amortissement : de 3 à 31,5 ans et permis l'utilisation de l'amortissement accéléré à doublement de taux (pour les durées de 3 à 10 ans) d'un amortissement accéléré à taux multiplié par 1,5 (pour les durées de 15 à 20 ans), l'amortissement strictement linéaire restant obligatoire pour les immeubles amortis en 27 ans 1/2 ou 31 ans 1/2.

4. LE TRAITEMENT DES IMMOBILISATIONS FINANCIÈRES

Les immobilisations financières se composent essentiellement de titres de participation. Avec le développement de la mondialisation des affaires, nous avons vu apparaître un accroissement de relations entre sociétés mères et filiales, amenant une importance de plus en plus grande de cette rubrique.

4.1. Le traitement des immobilisations financières selon les normes de l'IASC

Il n'existe pas de normes spécifiques IASC concernant les immobilisations financières. Trois normes cependant fournissent des informations relatives aux immobilisations financières :

- la norme 25 relative à la comptabilisation des placements ;
- la norme 27 relative aux états financiers consolidés et à la comptabilisation des participations dans les sociétés contrôlées ;
- la norme 28 relative à la comptabilisation des participations dans les sociétés apparentées.

Les normes 27 et 28 traitent essentiellement des problèmes de consolidation. Nous les analyserons en particulier dans le chapitre 5 consacré à la consolidation.

La norme 27 traite aussi du cas de la comptabilisation dans les comptes non consolidés de la société mère des participations qu'elle détient dans ses filiales. La société mère a le choix de les comptabiliser :

- ou selon la méthode de la mise en équivalence, selon les règles de la norme 28 ;
- ou selon les règles de la norme 25 au coût d'acquisition ou à un coût réévalué comme placement à long terme.

Toutefois, pour les filiales qui ne sont pas consolidées, leur comptabilisation dans les comptes sociaux de la société mère doit être faite comme pour les placements et non par la mise en équivalence. Nous verrons plus en détail dans le sixième paragraphe de ce chapitre, consacré aux placements, les méthodes à utiliser préconisées par la norme 25.

La norme 28 précise la manière d'évaluer les titres selon la méthode de mise en équivalence. Selon cette méthode, la participation est d'abord enregistrée au coût de revient et ce montant est ensuite augmenté ou diminué pour prendre en compte la part de l'investisseur dans les bénéfices ou les pertes de l'entreprise détenue, après la date d'acquisition. Les distributions reçues de l'entreprise réduisent le montant de la participation.

Les normes 27 et 28 définissent également les notions d'entreprise filiale et d'entreprise associée dans le cadre de la participation.

4.2. Le traitement des immobilisations financières dans la quatrième directive européenne

La quatrième directive traite, en ce qui concerne les immobilisations financières, de la structure du bilan, de la définition de la participation, de l'évaluation et du contenu de l'annexe.

• *La structure du bilan (articles 9 et 10).* Elle comprend, en ce qui concerne les immobilisations financières, les rubriques suivantes :

1. Parts dans les entreprises liées
2. Créances sur des entreprises liées
3. Participations
4. Créances sur des entreprises avec laquelle la société a un lien de participation
5. Titres ayant le caractère d'immobilisation
6. Actions propres ou parts propres dans la mesure où la législation nationale autorise leur inscription au bilan.

• *Définition de la participation (article 17).* Au sens de la directive, on entend par participation des droits dans le capital d'autres entreprises, matérialisées ou non par des titres, qui, en créant un lien durable avec celle-ci, sont destinées à contribuer à l'activité de la société. La détention du capital d'une autre société est présumée être une participation lorsqu'elle excède un pourcentage fixé par les États membres à un niveau qui ne peut excéder 20 %.

• *Évaluation.* L'évaluation des postes figurant dans les comptes annuels se fait selon les dispositions des articles 34 à 42, fondées sur le principe du coût d'acquisition ou du coût de revient. Par dérogation cependant, les États membres peuvent autoriser ou imposer la réévaluation des immobilisations financières. Le coût d'acquisition s'obtient en ajoutant les frais accessoires au prix d'achat.

• *Contenu de l'annexe (article 43).* Dans l'annexe des comptes annuels doivent figurer le nom et le siège des entreprises dans laquelle la société détient, soit elle-même, soit par une personne agissant en son nom, mais pour le compte de cette société, au moins un pourcentage de capital que les États membres ne peuvent pas fixer à plus de 20 %, avec indication de la fraction du capital détenu ainsi que le montant des capitaux propres et celui du résultat du dernier exercice de l'entreprise concernée pour lequel des comptes ont été arrêtés. Ces informations peuvent être omises lorsqu'elles ne sont que d'un intérêt négligeable. L'indication des capitaux propres et du résultat peut également être omise lorsque l'entreprise concernée ne publie pas son bilan et si elle est détenue à moins de 50 %, directement ou indirectement, par la société.

4.3. Le traitement des immobilisations financières dans un certain nombre de pays

► *Le traitement des immobilisations financières en France*

Les définitions et les modes d'évaluation sont donnés par le plan comptable général. Le contenu de l'annexe est précisé par le décret du 29 novembre 1983 et le plan comptable général. En ce qui concerne les participations, la France applique un taux minimal de 10 % alors que la quatrième directive fixe ce taux à 20 %. Quant au prix d'acquisition, la France déroge par rapport à la directive, les frais accessoires étant comptabilisés en charges et n'étant pas incorporés à la valeur d'entrée.

Enfin, l'article 340-4 de la loi du 24 juillet 1966 sur les sociétés commerciales permet aux sociétés qui établissent des comptes consolidés d'inscrire les titres des sociétés qu'elles contrôlent de manière exclusive à l'actif du bilan en fonction de la quote-part des capitaux propres (méthode dite d'évaluation par équivalence) déterminée d'après les règles de consolidation que ces titres représentent.

► *Le traitement des immobilisations financières en Allemagne*

En Allemagne, le principe d'évaluation au coût d'acquisition interdit la mise en œuvre d'une évaluation selon la méthode de la mise en équivalence. La structure concentrée du capital des entreprises allemandes a entraîné une présomption de participation du seuil de 20 % plus élevé que le seuil français de 10 %.

► *Le traitement des immobilisations financières en Grande-Bretagne*

Les participations dans les sociétés détenues à 50 % au moins peuvent être mises en équivalence (*equity basis*) ainsi que les participations inférieures qui donnent une influence significative dans la gestion. Si une société détient plus de 10 % du capital émis ou plus de 10 % des actifs nets d'une autre société, le nom de cette dernière doit être indiqué dans les comptes ainsi que le nombre d'actions détenues.

► *Le traitement des immobilisations financières dans d'autres pays de la Communauté européenne*

En Belgique, les frais accessoires relatifs à l'acquisition d'immobilisations financières peuvent être pris en charge par le compte de résultats de l'exercice au cours duquel ils ont été exposés. En Espagne, les dividendes acquis doivent être déduits du coût d'acquisition des valeurs négociables. Aux Pays-Bas, les immobilisations financières peuvent être évaluées à leur valeur actuelle. Par ailleurs, toutes les participations dans laquelle la personne concernée exerce une influence notable (qui est présumée lorsqu'elle détient directement ou indirectement au moins 20 % des droits de vote), doivent être évaluées à leur valeur comptable nette.

▶ *Le traitement des immobilisations financières aux États-Unis*

La pratique comptable américaine exige que les états financiers soient présentés aux tiers sous forme d'états consolidés, les comptes sociaux des entités consolidées ne présentant qu'un intérêt mineur. Aussi, à la distinction titres de participation/titres de placement est substituée la distinction : titres de sociétés consolidables/titres de sociétés non consolidables, la première catégorie citée se décomposant elle-même en titres de sociétés intégrées globalement/titres des sociétés mises en équivalence.

Normalement, dans un bilan américain ne doivent pas figurer de titres dont l'entreprise possède plus de 50 % des droits de vote, puisque les sociétés filiales doivent être consolidées par intégration globale. Quant aux autres immobilisations financières, elles peuvent être classées en trois catégories[1].

1. Immobilisations se rapportant à des titres autres que des valeurs mobilières pour lesquels on détient moins de 20 % des droits de vote .
2. Immobilisations se rapportant à des valeurs mobilières pour lesquels on détient moins de 20 % des droits de vote .
3. Immobilisations se rapportant à des titres dont on possède plus de 20 % des droits de vote.

La première catégorie est évaluée au coût d'acquisition : elle peut être dépréciée éventuellement s'il y a lieu. La deuxième catégorie est évaluée au plus bas du prix de revient ou de la valeur de marché, ces deux valeurs étant calculées globalement et non titre par titre (FAS 12). La troisième catégorie est mise en équivalence en application de la norme APB 18.

1. *Dossiers internationaux États-Unis*, Francis Lefebvre, 1990, page 255.

5. LE TRAITEMENT DES STOCKS

L'évaluation, la comptabilisation des stocks ont fait l'objet de nombreuses analyses, parfois divergentes, entre professionnels nationaux de la comptabilité, entrepreneurs, commissions nationales ou internationales. L'IASC, dès sa création, s'est attaché au problème en établissant la norme internationale IAS 2 relative à l'évaluation et la présentation des stocks dans le contexte du coût historique (applicable dès janvier 1976). La directive européenne du 25 juillet 1978 s'est intéressée également aux règles d'évaluation des stocks et à leur présentation dans les états financiers.

5.1. Le traitement des stocks selon les normes de l'IASC

La norme IAS 2 est la première norme « technique » publiée par l'IASC. En effet, la norme n° 1 était une norme plus générale portant sur la publicité des méthodes comptables. La norme IAS 2 a été révisée en 1993 dans le cadre de la réduction des options. Après avoir défini un certain nombre de termes, elle précise le traitement des différents frais compris dans le coût, s'intéresse ensuite aux formules de calcul de coût puis à la présentation des informations relatives aux stocks dans les états financiers.

► *Définitions*

Pour l'IASC, les stocks sont des actifs corporels :

- détenus pour être vendus dans le cours normal de l'exploitation ;
- en cours de production pour telle vente ; ou
- sous forme de matières premières ou d'autres approvisionnements, destinés à être utilisés dans la production de biens ou services devant être vendus.

• *Le coût* des stocks est égal au total des coûts d'achat, des coûts de transformation et des autres coûts encourus pour amener les stocks à l'endroit et dans l'état où ils se trouvent.

• *Les coûts d'achat* comprennent : le prix d'achat, les droits d'importation et autres taxes d'achat, les coûts de transport et de manutention et tous autres coûts d'acquisition directement imputables, moins les escomptes, rabais et subventions.

• *Les coûts de transformation* sont les coûts supplémentaires aux coûts d'achat, qui sont engagés et amenant les stocks à l'endroit et dans l'état où ils se trouvent.

• *La valeur réalisable nette* est égale au prix de vente estimé dans le cycle normal de l'exploitation diminué des coûts d'achèvement et des coûts nécessaires encourus pour réaliser la vente.

Selon l'IASC, la valeur réalisable nette s'entend article par article ou catégorie par catégorie d'articles.

► *Traitement des différents frais pris en compte dans le coût des stocks*

Les frais généraux de production de l'entreprise doivent être analysés pour déterminer la part qui peut être considérée comme ayant contribué à amener les stocks à l'endroit et en l'état où ils se trouvent et devant être ainsi inclus dans le coût de transformation lorsque l'on détermine le coût des stocks. Ils comprennent les coûts de production autres que les coûts directs (de matières premières et de main-d'œuvre), c'est-à-dire les fournitures, la main-d'œuvre indirecte, les amortissements, les coûts d'entretien des bâtiments industriels et des équipements, les frais de gestion et d'administration de la production.

Notons qu'en cas de production réduite ou d'inactivité partielle de l'entreprise, l'IASC considère qu'il faut limiter l'imputation des frais généraux de production aux coûts de transformation en les reliant à la capacité de production utilisée. Par ailleurs, les montants exceptionnels de matières premières gaspillées n'amenant pas les stocks à l'endroit où ils se trouvent doivent être exclus des coûts de transformation.

Concernant les autres frais généraux, notamment les dépenses faites pour l'étude de produits pour une clientèle spécifique, ceux-ci peuvent être intégrés dans le calcul du coût de transformation dès lors qu'ils contribuent à amener les stocks en l'état où ils se trouvent. À l'opposé, les frais de vente, administratifs, de recherche et développement ne sont pas intégrés aux coûts puisqu'ils ne contribuent pas à amener les stocks à l'endroit et dans l'état où ils se trouvent.

► *Les formules de calcul de coûts*

L'IASC, dans sa formulation de 1976, répertoriait les méthodes existantes comme suit.

1. Premier entré-premier sorti (FIFO).
2. Coût moyen pondéré (CMP).
3. Dernier entré-dernier sorti (LIFO).
4. Stock outil.
5. Identification des lots.

6. Prochain entré-premier sorti (NIFO).
7. Dernier prix d'achat.

Les 5 premières méthodes étant fondées sur un coût historique étaient donc, selon l'IASC, utilisables. L'identification des lots, méthode qui impute des coûts spécifiques à des éléments identifiés des stocks était « acceptable » dès lors qu'elle était utilisée pour des biens achetés ou manufacturés destinés à un même projet particulier. Les formules 6 et 7 n'étant pas fondées sur un coût historique n'étaient pas « admises ».

Il est à remarquer que la norme 2 s'était attachée uniquement à l'évaluation au coût historique, laissant à d'autres normes (en particulier la norme 6 remplacée par la norme 15 sur l'information reflétant les effets des variations de prix) le soin d'analyser d'autres types d'évaluation (coût actuel, coût de remplacement).

La norme révisée précise maintenant que :
- les stocks qui ne sont pas ordinairement fongibles ou qui sont affectés à des projets spécifiques doivent être évalués selon la formule d'« identification des lots » ;
- les stocks qui sont interchangeables doivent être calculés en utilisant la formule du premier entré-premier sorti (FIFO) ou la formule du coût moyen pondéré.

Toutefois, la norme révisée admet comme méthode alternative la formule dernier entré-premier sorti (LIFO). Dans ce cas doit être indiquée dans les états financiers la différence entre le montant des stocks tel qu'il est porté au bilan et :
- soit le montant auquel on serait parvenu en évaluant les stocks conformément à la méthode FIFO, ou celle du coût moyen pondéré, ou la valeur réalisable nette si celle-ci est plus faible ;
- soit le montant auquel on serait arrivé en évaluant les stocks à la valeur la plus faible du coût d'achat à la date du bilan et la valeur réalisable nette.

Les méthodes d'évaluation des produits au coût standard ou au prix de détail pour les marchandises peuvent être pratiquées dès lors qu'elles conduisent à des résultats proches de ceux obtenus en utilisant la valeur la plus faible du coût historique et de la valeur réalisable nette.

Enfin, la valeur nette réalisable doit être comparée au coût des stocks et seule la valeur la plus faible doit être retenue.

► *La présentation dans les états financiers*

• *Présentation au bilan :* les stocks doivent être subdivisés ou mentionnés dans les notes annexes d'une manière qui indique les montants détenus dans chacune des principales catégories : matières premières, travaux en cours, produits finis, marchandises et approvisionnements.

• *Présentation dans le compte de résultats :* le montant des stocks vendus ou réalisés (à moins qu'ils n'aient été imputés à d'autres comptes d'actifs) doivent être inclus dans le compte de résultats, tout comme le montant de la réduction effectuée au cours de la période pour ramener les stocks à leur valeur réalisable nette.

• *Présentation dans l'annexe :* l'IASC considère que les méthodes d'évaluation doivent être indiquées dans l'annexe. De même, un changement de méthode comptable sur la période en cours et qui peut avoir un effet significatif sur les périodes suivantes doit également être indiqué et motivé.

5.2. Le traitement des stocks dans la quatrième directive européenne

La quatrième directive précise notamment que les éléments de stock doivent être évalués au prix d'acquisition ou au coût de revient, le coût d'acquisition s'obtenant en ajoutant au prix d'achat les frais accessoires, le coût de revient (correspondant en France au coût de production selon la définition du plan comptable général) étant obtenu en ajoutant au prix d'acquisition des matières premières et consommables, les coûts directement imputables au produit considéré. Elle précise par ailleurs qu'une fraction raisonnable des coûts qui ne sont qu'indirectement imputables au produit considéré peut être rajoutée au coût de revient dans la mesure ou ces coûts concernent la période de fabrication. La quatrième directive précise également que les méthodes d'évaluation des stocks utilisables sont celles basées :

– sur le prix moyen pondéré ;
– sur la méthode du premier entré-premier sorti (FIFO) ;
– sur la méthode du dernier entré-premier sorti (LIFO) ;
– ou sur toute méthode analogue.

D'autre part, lorsque l'évaluation effectuée suite à l'application des modes de calcul susmentionnés, diffère pour un montant important à la date de clôture du bilan d'une évaluation sur la base du dernier prix de marché connu avant la clôture du bilan, le montant de cette différence doit être globalement indiqué par catégories dans l'annexe. Enfin l'évaluation des stocks doit se faire article par article ou catégorie par catégorie d'articles.

► *Présentation dans les états financiers*

• *Présentation au bilan.* L'utilisation de l'un ou l'autre modèle de bilan, préconisée par la directive européenne, n'interfère en rien quant à la comp-

tabilisation et la présentation des stocks. La directive prévoit la séparation des stocks en quatre rubriques qui sont les suivantes :
- matières premières et consommables ;
- produits en cours de fabrication ;
- produits finis et marchandises ;
- acomptes versés.

• *Présentation au compte de résultats.* Suivant le type de compte utilisé, l'incidence des stocks sur le résultat est présenté différemment. Ainsi :
- lorsque le compte de profits et pertes est présenté par nature et en liste, on fait apparaître la variation de stock de produits finis et en cours de fabrication ;
- lorsque le compte de profits et pertes est présenté par nature et en compte, au niveau des charges apparaît la réduction de stock de produits finis et en cours et au niveau des produits l'augmentation du stocks de produits finis et en cours de fabrication ;
- pour les présentations par fonctions (en liste ou en compte), les stocks n'apparaissent évidemment pas, seul leur incidence sur le résultat intervient au niveau des différentes lignes.

• *Présentation en annexe.* La directive précise que les modes d'évaluation ainsi que les méthodes de calcul doivent figurer en annexe. Tout comme pour les autres postes, l'annexe doit être détaillée et contenir toutes les informations significatives en ce qui concerne les stocks et en cours de fabrication.

5.3. Le traitement des stocks dans un certain nombre de pays

► *Le traitement des stocks en France*

En France, la réglementation relative à l'évaluation des stocks dans les états financiers se trouve dans l'article 12 du Code de commerce, l'article 7 du décret du 29 novembre 1983 et le plan comptable général. Les stocks sont évalués au coût d'acquisition ou au coût de production. On pourra constater que seules peuvent être utilisées les méthodes du premier entré-premier sorti (FIFO) et la méthode du coût moyen pondéré calculé sur une période n'excédant pas en principe la durée moyenne de stockage.

► *Le traitement des stocks en Allemagne*

Les principes comptables allemands respectent l'évaluation des stocks dans le contexte du coût historique. Le coût de production des produits finis et travaux en cours comprend :

- le coût d'acquisition des matières premières et consommables ;
- les charges directes de production (notamment de main-d'œuvre) ;
- les frais généraux dès lors qu'ils concourent à amener les stocks en l'état et à l'endroit où ils se trouvent.

L'évaluation du coût de production pose toutefois certains problèmes du fait de divergences possibles entre les déterminations comptable et fiscale. La méthode utilisée pour déterminer la coût d'approvisionnement est habituellement la méthode du coût moyen pondéré seule autorisée sur le plan fiscal jusqu'au 31 décembre 1990. Enfin, dans le cas de constitution de stocks de matières premières dites « stratégiques », un abattement forfaitaire pouvant aller jusqu'à 20 % du coût d'achat est autorisé par la législation fiscale allemande et se trouve être comptabilisé.

► *Le traitement des stocks en Grande-Bretagne*

L'évaluation et la présentation des stocks dans les états financiers au Royaume-Uni font l'objet de la norme SSAP 9 qui concerne les stocks et travaux en cours. En Grande-Bretagne, les stocks sont évalués au coût historique diminué de tous les montants amortis pour arriver à la valeur réalisable nette (*net realizable value*) ou au prix de remplacement (*replacement price*). Ce prix de remplacement correspond au prix du marché. Les stocks sont donc évalués selon la règle « *at the lower of cost and net realizable value* ».

Pour déterminer le coût des matières premières et consommables ainsi que les marchandises destinées à être revendues, le coût moyen d'achat (*the average purchase price*) est utilisé : il comprend le prix d'achat net des marchandises ou matières premières, augmenté des frais annexes d'achat. Pour les produits finis et les travaux en cours, le coût utilisé est le coût de production (*production cost*) qui inclut une proportion appropriée des frais généraux. La définition des coûts se fait article par article ou catégorie par catégorie d'articles.

Lors de la détermination des flux, la majeure partie des entreprises britanniques choisissent la méthode FIFO ou du coût moyen pondéré. La méthode LIFO, quoique autorisée par le *Companies Act* n'est pas reprise par le SSAP 9.

► *Le traitement des stocks dans d'autres pays de la Communauté européenne*

En Belgique, en Espagne, en Italie, aux Pays-Bas, la méthode LIFO est autorisée. Peu pratiquée en Belgique, en Espagne et aux Pays-Bas, la méthode LIFO est en Italie, la méthode la plus utilisée[1] selon la formule dite du LIFO par paliers (*LIFO a scatti annuali*).

► *Le traitement des stocks aux États-Unis*

Les américains comprennent généralement 4 catégories de stock :
- les matières premières et consommables (*raw materials and supplies*) ;
- les travaux en cours (*work in progress*) ;
- les produits finis (*finished goods*) ;
- les marchandises (*merchandises).*

Les stocks sont évalués au coût de revient déterminé de manière similaire à celle pratiquée en France. Leur valorisation est déterminée par la norme ARB 43. Pour leur gestion de leurs sorties d'inventaire, les entreprises américaines ont le choix entre plusieurs méthodes. Une étude effectuée il y a quelques années aux États-Unis et portant sur les entreprises cotées faisait ressortir que :
- 36 % utilisaient la méthode FIFO ;
- 32 % utilisaient la méthode LIFO ;
- 23 % utilisaient la méthode WAP (*weighted average method*), méthode du coût moyen pondéré ;
- 9 % utilisaient d'autres méthodes.

L'explication du succès de la méthode LIFO passe par l'obligation, imposée par l'administration fiscale américaine, l'IRS (Internal Revenue Service), aux entreprises qui veulent pour leur déclaration fiscale utiliser la méthode LIFO (plus intéressante en période d'inflation, puisqu'elle réduit les stocks et donc l'impôt exigible), d'utiliser également la même méthode pour leurs états financiers.

6. LE TRAITEMENT DES PLACEMENTS

La notion de placement a été définie par la norme 25 de l'IASC (adoptée en octobre 1985), applicable au 1er janvier 1987. Un placement est un actif détenu par l'entreprise pour en tirer bénéfice grâce à la perception des revenus (tels que intérêts, redevances, dividendes et loyers) grâce à des gains en capital, ou pour d'autres profits tels que ceux obtenus au moyens de relations commerciales.

1. Selon FEE, *European Survey of Published Accounts 1991*, *op. cit.* page 167.

Stocks et immobilisations corporelles, à l'exception des placements immobiliers, ne sont pas des placements. Un placement à court terme est un placement qui, par nature, est immédiatement réalisable et que l'entreprise n'a pas l'intention de conserver plus d'un an. Un placement à long terme est un placement qui n'est pas un placement à court terme. Un placement immobilier est un placement en terrains ou en immeubles qui ne sont pas utilisés essentiellement par ou pour les opérations de l'entreprise ou d'une entreprise du même groupe.

6.1. Le traitement des placements selon la norme 25 de l'IASC

Il y a lieu de distinguer la forme des placements, la classification des placements, le coût des placements, la valorisation des placements et les modifications apportées à la norme 25 par le projet E.32.

► *Formes des placements*

Les entreprises détiennent des placements pour diverses raisons. Pour certaines, placer est un élément important de leurs activités et l'appréciation de leur performance peut en dépendre largement ou entièrement. D'autres entreprises détiennent des placements comme emplois de trésorerie. D'autres prennent des participations pour consolider une relation commerciale ou s'assurer un avantage commercial.

Certains placements sont représentés par des titres ou documents similaires : d'autres ne le sont pas. Par nature, un placement peut être une dette, autre qu'une dette commerciale à court ou long terme, représentant une somme due au porteur et portant habituellement intérêt ; il peut également représenter un droit à une partie des résultats d'une entreprise, par exemple une part de capital. La plupart des placements sont représentés par des titres financiers, mais d'autres sont des biens réels tels que terrains, immeubles, or, diamants ou autres biens réalisables sur le marché.

Nous voyons à l'analyse de l'exposé ci-dessus que la notion de placement est plus large que la notion de titre de placement (ou de valeur mobilière de placement) utilisée par la pratique française. Mais pour notre pays et nombre de pays étrangers, on peut considérer que cette norme s'applique essentiellement aux titres.

► *Classification des placements*

La plupart des entreprises distinguent dans leur bilan les actifs à court terme des actifs à long terme, conformément à la norme internationale 13. Les placements à court terme sont inclus dans les actifs à court terme. Le fait qu'un placement réalisable sur le marché a été détenu pendant une longue période n'interdit pas de le classer à court terme.

► *Coût des placements*

Le coût d'un placement inclut les coûts d'acquisition tels que les commissions d'intermédiaires, les honoraires, les droits et frais de banque.

► *Valorisation des placements*

La valeur vénale est définie comme le prix auquel un actif pourrait être cédé entre un acheteur et un vendeur bien informés en négociant en toute indépendance réciproque. La valeur du marché est définie comme le prix qui peut être obtenu de la vente sur un marché actif (c'est-à-dire un marché à partir duquel un prix de marché, ou un indicateur qui permet de le calculer est disponible).

Les placements classés comme actifs à court terme doivent être comptabilisés au bilan :
- soit à la valeur de marché ;
- soit à la valeur la plus faible du coût d'acquisition et de la valeur de marché.

Dans le second cas, la valeur comptable des placements doit être calculée soit sur la base d'un portefeuille agrégé, totalement ou par catégorie de placements, soit sur la base d'une évaluation individuelle de chaque placement.

Les placements classés comme actifs à long terme doivent être comptabilisés au bilan :
- soit au coût d'acquisition ;
- soit à un montant réévalué ;
- soit, dans le cas d'actions réalisables sur un marché, à la plus faible valeur du coût d'acquisition et la valeur de marché déterminée sur la base d'un portefeuille.

Si des montants réévalués sont utilisés, une politique doit être adoptée pour déterminer la fréquence des réévaluations, et une catégorie entière des placements à long terme doit être réévaluée en même temps. La valeur comptable des placements à long terme doit être déduite pour prendre en compte toute baisse, autre que temporaire, de la valeur des placements, les réductions étant calculées et réalisées individuellement pour chaque placement.

► *La révision de la norme 25*

Le projet de révision de la norme unifie l'ensemble des méthodes et propose les méthodes suivantes.

1. Au titre de l'évaluation des immobilisations financières

- Méthode ayant la préférence de l'IASC : méthode de l'évaluation au coût de production avec constitution de provision, calculée titre par titre, en cas de baisse de valeur autre que temporaire.
- Méthode autorisée mais n'ayant pas la préférence de l'IASC : méthode de l'évaluation à un montant réévalué, avec constitution d'une provision, calculée titre par titre, en cas de baisse de valeur autre que temporaire. La contrepartie de la réévaluation serait portée dans un poste d'écart de réévaluation.
- Méthode supprimée : méthode de l'évaluation à la plus faible valeur du coût d'acquisition et de la valeur de marché déterminée sur la base d'une évaluation globale du portefeuille.

2. Au titre de l'enregistrement de la plus value lors de la cession de valeurs mobilières antérieurement réévaluées

- Méthode obligatoire : transfert du poste d'écart de réévaluation à un compte de réserve libre.
- Méthode supprimée : inclusion directe de l'écart de réévaluation dans le résultat de l'exercice.

3. Évaluation des valeurs mobilières de placement à court terme

- Méthode ayant la préférence de l'IASC : méthode de l'évaluation à la valeur de marché.
- Méthode autorisée mais n'ayant pas la préférence de l'IASC : méthode d'évaluation à la valeur la plus faible du coût d'acquisition et de la valeur de marché pour chaque titre pris individuellement.
- Méthode supprimée : méthode d'évaluation à la valeur la plus faible du coût d'acquisition et de la valeur de marché sur la base d'une évaluation globale.

6.2. Le traitement des placements dans la quatrième directive européenne

La quatrième directive européenne s'est peu intéressée aux placements. Les articles 9 et 10 ont prévu cependant deux lignes au bilan concernant les placements :

- une ligne « Titres ayant le caractère d'immobilisations » dans la rubrique immobilisations financières ;
- une rubrique « Valeurs mobilières » dans l'actif circulant, comprenant une ligne « Parts dans les entreprises liées », une ligne « Actions propres ou parts propres » et une ligne « Autres valeurs mobilières ».

Les titres ayant le caractère d'immobilisation sont évalués selon les critères retenus pour les immobilisations financières, c'est-à-dire au prix d'acquisition, lequel comprend le prix d'achat et les frais accessoires, une correction de valeur pouvant être pratiquée si la valeur à leur attribuer à la date de clôture du bilan est inférieure. Les valeurs mobilières sont également évaluées au prix d'acquisition, ce prix étant calculé soit sur la base des prix moyens pondérés, soit selon les méthodes « premier entré-premier sorti » (FIFO) ou « dernier entré-premier sorti » (LIFO) ou une méthode analogue.

6.3. Le traitement des placements dans un certain nombre de pays

► *Le traitement des placements en France*

Le plan comptable général distingue deux catégories de titres de placement :

- les valeurs mobilières de placement, c'est-à-dire les titres acquis en vue de réaliser un gain à brève échéance (PCG page I.44) ; ces titres sont classés dans l'actif circulant.
- les autres titres immobilisés qui sont des titres autres que le titres de participation que l'entreprise a l'intention de conserver durablement (c'est-à-dire qu'elle n'a pas l'intention de revendre rapidement). Ces titres sont représentatifs de parts de capital ou de placements à long terme (PCG page I.42) ; ils sont classés en actif immobilisé..

Les titres de placement sont évalués au prix auquel ils ont été acquis ou à une valeur déterminée par les termes d'un contrat d'acquisition. Les frais d'acquisition sont inscrits directement dans les charges de l'exercice. À l'inventaire, les titres cotés sont évalués au cours moyen du dernier mois, les titres non cotés sont estimés à leur valeur probable de négociation. Pour évaluer la valeur d'entrée de titres cédés, on peut appliquer la méthode du coût moyen pondéré ou celle du premier entré-premier sorti (FIFO).

► *Le traitement des placements en Allemagne*

En Allemagne, la rubrique titres de placement comprend : les parts dans les sociétés liées, les actions propres et les autres titres de placement. Les

titres de placement sont évalués à leur coût d'achat, compte tenu des frais accessoires nécessités par leur acquisition. Pour la valeur de l'inventaire, on retient la plus faible des deux valeurs suivantes :
- le coût d'acquisition ;
- le cours en bourse ou la valeur vénale dans la mesure où l'action n'est pas cotée.

Il est à noter que si les causes de dépréciation disparaissent ultérieurement et si la société veut conserver l'avantage fiscal, la valeur minimale ci-dessus calculée peut être maintenue[1].

► *Le traitement des placements en Grande-Bretagne*

Les titres de placement sont comptabilisés à l'actif, à leur valeur boursière à la clôture de l'exercice si les titres sont cotés, sinon à la valeur estimée des dirigeants. En cas de chute de la valeur du titre, la société constitue une provision pour dépréciation.

► *Le traitement des placements aux États-Unis*

On peut assimiler à notre notion européenne de valeurs mobilières ou de titres de placement le terme *Marketage Securities* que l'on trouve dans les bilans américains dans l'actif circulant. Le *Marketage Securities* représente une valeur de placement cotée et a fait l'objet de la norme FAS n° 12. On peut scinder le compte précité en deux parties :
- l'une correspond aux valeurs courantes que l'on peut définir comme de la trésorerie ;
- l'autre correspond à des valeurs non courantes, définies également sous le terme de « titres de placement » et correspondant plutôt à des investissements à long terme.

Les titres sont comptabilisés à leur coût d'achat, correspondant au prix d'achat auquel sont ajoutés les frais accessoires d'achat. L'évaluation à la date de clôture du bilan se réalise au plus bas du prix de revient ou de la valeur du marché. Le calcul se fait globalement. La valeur du marché est déterminée par les cotations en bourse ou sur la NASDAQ (National Association of Securities Dealors Automated Quotations).

Il existe une autre caractéristique du système américain. Les États-Unis ont, en effet, la possibilité d'étaler la prime ou l'escompte sur la durée de

---

1. Louis Klee, *op. cit.*, page 61.

vie qui reste à courir. Si le coût d'achat est inférieur à la valeur nominale, l'acquisition est dite faite à la prime ; en revanche, s'il est inférieur, l'acquisition est dite faite à l'escompte.

Les titres acquis avec un objectif de placement (actions ou titres de créances négociables) sont, selon la norme FAS 115, classés en titres d'investissement, titres de transactions et autres titres de placement.

7. LE TRAITEMENT DU CRÉDIT-BAIL

Le crédit-bail est une technique à la fois simple et complexe selon le domaine d'analyse. En effet, sur un plan économique, l'opération n'est guère discutée, quel que soit le pays de référence. La majorité pense que c'est là le moyen de financement idéal pour certains investissements. En revanche, sur un plan juridique, les analyses varient selon le cadre du pays observé et sont parfois différentes à l'intérieur d'un même pays. Le cœur du problème réside en fait dans le moment du transfert de propriété.

Sur le plan comptable, cela se traduit par des solutions parfois strictement opposées entre différents pays. Des tentatives de normalisations ont bien été proposées mais certains pays ne se sont pas empressés de les intégrer dans leur législation. De ce fait, les comptes sociaux ne sont pas toujours comparables d'un pays à l'autre en ce qui concerne le crédit-bail.

7.1. Le traitement du crédit-bail selon les normes de l'IASC

L'IASC a publié en septembre 1982 la norme n° 17 relative à la comptabilisation des contrats de location. Cette norme s'attache à dissocier pour un contrat de crédit-bail, l'acquisition et l'amortissement du bien d'une part et l'octroi du crédit, d'autre part. Il est prévu que le locataire comptabilise à l'actif de son bilan l'équipement loué, bien qu'il n'en soit pas propriétaire. La société de crédit-bail enregistre l'équivalent comme un prêt accordé.

Conscient des obstacles juridiques liés à cette pratique, l'IASC a été amenée à dissocier deux (plus un) types de contrats :
- le contrat de location-financement ou *finance lease* ;
- le contrat de location simple ou *operating lease* ;
- le contrat de cession bail ou *lease back*.

► *Le contrat de location-financement*

Ce type de classement dans cette catégorie de contrat est subordonné à la condition que le locataire se substitue à la société de crédit-bail pour tous les risques et avantages attachés à la propriété du bien. Les risques en question sont notamment :

- le fonctionnement défectueux d'un équipement ou un rendement inférieur aux prévisions ;
- l'obsolescence ;
- une sous-utilisation liée à une baisse d'activité chez l'utilisateur ;
- la perte ou les dommages non couverts par l'assurance.

Un locataire qui utilise un bien par le biais d'un contrat irrévocable garantissant une valeur résiduelle à l'expiration de la location est soumis à l'ensemble de ces risques.

Les avantages, quant à eux, sont ceux liés à la détention de l'équipement par le locataire, c'est-à-dire :

- une disponibilité du bien pour la production ;
- le gain éventuel résultant de son appréciation en valeur.

Le contrat doit également prévoir les éléments suivants :

- une option de rachat à un prix préférentiel ;
- une durée correspondant approximativement à la durée d'utilisation du bien ;
- une valeur actualisée de paiements minimale égale ou supérieure à la valeur vénale du bien.

Au bilan du preneur, ce type de contrat se traduit par la comptabilisation d'un actif et d'un passif qui sont égaux, soit à la valeur vénale du bien loué, soit si elle est inférieure, à la valeur actualisée des paiements minimaux exigibles en vertu du bail. Les loyers versés sont ventilés entre la charge financière et le remboursement de la dette inscrite au passif.

Le bien loué fait l'objet d'un amortissement calculé en retenant la durée la plus courte entre la durée du contrat et la durée d'utilisation du bien.

Exemple

Prenons le cas d'un contrat de crédit-bail portant sur un bien matériel, utilisable pendant 10 ans et « acquis » contre une redevance annuelle de crédit bail de 1 000 UM (unités monétaires) et un prix d'achat résiduel (au bout de 8 ans) de 500 UM. Sa valeur vénale au moment du contrat est de 6 000 UM. Le taux d'actualisation est de 10 %. La valeur vénale étant inférieure à la valeur actualisée sera retenue :

$$6\,000 < 1\,000 \left(\frac{1 - 1{,}10^{-8}}{0{,}10}\right)(1{,}10) + 500\,(1{,}10)^{-8}$$

6 000 < 6 101,67

L'amortissement sera donc effectué en 8 ans (il pourra être réalisé sur 6 000 – 500 UM soit 687,5 UM par an).

Le taux implicite du contrat est par ailleurs supérieur à 10 % c'est le taux i pour lequel :

$$6\,000 = 1\,000 \left(\frac{1 - (1 + i)^{-8}}{i}\right)(1 + i) + 500\,(1 + i)^{-8}$$

soit i = 10,58 %

Les écritures comptables suivantes pourront être passées la première année.

Matériel Emprunt Acquisition d'un bien	6 000,00	6 000,00

Charges financières Emprunt Trésorerie Paiement de la redevance : intérêt : = 6 000 x 10,58 %	634,80 365,20	1 000,00

Dotations aux amortissements Amortissement du matériel Amortissement de l'exercice	687,50	687,50

► *Le contrat de location simple*

Il correspond aux autres contrats qui ne répondent pas aux normes exposées ci-dessus. Ce sont les locations pour lesquelles le locataire n'a pas vocation à devenir propriétaire ou ne se comporte pas comme tel. Dans ce cas, les biens loués restent inscrits au bilan du bailleur. Le loyer versé est comptabilisé en charges.

► *Le contrat de cession bail*

Dans ce type de contrat, le bien est vendu puis repris en location par le vendeur. Le problème de la comptabilisation de la cession se pose ; il convient de distinguer :

- s'il s'agit d'un contrat de crédit-bail, l'éventuelle plus-value doit être différée et amortie sur la durée du bail ;
- s'il s'agit d'un contrat de location simple, le résultat sur la cession est comptabilisé.

Néanmoins :

- si le prix de vente est inférieur à la valeur vénale, l'excédent est différé et amorti sur la période d'utilisation du bien ;
- si le prix de vente est inférieur à la valeur vénale et si les loyers dus sont inférieurs au prix du marché, la perte est aussi étalée.

▶ *La réduction des options prévues par le projet E 32*

La modification proposée par le projet E 32 ne concerne en fait que la comptabilisation du produit financier chez le bailleur. La norme 17 prévoyait que la comptabilisation de ce produit devait, dans le respect de la règle de prudence, être fondée sur une formule permettant de dégager un taux d'intérêt constant sur l'encours d'investissement net ou l'encours d'investissement monétaire net, en rapport avec le contrat de location financement. L'encours d'investissement net correspond en fait à un taux qui serait calculé en ne tenant pas compte de l'aspect fiscal qui en début de contrat est plus sensible qu'en fin de contrat puisque les intérêts sont plus élevés et portent sur des montant supérieurs. L'encours d'investissement monétaire net tient compte de l'aspect fiscal.

Le projet E 32 rend obligatoire la méthode d'investissement monétaire net dans des contrats spécifiques appelés contrats de location financement avec effet de levier (leverage lease) alors que la méthode d'investissement net est rendue obligatoire dans les autres contrats de location-financement.

7.2. Le traitement du crédit-bail dans la quatrième directive européenne

Dans la quatrième directive, il n'est fait aucune allusion aux immobilisations faisant l'objet d'un contrat de crédit-bail. Aussi, certains pays, comme la France, refusent d'assimiler les immobilisations louées en crédit-bail à de l'actif immobilisé.

7.3. Le traitement du crédit-bail dans un certain nombre de pays

▶ *Le traitement du crédit-bail en France*

Le crédit-bail est (quelle que soit la nature du contrat) toujours comptabilisé en charges dans les comptes annuels. (Dans les comptes consolidés, il est possible cependant d'immobiliser le bien acquis de cette manière.)

L'article 53 du décret du 29 novembre 1983 impose toutefois de faire figurer dans l'annexe des comptes annuels les informations suivantes :

- le montant des biens pris en crédit-bail au moment de la signature du contrat ;
- le montant des redevances afférentes à l'exercice ainsi que le montant cumulé des redevances des exercices précédents ;
- les dotations aux amortissements qui auraient été enregistrées pour ces biens au titre de l'exercice clos s'ils avaient été acquis par l'entreprise ainsi que le montant cumulé des amortissements qui auraient été effectués au titre des exercices précédent ;
- l'évaluation à la date de clôture du bilan des redevances restant à payer ainsi que du prix d'achat résiduel de ces biens stipulés aux contrats.

► *Le traitement du crédit-bail en Allemagne*

En l'absence de dispositions légales, la pratique comptable allemande, encouragée par la doctrine fiscale, permet de procéder à l'inscription à l'actif de l'entreprise locataire du bien acquis de cette manière. Cette inscription n'est cependant pas systématique mais est soumise à certaines conditions. Elle dépend en particulier de la durée du contrat par rapport à la durée d'utilisation du bien, ainsi que de la répartition des risques entre le bailleur et le preneur.

► *Le traitement du crédit-bail en Grande-Bretagne*

Le SSAP 21 définit deux forme de contrats :

- la location ordinaire (*operating lease*) ;
- la location financière (*finance lease*).

On se retrouve donc en Grande-Bretagne en face de la même distinction que celle faite par l'IASC. La question fondamentale pour établir cette distinction est de savoir s'il y transfert de l'essentiel des risques et avantages. Le SSAP 21 admet la présomption d'un tel transfert lorsque la valeur actuelle des paiements prévus représente plus de 90 % de la valeur vénale des biens faisant l'objet du contrat.

• *Dans le cas de locations ordinaires :*

- le bailleur comptabilise le bien en immobilisations et l'amortit sur sa durée de vie économique ; dans les comptes annuels, il est fait mention du montant brut du matériel donné en location, des amortissements cumulés des biens et du montant des loyers ;
- le locataire enregistre les loyers en charges de l'exercice.

• *Dans le cas de locations financières :*

– le bailleur comptabilise à l'actif sa créance en tenant compte éventuellement de la provision pour créances douteuses ; les produits de location sont normalement répartis entre les exercices comptables de manière à ce que le rendement de l'investissement soit constant ; la méthode utilisée, les montants de loyers comptabilisés et le coût des actifs acquis pour les opérations doivent être fournis dans l'annexe ;
– le locataire comptabilise à l'actif le droit d'utilisation du bien avec en contrepartie au passif les paiements futurs ; le montant enregistré au début de l'opération à l'actif et au passif est la valeur actuelle des paiements futurs minimaux calculée par actualisation sur la base du taux implicite du contrat ; les charges de loyers sont scindées entre d'une part la charge d'intérêts et d'autre part la diminution de la dette ; la charge totale d'intérêts doit être répartie sur la durée du contrat de manière que le taux d'intérêt appliqué sur la dette soit constant.

► *Le traitement du crédit-bail dans d'autres pays de la Communauté européenne*

La Belgique, les Pays-Bas, l'Espagne portent leurs biens acquis grâce à un contrat de location financement dans leur actif immobilisé. L'Italie ne semble pas utiliser cette pratique[1].

► *Le traitement du crédit-bail aux États-Unis*

Aux États-Unis, un contrat de crédit-bail est qualifié de *capital lease* si les conditions suivantes sont remplies[2] :
– le preneur à bail réalise un achat d'immobilisation ; le bailleur effectue une vente d'immobilisation par crédit-bail ;
– le preneur à bail prend en charge les frais relatifs à la détention du bien (taxes, assurance, frais de maintenance) en sus des frais d'utilisation du bien ;
– le preneur à bail verse périodiquement au bailleur un loyer : la valeur actuelle des loyers est supérieure à 90 % de la valeur du bien.

Dans la comptabilité du preneur de bail, le bien loué est comptabilisé dans un des comptes d'immobilisations à l'actif pour la valeur actuelle des loyers qui seront versés ; une dette à long terme est ensuite enregistrée au passif du bilan ; le bien est amorti sur la durée de vie estimée. Le bailleur enregistre une vente réglée à tempérament.

---

1. FEE, *European Survey of Published Accounts 1991*, *op. cit.*, page 270.
2. Laurence Binet, *Les États financiers anglo-saxons*, Economica, page 291.

8. LE TRAITEMENT DES ENGAGEMENTS DE RETRAITE

Le problème de la retraite des salariés d'une entreprise est à prendre très au sérieux quand on sait que le vieillissement de la population s'accélère. Gérer les coûts de retraite pour une entreprise devient une nécessité, ce qui lui demande de savoir comment les retranscrire dans ses comptes dans le respect des règles comptables et fiscales. Celles-ci sont différentes d'un pays à un autre, bien qu'il y ait des tentatives d'harmonisation. Des normes ont été émises par différents organismes (internationaux, américains, britanniques, français...) afin de répondre aux questions que se posent les dirigeants des entreprises.

8.1. Le traitement des engagements de retraite selon les normes de l'IASC

La norme n° 19 de l'IASC, applicable aux états financiers relatifs aux exercices ouverts à compter du 1er janvier 1985, puis révisée en novembre 1993 et intitulée « coûts des prestations de retraite » distingue la comptabilisation des prestations dans deux régimes différents : le régime à prestations définies et le régime à contributions définies. Dans son annexe, la norme traite des principales méthodes d'évaluation actuarielle en distinguant les méthodes rétrospectives et les méthodes prospectives.

► *Régime à prestations définies et régime à contributions définies*

Un régime à prestations définies est un régime dans lequel l'entreprise assume la globalité des engagements. Un régime à contributions définies est un régime dans lequel l'entreprise verse le plus souvent une cotisation à un organisme chargé, en ce qui le concerne, d'assumer les engagements vis-à-vis des retraités.

• *Pour ce qui concerne les régimes à prestations définies*, la norme précise qu'en ce qui concerne la comptabilisation :
- le coût des prestations de retraite doit être déterminé en se servant d'hypothèses appropriées et compatibles et en appliquant une méthode d'évaluation actuarielle rétrospective ou prospective de manière cohérente ;
- le coût des services actuels doit être supporté par le résultat des exercices correspondant à la durée résiduelle de vie active estimée des employés participant au régime ;

– le coût des services passés, les pertes et gains actuariels provenant des ajustements d'expérience, et l'effet des changements d'hypothèses actuarielles sur le coût des prestations de retraite doivent être pris en compte dans le résultat, lorsqu'ils surviennent, ou être répartis systématiquement sur une durée qui ne peut excéder la durée résiduelle de vie active estimée des employés participant au régime.

• *Pour ce qui concerne les régimes à contributions définies*, les contributions patronales imputables à un exercice particulier doivent être comptabilisées au cours de cet exercice.

La norme, pour les deux types de régimes, donne également la liste des informations devant figurer dans les états financiers de l'employeur :
– les méthodes comptables employées pour prendre en compte le coût des prestations de retraite, avec une description générale de la méthode ou des méthodes d'évaluation employées ;
– toute information permettant la compréhension de la comparaison avec la période précédente ;
– les conséquences d'un changement de méthode comptable ;
– des informations concernant le régime à prestations définies (date de la dernière évaluation actuarielle, information sur la politique de capitalisation suivie...).

► *Méthodes d'évaluation actuarielle : méthodes rétrospectives et méthodes prospectives*

Dans l'annexe de la norme 19, L'IASC expose les principales méthodes d'évaluation actuarielle en distinguant les méthodes rétrospectives et les méthodes prospectives.

Selon les méthodes rétrospectives :
– la dette actuarielle est la valeur actualisée des prestations payables dans le futur et relatives aux services rendus à la date d'évaluation ;
– le coût des services actuels est égal à la valeur actualisée des prestations payables dans le futur au titre des services rendus ;
– le coût des services passés est égal à la valeur actualisée, lors de la mise en place d'un régime, ou lors de la modification d'un régime, des prestations payables dans le futur relatives aux services rendus préalablement à la survenance de l'un ou de plusieurs de ces événements.

Les méthodes prospectives reflètent des prestations de retraite déterminées d'après des services à la fois rendus et à rendre par les employés à la date de l'évaluation actuarielle. Ces méthodes répartissent le coût des prestations par part annuelle égale (soit en valeur absolue, soit au prorata des salaires) sur la période totale de service.

La méthode de référence à appliquer pour la détermination des prestations de retraite correspond à la méthode rétrospective. La méthode alternative autorisée n'ayant pas la préférence de l'IASC est la méthode prospective.

8.2. Le traitement des engagements de retraite dans la quatrième directive européenne

La directive précise peu de choses pour ce qui concerne les engagements de retraite. Elle prévoit dans la rubrique du bilan « Provisions pour risques et charges » une ligne « Provisions pour pensions et obligations similaires ». Elle prévoit également (article 43) que les engagements financiers en matière de pensions ne figurant pas au bilan doivent apparaître distinctement dans l'annexe.

8.3. Le traitement des engagements de retraite dans un certain nombre de pays

► *Le traitement des engagements de retraite en France*

L'article 9 du Code de commerce (loi du 30 avril 1983) modifié par la loi du 11 juillet 1985 stipule que « Le montant des engagements de l'entreprise en matière de pensions, de compléments de retraites, d'indemnités et d'allocations en raison du départ à la retraite ou avantages similaires des membres ou associés de son personnel et de des mandataires sociaux est indiqué dans l'annexe. Par ailleurs, les entreprises peuvent décider d'inscrire au bilan, sous forme de provision, le montant correspondant à tout ou partie de ces engagements ». L'inscription au bilan est donc, en France, facultative, le plan comptable général ayant prévu à cet effet, le compte 153 « Provisions pour pensions et obligations similaires ».

L'Ordre des experts-comptables a publié, quant à lui, deux recommandations relatives aux engagements des retraites, les recommandations 16 et 23. Cette dernière, en particulier, intitulée « Méthodes d'évaluation actuarielle des engagements de retraite » présente la dette actuarielle comme étant la « somme des coûts normaux capitalisés pour les services déjà rendus par une personne ». Cette norme présente également la formule de calcul suivante.

Dette actuarielle = A x B x C x D où

- A = engagement futur ;
- B = ancienneté actuelle/durée totale de vie active jusqu'à l'âge de la retraite ;

– C = probabilité à l'âge actuel d'atteindre l'âge de la retraite ;
– D = facteur d'actualisation de l'âge actuel jusqu'à l'âge de la retraite

Quant à l'article 24-16 du décret du 29 novembre 1983, il prévoit que soient fournis dans l'annexe :
– le montant total des engagements en matière de pensions, compléments de retraite et indemnités assimilées ;
– le montant des engagements provisionnés au bilan ;
– le montant des engagements contractés au profit des dirigeants.

▶ *Le traitement des engagements de retraite en Allemagne*

En Allemagne, les pensions de vieillesse sont payées soit par l'intermédiaire d'une société d'assurance ou d'une caisse de retraite, soit directement par l'entreprise. La loi du 19 décembre 1985 fait obligation aux entreprises de constater par voie de provisions à compter du 1er janvier 1987 les engagements de retraite qu'elles prennent directement à l'égard du personnel. Quant aux engagements antérieurs au 1er janvier 1987 ainsi que les compléments et augmentations s'y rattachant, ils pouvaient déjà précédemment et sur option faire l'objet d'une provision.

Il existe par ailleurs la faculté pour les entreprises allemandes de créer une provision pour droits similaires et retraites indirectes (on entend par engagement de retraite indirect un système de versement indirect par l'intermédiaire d'une caisse de retraite).

▶ *Le traitement des engagements de retraite en Grande-Bretagne*

Le traitement des engagements de retraite au Royaume-Uni est régi par la norme SSAP 24 de l'Accounting Standards Committee. Comme l'IAS 19, la solution retenue par l'ASC distingue deux options :
– pour les régimes à cotisations définies, la charge de retraite correspond à la cotisation versée au cours de l'exercice ;
– pour les régimes à prestations définies, l'engagement doit être constaté par provision, que le régime soit géré de manière interne ou externe (contrats d'assurance…). Dans le cas d'une gestion externe, la dotation annuelle est égale à la différence entre le montant des cotisations versées pendant l'exercice et la charge calculés selon cette norme.

La norme n'impose aucune méthode de calcul actuariel ; cependant le montant de l'engagement doit être réparti sur la durée de la vie active des salariés selon une méthode rationnelle et constante, en relation avec les services rendus. Les pertes et gains actuariels, les changements d'hypothèses, le coût des services passés doivent être étalés sur la durée de vie active restante des salariés. Lors de la première application de cette norme, le coût des services antérieurs (impact dû au changement de méthode) pourra s'effectuer :

- soit par imputation sur les capitaux propres ;
- soit par étalement sur la durée de vie active des salariés.

Quant au *Companies Act*, il impose les mentions suivantes en annexe :

- montant inclus dans le compte de résultats au titre des retraites ;
- montant inclus dans le compte de provisions pour risques et charges au titre des retraites ;
- montant des engagements en matière de retraite qui n'ont pas fait l'objet de provision.

► *Le traitement des engagements de retraite dans d'autres pays de la Communauté européenne*

Belgique, Espagne, Pays-Bas ont prévu des comptes de provisions pour pensions et retraites tels que la directive européenne l'a préconisé. Cependant, si l'on examine les bilans des sociétés (au moins les sociétés cotées) on peut constater[1] que la quasi-totalité des sociétés belges comptabilisent ces provisions, que c'est le cas d'une grande partie des sociétés néerlandaises alors que les sociétés espagnoles préfèrent porter les informations correspondantes uniquement dans les notes annexes. L'Italie a de son côté prévu une rubrique particulière « dettes provisionnées pour indemnités de fin de contrat » pour enregistrer les sommes à verser aux employés lors de leur départ en retraite ou à l'issue de leur contrat.

► *Le traitement des engagements de retraite aux États-Unis*

Les provisions pour retraite sont un sujet sensible aux États-Unis, compte tenu de l'importance des sommes en jeu. Depuis les exercices ouverts après le 31 décembre 1988, toutes les entreprises américaines sont tenues de faire figurer dans leur bilan les engagements de retraite non couverts par des versements à un fonds de gestion. Il faut préciser qu'il n'existe pas aux États-Unis de régime de retraite complémentaire comme en France, la plupart des entreprises américaines proposant des plans de retraites.

---

1. FEE, *European Survey of Published Accounts 1991, op. cit.*, pages 214 et 218.

En fait, deux types de plans sont proposés :
- des plans à cotisations définies, ou l'employeur s'engage à verser des cotisations ;
- des régimes à prestations définies, où l'employeur s'engage à verser des prestations définies en fonction de l'ancienneté de l'employé et de son niveau de salaire.

Aussi, dans le souci constant d'améliorer la comptabilisation des engagements de retraites et la qualité des informations à porter en annexe, le FASB a émis en décembre 1985 la norme FAS 87. Cette norme, qui annule et remplace l'APB 8 et la norme FAS 36 s'applique à tous les régimes de retraite à prestations définies, c'est-à-dire les régimes de retraite complémentaires et surcomplémentaires par lesquels une entreprise s'engage à verser des prestations sous forme de :
- pensions complémentaires de retraite apportant un supplément de retraite ou garantissant un niveau de retraite ;
- indemnités de départ en retraite ;
- indemnités de décès.

La norme 87 s'appuie sur deux principes :
- l'entreprise qui s'engage à verser des prestations de retraite a une dette envers les bénéficiaires potentiels de ces prestations et cette dette doit être comptabilisée ;
- réciproquement l'entreprise peut se constituer des actifs de couverture qui peuvent être inférieurs ou supérieurs à ses engagements.

D'une façon générale les engagements de retraite sont calculés à l'aide de la formule suivante :

E = D x P x A où :
- E est le montant total de l'engagement de retraite de l'entreprise ;
- D est le montant des droits acquis par les employés ;
- P est la probabilité que l'entreprise de verser ces droits ;
- A est le taux d'actualisation.

La norme FAS 87 définit un mode de calcul unique pour déterminer le montant des droits acquis (D) : D est égal à la quantité des droits à la clôture de l'exercice (Q) valorisé au salaire estimé de fin de carrière (S') : D = Q x S'.

Les actifs de couverture à prendre en compte sont les actifs gérés séparément du reste des actifs et désignés spécifiquement comme étant des fonds destinés à couvrir les engagements de retraite. Ces actifs de couverture sont le plus souvent des immobilisations financières (titres de participation, bons du trésor, obligations) placées dans un fonds spécial géré par un tiers. Les actifs de couverture peuvent être aussi constitués par des contrats d'assurance.

9. LE TRAITEMENT DE L'IMPÔT SUR LES BÉNÉFICES

L'impôt sur les bénéfices représente dans la quasi-totalité des États de la planète un prélèvement important effectué sur les bénéfices. Les taux sont souvent de l'ordre de 30 à 40 % (33 1/3 % en France par exemple, 36 et 50 % en Allemagne, 34 % aux États-Unis, 36 % en Italie, 35 % en Espagne, 35 et 40 % aux Pays-Bas, 33 % en Grande-Bretagne, 39 % en Belgique...). L'importance de cet impôt a fait que, dès 1979, l'IASC a publié la norme comptable n° 12 relative à la comptabilisation de l'impôt sur les bénéfices et mise en application en janvier 1981. Cette norme est actuellement en cours de révision.

9.1. Le traitement de l'impôt sur les bénéfices selon les normes de l'IASC

La norme n° 12 de l'IASC précise que la charge fiscale de l'exercice doit être incluse dans le bénéfice net de l'exercice et que l'impôt sur les bénéfices relatif à un élément qui est débité ou crédité aux comptes de situation nette doit être comptabilisé de la même manière que cet élément et que son montant doit être indiqué séparément.

► *La problématique*

Le montant des impôts exigibles est déterminé suivant les règles fixées pour le calcul du bénéfice imposable par l'administration fiscale. Dans de nombreux cas, ces règles diffèrent des méthodes comptables utilisées pour le calcul du bénéfice comptable et, à cause de cette différence, le rapport entre le montant des impôts exigibles et le bénéfice comptable figurant dans les états financiers risque de ne pas refléter le niveau du taux d'imposition. Une des raisons qui expliquent la différence entre le bénéfice imposable et le bénéfice comptable est que certains éléments sont inclus à juste titre dans le calcul de l'un de ces bénéfices alors qu'ils doivent être exclus du calcul de l'autre. Ainsi, dans de nombreux régimes fiscaux, on n'admet pas la déduction de certains dons lors du calcul du revenu imposable, néanmoins, ces montants viennent en diminution du bénéfice imposable. Les différences de cette nature sont appelées des « différences permanentes ».

Une autre raison qui explique la différence entre le bénéfice imposable et le bénéfice comptable est que certains éléments dont on doit tenir compte pour la détermination de l'un ou l'autre montant, sont inclus dans le calcul au cours d'exercices différents. Par exemple, les méthodes comptables peuvent prévoir l'inclusion de certains produits dans le bénéfice comptable au moment où les biens sont livrés ou les services rendus, alors que les règles fiscales obligent ou permettent d'en tenir compte au moment ou les recettes sont encaissées. Le total des produits inclus dans le bénéfice comptable et dans le bénéfice imposable sera en fin de compte identique, mais les montants n'auront pas été inclus au cours du même exercice. Les différences de cette nature sont appelées des « différences temporaires ».

▶ *Méthode de l'impôt exigible et méthodes du report d'impôt*

- *Dans la méthode de l'impôt exigible*, la charge comptable fiscale de l'exercice est normalement égale au montant des impôts exigibles. Le montant de l'incidence fiscale éventuelle des différences temporaires est parfois mentionné dans les notes annexes aux états financiers.
- *Dans les méthodes du report d'impôt*, les impôts sur les bénéfices sont réputés être une charge subie par l'entreprise dès lors qu'elle réalise un bénéfice et sont comptabilisés au cours des mêmes exercices que les produits et les charges auxquels ils se rapportent. L'incidence des différences temporaires est reflétée dans la charge fiscale de l'exercice au compte de résultats et dans le solde des impôts reportés au bilan.

▶ *Report fixe et report variable*

Les méthodes du report fixe et du report variable sont les variantes les plus utilisées des méthodes de report d'impôt.

- *Dans la méthode du report fixe*, l'incidence des différences temporaires de l'exercice est différée pour être imputée sur les exercices ultérieurs durant lesquels les différences temporaires se résorberont. Les impôts figurant au bilan ne seront pas redressés pour tenir compte des changements apportés aux taux d'imposition.
- *Dans la méthode du report variable*, les impôts reportés sont redressés pour tenir compte des changements de taux d'imposition ou de la création de nouveaux impôts. Ils peuvent être également redressés en fonction de changements futurs de taux d'imposition.

▶ *Méthode et exemples chiffrés*

Une société a réalisé au cours des exercices N – 2, N – 1 et N les résultats suivants.

	N – 2	*N – 1*	*N*
Résultats comptables (avant impôt)	4 000	5 000	6 000
Réintégrations fiscales permanentes	200	300	400
Réintégrations fiscales temporaires	800	1 100	1 300
Déductions fiscales permanentes	100	100	100
Déductions fiscales temporaires	600	700	800
Résultat fiscal (avant impôt)	4 300	5 600	6 800
Taux d'imposition	36 %	34 %	32 %

Les taux d'impositions étaient de 38 % en N – 3 et de 40 % en N – 4.

Les réintégrations fiscales d'un exercice ne sont déductibles que deux exercices plus tard. Il n'y a pas de déduction fiscales temporaires réintégrables une ou deux années plus tard (à titre de simplification).

À la fin d'un exercice, le taux d'imposition de l'exercice à venir n'est jamais connu.

Si l'entreprise utilise la méthode de l'*impôt exigible*, les impôts imputables aux exercices N – 2, N – 1 et N seront respectivement de :

N – 2   4 300 x 36 % = 1 548
N – 1   5 600 x 34 % = 1 904
N   6 800 x 32 % = 2 176

Si l'entreprise utilise la méthode du *report fixe*, les bases des impôts imputables aux exercices N – 2, N – 1 et N seront de :

N – 2   4 000 + 200 – 100 = 4 100
N – 1   5 000 + 300 – 100 = 5 200
N   6 000 + 400 – 100 = 6 300

Les impôts correspondants s'élèveront donc à :

N – 2   4 100 x 36 % = 1 476
N – 1   5 200 x 34 % = 1 768
N   6 300 x 32 % = 2 016

Par ailleurs au bilan figurera un compte « Créance d'impôt différé » pour :

N – 2   700 x 38 % + 800 x 36 % = 554
N – 1   800 x 36 % + 1 100 x 34 % = 662
N   1 100 x 34 % + 1 300 x 32 % = 790

D'autre part, au compte de résultats sera imputée la variation du taux de l'impôt pour les impôts différés :

N – 2   600 x (40 – 36) % = 24
N – 1   700 x (38 – 34) % = 28
N   800 x (36 – 32) % = 32

ce qui amènera les impôts imputables au résultat à :

N – 2	1 476 + 24	=	1 500
N – 1	1 768 + 28	=	1 796
N	2 016 + 32	=	2 048

On aurait pu déterminer, toujours selon la méthode du report fixe, l'impôt imputable à l'exercice à partir de l'impôt exigible.

Années	*N – 2*	*N – 1*	*N*
Impôt exigible	1 548	1 904	2 176
À déduire Impôt différé (réintégrations fiscales temporaires)	800 x 36 % = 288	1 100 x 34 % = 374	1 300 x 32 % = 416
À réintégrer (déductions fiscales temporaires correspondant aux réintégrations A-2)	600 x 40 % = 240	700 x 38 % = 266	800 x 36 % = 288
Impôt imputable	1 500	1 796	2 048

Si l'entreprise utilise la méthode du *report variable*, le compte « Créance d'impôt différé » tiendra compte du taux praticable à la fin de chaque exercice : il aura donc la position suivante :

N – 2	(700 + 800)	x 36 %	=	540
N – 1	(800 + 1 100)	x 34 %	=	646
N	(1 100 + 1 300)	x 32 %	=	768

Dans le compte de résultats il y a lieu de tenir compte de la variation de taux sur les impôts différés :

N – 2	(600 + 700)	x (38 % – 36 %)	=	26
N – 1	(700 + 800)	x (36 % – 34 %)	=	30
N	(800 + 1 100)	x (34 % – 32 %)	=	38

ce qui amènera les impôts imputables au résultat à :

N – 2	1 476	+ 26	=	1 502
N – 1	1 786	+ 30	=	1 798
N	2 016	+ 38	=	2 054

On aurait pu déterminer également, selon cette méthode, la charge fiscale de l'exercice à partir de l'impôt exigible.

Années	*N – 2*	*N – 1*	*N*
Impôt exigible	1 548	1 904	2 176
À déduire Constatation de l'impôt différé de l'exercice	540	646	768
À réintégrer Reprise créance impôt différé exercice précédent	494[1]	540	646
Impôt imputable	1 502	1 798	2 054

1. (600 + 700) x 38 %.

► *La position d'IAS 12 en matière de comptabilisation des effets de l'impôt*

Selon IAS 12, la charge fiscale doit être établie suivant le principe du report d'impôt, soit selon la méthode du report fixe, soit selon la méthode du report variable. La méthode utilisée doit être précisée. La méthode choisie doit normalement être appliquée à toutes les différences temporaires, méthode dite du calcul global, quelles que soient les périodes au cours desquelles les différences se résorbent ou leur caractère récurrent ou non. Toutefois, la charge fiscale de l'exercice peut ne pas tenir compte de l'incidence fiscale de certaines différences temporaires dont on est raisonnablement certain qu'elles ne subsisteront pas pendant une assez longue période (au moins trois ans). Cette méthode utilisée dans certains pays est dite du calcul partiel. De plus, rien ne doit indiquer que ces différences sont susceptibles de se résorber après cette période. Les montants annuels et cumulés des différences temporaires non comptabilisées doivent être indiqués.

On ne doit pas reporter sur les exercices suivants l'incidence fiscale des différences temporaires qui donnent lieu à un solde débiteur ou à un débit au compte des impôts reportés, à moins qu'il ne soit raisonnable de s'attendre à leur réalisation (ce que nous avons considéré pour l'exemple chiffré ci-dessus). Les comptes d'impôts différés doivent être présentés dans le bilan de l'entreprise en dehors de la situation nette.

► *Autres informations que la norme IAS 12 demande de fournir*

La norme IAS 12 demande que les éléments suivants soient présentés séparément :

– la charge fiscale ayant trait au bénéfice provenant des activités ordinaires ;

- la charge fiscale ayant trait aux éléments inhabituels, aux éléments sur exercices antérieurs et aux changements de méthode comptable ;
- l'incidence fiscale éventuelle de la réévaluation d'éléments d'actif à des montants supérieurs à leur coût d'origine ou à la réévaluation précédente ;
- une explication du rapport entre la charge fiscale et le bénéfice comptable, si les taux d'imposition en vigueur dans le pays de l'entreprise qui présente les états financiers ne constituent pas un explication suffisante.

► *Les modifications proposées par le projet E.33*

Le projet E.33 publié en janvier 1989 et revu en décembre 1993 continue à préconiser que la constatation de l'impôt s'effectue selon le principe du report d'impôt mais les modalités de calcul qu'il prévoit ne seront plus optionnelles comme dans l'IAS 12. Le projet indique que doivent être appliquées :
- la méthode du report variable ; la méthode du report fixe est abandonnée ;
- la conception étendue, qui consiste à prendre en compte tous les écarts temporaires ; la conception partielle, qui consiste à ne pas tenir compte des écarts temporaires répétitifs, ne demeure que très exceptionnellement applicable.

9.2. Le traitement de l'impôt sur les bénéfices dans la quatrième directive européenne

La quatrième directive européenne impose peu d'obligations en matière de comptabilité de l'impôt sur les bénéfices. Les articles 23 à 26 prévoient qu'au compte de profits et pertes, il est nécessaire de distinguer :
- les impôts sur le résultat des activités ordinaires ;
- les impôts sur le résultat exceptionnel.

Cependant, l'article 30 permet aux États membres de convenir que les impôts sur le résultat provenant des activités ordinaires et les impôts sur le résultat exceptionnel soient groupés. Lorsque cette dérogation est appliquée, les sociétés doivent donner des indications dans l'annexe sur les proportions dans lesquelles les impôts sur le résultat grèvent le résultat provenant des activités ordinaires et le résultat exceptionnel.

Dans l'annexe doit figurer (article 43-11) « La différence entre la charge fiscale imputée à l'exercice et aux exercices antérieurs et la charge fiscale déjà payée ou à payer au titre de ces exercices, dans la mesure où cette différence est d'un intérêt certain au regard de la charge fiscale future. Ce montant peut également figurer dans le bilan sous un poste particulier à intitulé correspondant. »

En résumé, la directive européenne accepte différentes options et ne prend parti ni pour la méthode de l'impôt exigible, ni pour celle de l'impôt différé.

9.3. Le traitement de l'impôt sur les bénéfices dans un certain nombre de pays

▶ *Le traitement de l'impôt sur les bénéfices en France*

La France pratique dans les comptes annuels (dans les comptes consolidés une autre méthode est utilisée) la méthode de l'impôt exigible. Dans l'annexe des comptes annuels doivent figurer (article 24-20 et 24-24 du décret du 29 novembre 1983) :

- la ventilation de l'impôt entre la partie imputable aux éléments exceptionnels du résultat et la partie imputable aux autres éléments, avec l'indication de la méthode utilisée ;
- l'indication des accroissements et des allégements de la dette future d'impôt provenant des décalages dans le temps entre le régime fiscal et le traitement comptable de produits ou de charges et, lorsqu'ils sont d'un montant exceptionnel, de ceux dont la réalisation est éventuelle.

▶ *Le traitement de l'impôt sur les bénéfices en Allemagne*

Jusqu'en 1985, l'Allemagne était alignée, comme la France, sur le régime de l'impôt exigible. En décembre 1985, en application des prescriptions de la quatrième directive européenne, la publication de la nouvelle loi comptable allemande a introduit la notion d'impôts différés dans les comptes sociaux. Ainsi, le nouvel article (ou paragraphe) 274 du Code de commerce allemand stipule :

- « qu'un solde net passif d'impôt différé lié aux différences temporaires entre le résultat comptable et le résultat imposable devra obligatoirement faire l'objet d'une comptabilisation d'une provision pour risques et charges ;
- qu'un solde net actif d'impôt différé lié aux différences temporaires entre le résultat comptable et le résultat imposable pourra faire l'objet d'une comptabilisation sous la forme d'un poste de tolérance comptable. »

Si ce texte définit par ailleurs les entreprises qui entrent dans le champ d'application (sociétés de capitaux et certaines grosses entreprises individuelles), il ne donne aucune précision quant à :

- l'assiette de l'impôt différé ;
- le processus de calcul de l'impôt différé ;
- les techniques de compensation entre impôts différés actifs et impôts différés passif ;
- l'actualisation.

Aussi, les méthodes de traitement sont issues de la pratique doctrinale.

En ce qui concerne l'assiette des impôts, le paragraphe 274 du Code de commerce traite des incidences fiscales de toutes les différences temporaires, donc de la conception étendue. Seules, les incidences fiscales liées aux distorsions occultées devront figurer en annexe.

L'existence d'un double taux d'imposition (taux distinct pour le résultat distribué et le résultat porté en réserves) ne permet pas de se prononcer catégoriquement sur le choix d'un taux pour le calcul de l'impôt différé. Aussi, le choix du taux d'imposition différé dépendra de la politique prévue de distribution future. En ce qui concerne la compensation, la doctrine allemande préconise la compensation intégrale des impôts différés actifs et impôts différés passifs, sans aucune référence à un échéancier. Enfin, le problème de l'actualisation du solde d'impôt différé est laissé à la libre appréciation des entreprises.

En conclusion, on peut donc penser que le paragraphe 274 du Code de commerce allemand n'est qu'une étape vers une solution plus détaillée sur le traitement des impôts différés dans ce pays, car les solutions actuelles laissent un libre choix pouvant conduire à des interprétations différentes ne favorisant pas l'homogénéité des comptes.

▶ *Le traitement de l'impôt sur les bénéfices en Grande-Bretagne*

La doctrine en matière de comptabilisation des impôts est contenue dans le SSAP 15. Selon cette norme, un impôt différé doit être comptabilisé pour toutes les différences temporaires importantes dans la mesure où il existe une probabilité que l'impôt différé ou payé d'avance devienne exigible ou récupérable dans un avenir prochain. Dans le cas contraire, aucun impôt différé ne doit être comptabilisé.

La méthode à retenir pour la détermination de l'impôt différé est la méthode du report variable. Les soldes d'impôts différés débiteurs peuvent être compensés avec les soldes créditeurs. Le maintien des soldes d'impôts différés débiteurs nets à l'actif est autorisé, s'il est probable que ces soldes pourront être effectivement recouvrés ou imputés sur les bénéfices futurs.

Une particularité de la norme anglaise porte sur la méthode adoptée pour le calcul des impôts différés. La Grande-Bretagne applique en effet la méthode du calcul partiel. Le calcul partiel consiste à n'inclure dans les impôts différés que les différences temporaires qui sont considérées comme devant donner lieu à un paiement réel ou à une économie effective d'impôt. Il n'est donc pas calculé d'impôt différé au titre des différences temporaires qui sont susceptibles, au moment de leur annulation, d'être remplacées de façon quasi certaine par des différences de même nature et de montants au moins équivalents, soit de ne pas s'annuler dans un avenir relativement proche.

D'après la SSAP 15 sont exclus de l'assiette du calcul :

- « les écarts temporaires récurrents dont l'inversion est annulée en totalité ou en partie, ou plus que compensée par de nouveaux écarts temporaires, ce qui entraîne des réductions fiscales continues ou le report perpétuel de toute dette attribuable aux avantages fiscaux obtenus ;
- « les autres écarts temporaires récurrents ou non récurrents qui, individuellement ne sont pas susceptibles de s'inverser avant une date éloignée d'au moins trois ans. »

► *Le traitement de l'impôt sur les bénéfices dans d'autres pays de la Communauté européenne*

Selon la Fédération des experts-comptables européens[1], suite à une étude effectuée sur un échantillon d'entreprises :

- en Belgique, 2 entreprises sur 50,
- en Espagne, 17 entreprises sur 30,
- en Italie, 11 entreprises sur 30,
- aux Pays-Bas, 32 entreprises sur 40,

font mention des impôts différés dans leur bilan.

► *Le traitement de l'impôt sur les bénéfices aux États-Unis*

La prise en compte de la charge d'impôt sur les bénéfices est un problème qui a soulevé de nombreuses discussions aux États-Unis. En raison de la publication de la norme FAS 96 en décembre 1987 émise pour remplacer la norme APB 11 et dont la date d'application a été repoussée deux fois en raison des protestations des sociétés devant les coûts engendrés par l'application de ladite norme, le FASB a décidé en février 1992 de la remplacer par une nouvelle norme, la norme FAS 109, applicable pour les exercices ouverts à compter du 15 décembre 1992.

1. FEE, *European Survey of Published Accounts 1991*, *op. cit.*, pages 231 et 232.

- *Spécificité de l'ancienne norme APB 11*

Les traitements préconisés par cette norme (dont la première version date de 1967) étaient axés sur les points suivants :

– principe du rattachement des charges et des produits à leur exercice de naissance ;
– application de la méthode du report fixe ;
– caractère non patrimonial de la charge et du produit d'impôt différé ;
– application de la méthode de calcul global ;
– principe de prudence, notamment par le non-enregistrement des soldes d'impôts différés actifs ou résultant de déficits reportables en avant.

- *Spécificité de la norme FAS 96*

– *Adaptation de la méthode du report variable.* Alors que l'APB 11 privilégiait l'image fidèle du résultat en considérant les impôts différés comme des régularisations de charges ou de produits d'impôts destinés à préserver un rattachement correct des charges aux produits de l'exercice, l'approche de FAS 96 consistait à considérer les soldes d'impôts différés comme des dettes ou des créances. Dans cette hypothèse, les changements intervenus au plan de la législation fiscale (changements du taux d'impôt ou modification d'assiette) étaient des éléments à prendre en compte pour estimer les soldes d'impôts différés qui doivent dans ce cas être réajustés.

– *Maintien de la conception étendue.* FAS 96 appliquait la conception étendue (appelée aussi calcul global) qui consiste à faire appliquer à l'ensemble des différences temporaires, actives ou passives, l'impôt différé correspondant (voir ci-dessus paragraphe 9.1.5).

– *Non actualisation des impôts différés.* La norme FAS 96 n'autorisait pas l'actualisation des impôts différés à figurer dans les comptes sociaux, obéissant ainsi au respect des principes du coût historique et de prudence.

– *Classement au bilan.* Les impôts différés étant considérés comme de véritables créances ou dettes, ils devaient être traités en tant que tels. Ainsi, leur classement au bilan et dans l'annexe se faisait suivant le critère de court et long terme en fonction de la date envisagée pour la résorption des différences temporaires correspondantes.

– *Calcul des impôts différés.* Les rédacteurs de la norme FAS 96 ont voulu adopter un mécanisme de calcul des impôts différés qui ne se prête à aucune interprétation nuancée et de ce fait, conduit à affiner d'une manière réaliste le montant des impôts différés devant figurer au bilan. Ce mécanisme reposait sur la procédure suivante :

– établissement d'un échéancier annuel qui se traduit par l'indication dans une annexe, année par année, de l'ensemble des différences temporaires, ainsi que leur période de résorption ;

- compensation annuelle au sein de l'échéancier entre les différences temporaires (actif et passif) ;
- analyse de l'imputation des pertes reportables, aux États-Unis, les pertes peuvent être soit reportées en avant (durée possible : 15 ans) (*carry forward*) ; soit en arrière (durée possible : 3 ans) (*carry back*) ;
- détermination de l'assiette des impôts différés, ils sont déterminés à partir de l'échéancier ; ils correspondent aux soldes annuels actifs et passifs des différences temporaires, augmentés ou minorés des imputations effectués par *carry back* ou *carry forward.*

Dans ce calcul, le principe de prudence devant être respecté, il n'était pas tenu compte de résultats futurs qui pourraient être positifs et les impôts différés actifs non compensés étaient considérés comme perdus et donc non comptabilisés.

- *Spécificité de la norme FAS 109*

La norme FAS 109 reprend de nombreuses dispositions de la norme FAS 96, relatives à l'adoption de la méthode du report variable, au maintien de la conception étendue, à la non-actualisation, au classement au bilan des impôts différés. Elle abandonne le cadre d'un échéancier très strict (l'établissement de cet échéancier était la critique la plus souvent formulée à l'encontre de FAS 96) en imposant de constater toutes les impositions différées actives, quelles que soient leurs sources (reports déficitaires, différences temporaires, autres... dès lors que leur réalisation est « plus probable qu'improbable » (« *more likely than not* »). Le caractère plus probable qu'improbable devra être basé sur l'existence d'éléments probants à la clôture de l'exercice ; ces éléments pourront être : l'existence d'un carnet de commandes fermes génératrices de bénéfices futurs, l'existence d'un historique de résultats bénéficiaires réguliers dans lequel l'existence de pertes éventuelles ne serait attribuable qu'à des événements exceptionnels.

La méthodologie du calcul des impôts différés selon FAS 109 implique les étapes suivantes[1] :
- identification des différences temporaires ;
- détermination du taux de l'impôt applicable (FAS 109 n'autorise pas l'anticipation d'un changement de taux tant que celui-ci n'a pas été voté) ;
- détermination des impôts différés actifs et passifs, alors que selon FAS 96 seuls étaient enregistrés pour ce qui concerne les impôts différés actifs

1. Philippe Degonzague, « Les Impôts différés dans les comptes consolidés. La nouvelle norme américaine FAS 109 », mémoire d'expertise comptable, mai 1993, page 24.

ceux pouvant être récupérés avec certitude selon l'échéancier, selon FAS 109, il doit être procédé en deux étapes :
1. constatation de la totalité des impôts différés actifs et passifs quels que soient leurs sources et le caractère probable de leur réalisation ;
2. constitution d'une provision pour dépréciation totale ou partielle d'impôts différés actifs s'il est plus probable qu'improbable qu'ils ne soient pas réalisés (notons toutefois que pour leur présentation dans les états financiers, seul le montant net de provision des impôts différés actifs apparaîtra au bilan, le montant de la dotation étant mentionné en annexe) ;

- comparaison des impôts différés en début et fin d'exercice ;
- comptabilisation de l'ajustement.

10. LE TRAITEMENT DES EFFETS DES VARIATIONS DU COURS DES MONNAIES

Une entreprise peut exercer de deux façons des activités qui débordent le cadre du pays où elle est située :

- elle peut conclure des opérations en monnaie étrangère, achat ou vente de biens dont le paiement est effectué dans une monnaie étrangère, prêt ou emprunt de fonds ; il est nécessaire de convertir ces opérations en monnaie nationale afin de les inclure dans les états financiers de l'entreprise ;
- elle peut aussi avoir des établissements à l'étranger ; dans ce cas, les états financiers de l'établissement étranger, présentés en monnaie étrangère, doivent être convertis en monnaie nationale afin d'être inclus dans les états financiers de l'entreprise.

10.1. Le traitement des effets des variations du cours des monnaies selon les normes de l'IASC

► *Comptabilisation des opérations conclues en monnaie étrangère*

La norme IAS 21 de l'IASC, applicable aux états financiers relatifs aux exercices ouverts à partir du 1er janvier 1985, et révisée en novembre 1993 stipule qu'une opération en monnaie étrangère est comptabilisée dans la monnaie de compte de l'entreprise en convertissant le montant des devises au taux de change en vigueur au moment où l'opération a été effectuée, ou à un taux proche du taux réel.

Au moment de l'établissement du bilan, les éléments monétaires doivent être convertis au taux de clôture, alors que les éléments non monétaires doivent être convertis au taux historique. Les écarts de conversion constatés sont portés en résultat, les différences de change qui résultent d'opérations monétaires réciproques se neutralisant.

En méthode alternative autorisée (mais n'ayant pas la préférence de l'IASC), il est possible d'incorporer au coût d'un bien acquis en devises l'effet d'une forte dévaluation ou dépréciation de la monnaie affectant la dette ayant trait à ces biens.

► *Conversion des états d'une entité étrangère*

La conversion des états financiers concerne tout particulièrement les comptes consolidés. Nous analyserons, dans le chapitre 5 consacré à la consolidation, ce type d'application. La norme IAS 21 précise le mode de traitement de ces conversions qui peut être utilisé également pour les comptes sociaux (cas de succursales situées à l'étranger) ; elle distingue deux types de techniques :

- la conversion au taux de clôture ;
- la conversion au taux historique.

10.2. Le traitement des effets des variations du cours des monnaies dans la quatrième directive européenne

La directive est assez muette sur ce problème : elle demande seulement (article 43) que les modes d'évaluation soient décrits dans l'annexe avec indication, en particulier, des bases de conversion utilisées.

10.3. Le traitement des effets des variations du cours des monnaies dans un certain nombre de pays

► *Le traitement des effets de variations de change en France*

La réglementation en vigueur préconise que les cours de change à utiliser par les entreprises pour évaluer leurs créances et dettes soient ceux inscrits à la cote des changes publiée au *Journal officiel*. Le plan comptable général a élaboré des règles précises pour la comptabilisation des créances et des dettes exprimées en monnaie étrangère :

- ces créances et ces dettes sont converties et comptabilisées au bilan en francs sur la base du dernier cours de change ;
- les différences de conversion sont inscrites au bilan dans des comptes transitoires en attente de régularisation ultérieures (différence de conversion actif et différence de conversion passif) ; à l'actif, la différence correspond à une perte latente, au passif, à un gain latent ;
- les gains latents n'interviennent pas dans la formation du résultat ;
- les pertes latentes (sauf lorsqu'elles sont compensées) entraînent par contre la constitution d'une provision pour risques.

La méthode de comptabilisation des différences de conversion doit être précisée dans l'annexe. Les disponibilités ou exigibilités immédiates en devises existant à la clôture des comptes sont converties en francs sur la base du dernier cours de change. Les écarts de change sont comptabilisés dans les résultats de l'exercice.

▶ *Le traitement des effets de variations de change en Grande-Bretagne*

La pratique britannique du traitement des effets des variations de change est formulée par la norme SSAP 20 *Foreign Currency Translation*. Les transactions en monnaies étrangères doivent être converties en monnaie britannique au cours de la date de la transaction. Si le cours varie peu, un cours moyen peut être retenu.

À la date d'établissement du bilan, les actifs monétaires et les dettes exprimées en monnaies étrangères sont convertis au cours du change en fin d'exercice. Les différences de change provenant d'opérations réalisées au cours de l'exercice ou de l'évolution des cours de change constatée depuis le bilan précédent sont inscrites dans le compte de profits et pertes dans le résultat provenant des activités ordinaires, sauf si elles proviennent d'opérations considérées comme extraordinaires. Dans ce cas, ces différences sont inscrites dans le résultat provenant des activités extraordinaires.

Les gains de change sur les opérations à long terme ne sont pas comptabilisés s'il y a doute sur la convertibilité de la monnaie correspondante. Les actifs non monétaires, quant à eux, ne sont pas convertis au cours en fin d'exercice et sont maintenus au cours d'origine.

▶ *Le traitement des effets des variations de change aux États-Unis*

Les règles à suivre sont formulées dans le FASB 52 Foreign Currency Translation publié en décembre 1981. Les actifs, les dettes et les opérations doivent être convertis en monnaie locale. Les pratiques sont semblables à celles de la Grande-Bretagne.

Le FAS 52 introduit la notion de monnaie fonctionnelle : la monnaie fonctionnelle est la monnaie de l'environnement primaire dans lequel une entité opère. Généralement les postes du bilan sont convertis au taux de clôture de la monnaie locale. Dans le cas d'opérations traitées avec des pays à forte inflation, ou avec des entités intégrées, les opérations sont d'abord retraitées dans la monnaie fonctionnelle, éventuellement selon une méthode de cours historique, avant d'être converties selon la méthode du cours de clôture.

11. LES EFFETS DES VARIATIONS DE PRIX DANS LES DOCUMENTS D'INFORMATION COMPTABLE

La mesure constituant l'essence même du processus comptable, les comptables ont adopté le principe du coût d'acquisition, pour définir la caractéristique à mesurer, et le principe de l'unité monétaire présumée stable (nominalisme), pour choisir la monnaie comme étalon et instrument de mesure. Ce sont ces deux principes fondamentaux qu'atteint l'inflation, ou à un moindre niveau la variation de prix. Aussi, face aux fortes variations de prix, la plupart des pays industrialisés ont adopté des réglementations pour pallier les limites des états financiers basés sur les coûts historiques. Dans l'ensemble, on a ajouté aux états traditionnels des données d'information basées sur l'indexation, les valeurs actuelles ou sur une combinaison des deux.

11.1. Le traitement des effets des variations de prix selon les normes de l'IASC

La norme 15 (remplaçant la norme 6) de l'IASC, adoptée en juin 1981 et applicable à compter du 1er janvier 1983, traite des informations reflétant les effets des variations de prix sur les mesures utilisées pour la détermination des résultats et de la situation financière de l'entreprise. Ces informations ne font pas partie intégrante, selon la norme, des états financiers de base mais constituent une base de renseignements complémentaires.

La norme 15 s'applique en principe aux entreprises dont les produits, les bénéfices, l'actif ou le nombre de salariés sont importants par rapport au milieu économique dans lesquels elles exercent leurs activités. En cas de consolidation, l'information requise est présentée sous forme consolidée. Bien que le texte ne s'applique qu'aux entreprises de grande taille, l'IASC souhaite que les autres entreprises présentent des informations reflétant les effets des variations de prix, en vue de la fourniture de données financières plus significatives.

- *Les options préconisées par l'IASC*

L'IASC prévoit deux façons de rendre compte des variations de prix.

1. la méthode de l'indexation sur le pouvoir d'achat général. L'entreprise doit réévaluer les postes des états financiers en fonction de la variation du niveau général des prix. L'utilisation de l'indice porte également sur l'amortissement, le coût des ventes et les éléments monétaires nets.

2. la méthode des valeurs actuelles utilise le coût de remplacement comme critère de mesure. Si le coût de remplacement est supérieur à la valeur réalisable nette ou à la valeur actuelle, on retient en comptabilité la moins élevée des valeurs.

Pour les informations minimales à fournir, on citera :

- les redressements de l'amortissement des immobilisations ;
- les montants redressés du coût des ventes ;
- les montants redressés afférents aux éléments monétaires et à l'incidence des capitaux propres et empruntés.

11.2. Le traitement des effets des variations de prix dans la quatrième directive européenne

Si la règle générale de la quatrième directive consiste en ce que les éléments inscrits dans les comptes annuels soient évalués sur la base du prix d'acquisition ou du coût de revient, d'autres méthodes d'analyse sont autorisées par l'article 33 et les États membres peuvent se réserver la possibilité d'autoriser, voire d'imposer :

- l'évaluation sur la base de la valeur de remplacement pour les immobilisations corporelles dont l'utilisation est limitée dans le temps ainsi que pour les stocks ;
- la réévaluation des immobilisations corporelles et financières ;
- l'évaluation fondée sur d'autres méthodes destinées à tenir compte de l'inflation, pour tous les postes des comptes annuels y compris les capitaux propres.

Dans tous les cas, il incombe aux législations nationales qui prévoient des méthodes d'évaluation d'en déterminer le contenu, les limites et les modalités d'application. L'annexe doit préciser les postes concernés au bilan et au compte de résultats et la méthode adoptée pour le calcul des valeurs retenues.

11.3. Le traitement des effets des variations de prix dans un certain nombre de pays

• En France, de nombreux textes d'origine fiscale ont d'abord permis la réévaluation, les deux plus importants étant ceux de 1959 et 1976 (réévaluation dite légale). L'article 12 du Code de commerce (loi du 30 avril 1983) permet sur le plan comptable de pratiquer la réévaluation de l'ensemble des immobilisations corporelles et financières : il précise que, dans ce cas, l'écart de réévaluation entre la valeur actuelle et la valeur nette comptable ne peut être utilisé à compenser les pertes et doit être inscrit distinctement au passif du bilan.

• En Allemagne la réévaluation des actifs n'est pas autorisée.

• En Grande-Bretagne, l'ASC, chargé de la normalisation comptable, publia en avril 1980, le SSAP 16 intitulé « Comptabilité en valeur actuelle » requérant des sociétés britanniques qu'elles calculent et publient :
- un résultat en coût actuel par correction du coût historique des amortissements et des stocks initiaux et finals et par prise en charge du supplément de fonds de roulement d'exploitation monétaire dû à la hausse spécifique des prix d'achat et de vente ;
- un résultat distribuable pour tenir compte de l'avantage d'un financement par fonds empruntés non indexés ;
- un bilan aux coûts actuels de fin d'année de tous les actifs d'exploitation.

En fait, le SSAP 16 n'a jamais été véritablement appliqué.

• Aux États-Unis, une norme, la FAS 33 *Financial reporting and changing prices* fut publiée en 1979 et concernait essentiellement les grandes entreprises. Elle ne fut également jamais appliquée. Elle requérait la fourniture d'informations mesurées en unités ayant le même pouvoir général d'achat. Le même texte obligeait les entreprises concernées à présenter leurs comptes à la fois sur la base de coûts constants et de valeurs actuelles.

12. LE TABLEAU DE FINANCEMENT

Appelé également tableau d'emplois-ressources ou tableau de flux, ou encore tableau de variations de trésorerie, le tableau de financement est souvent présenté, avec le bilan et le compte de résultats, comme une partie intégrante des états financiers. Il permet d'améliorer la compréhension de l'exploitation et de l'activité de l'entreprise pendant l'exercice considéré.

12.1. Le tableau de financement selon les normes de l'IASC

En mars 1976, l'IASC a approuvé sa norme 7 portant sur le tableau de financement, applicable à compter du 1er janvier 1979. Cette norme très générale n'impose aucun schéma aux utilisateurs. Elle précise simplement que le tableau de financement doit faire partie intégrante des états financiers et doit être présenté au titre de chaque exercice pour lequel est fourni le compte de résultats. La norme soulignait que chaque entreprise ou groupe d'entreprises devait adopter la présentation du tableau de financement apte à donner la meilleure information, eu égard aux circonstances.

Le projet ED 36 publié en 1990 visait à remplacer le tableau de financement défini par l'IASC par un tableau de flux de trésorerie ; ce projet prévoyait que les flux de trésorerie soient classés en :
- flux provenant des opérations d'exploitation ;
- flux provenant des activités d'investissement ;
- flux provenant des activités de financement.

Début 1993, l'IASC a publié la norme IAS 7 révisée. Cette norme annule et remplace l'ancienne norme IAS qui avait été approuvée en 1976. L'IASC a gardé le même numéro de norme. La nouvelle norme prévoit de présenter les rentrées et sorties de trésorerie au cours de la période. Le modèle d'analyse de la variation de fonds de roulement n'est plus autorisé. Les équivalents de liquidités sont définis comme étant des valeurs à court terme très liquides qui sont immédiatement convertibles en espèces pour un montant connu sans risque de fluctuation de valeur significative.

L'IAS 7 prévoit de classer les opérations de flux de trésorerie entre les opérations d'exploitation, d'investissement et de financement comme le prévoyait ED 36.

- Les opérations d'exploitation (*operating activities*) recouvrent les principales opérations de l'entreprise produisant des revenus ainsi que les autres opérations qu'on ne peut qualifier d'opérations d'investissement ou de financement.

- Les opérations d'investissement (*investing activities*) comprennent les acquisitions et les cessions d'actifs à long terme ainsi que les autres investissements qui ne sont pas inclus dans les équivalents de liquidités.

- Les opérations de financement (*financing activities*) résultent de la variation des capitaux propres et de l'endettement de l'entreprise.

IAS 7 encourage les entreprises à présenter leurs flux de trésorerie selon la méthode directe (encaissements et décaissements présentés en brut pour chaque opérations d'exploitation). La méthode indirecte est classée comme méthode autorisée.

12.2. Le tableau de financement dans la quatrième directive européenne

Le tableau de financement n'est pas exigé par la quatrième directive européenne et aucune indication le concernant n'est donnée.

12.3. le tableau de financement dans un certain nombre de pays

► *Le tableau de financement en France*

En France, un tableau de financement a été formalisé par le plan comptable général 1982. Ce tableau comprend deux parties. Dans la première partie sont analysés les ressources et les emplois de l'exercice concernant les moyens structurels de l'entreprise.

- *Au niveau des ressources :* la capacité d'autofinancement de l'exercice, les cessions ou réductions d'éléments de l'actif immobilisé, l'augmentation des capitaux propres, l'augmentation des dettes financières.

- *Au niveau des emplois :* les distributions mises en paiement au cours de l'exercice, les acquisitions d'éléments de l'actif immobilisé, les charges à répartir sur plusieurs exercices, la réduction des capitaux propres, les remboursements de dettes financières.

La différence entre les ressources et les emplois constitue la variation du fonds de roulement net global.

Dans la seconde partie sont analysées les variations des éléments du besoin du fonds de roulement (classées en deux catégories : exploitation et hors exploitation) et celles de la trésorerie.

Par ailleurs, la recommandation n° 1-22 de l'Ordre des experts-comptables distingue deux types de tableaux de financement :
- un tableau analysant la variation du fonds de roulement (proche de celui du plan comptable général) ;
- un tableau analysant la variation de trésorerie (proche du tableau de flux de trésorerie proposé par IAS 7 révisée).

► *Le tableau de financement en Allemagne*

Le tableau de financement n'est pas obligatoire en Allemagne et il n'en est fait aucune mention explicite dans le Code de commerce allemand. Toutefois, appelé « tableau de flux de capitaux », il est souvent inclus dans le rapport annuel.

► *Le tableau de financement en Grande-Bretagne*

Le SSAP 10 préparé par l'ASC en 1975 (et révisé en 1978) indique que tous les états financiers des entreprises (à l'exception de celles dont le chiffre d'affaires annuel est inférieur à 2 800 000 livres) devraient inclure un tableau de financement pour l'exercice considéré et pour l'exercice précédent. Le tableau dénommé « tableau des ressources et emplois de fonds » était un tableau explicatif de la variation du fonds de roulement et non de la trésorerie.

L'ASB (Accounting Standards Board) a publié fin 1991 sa première norme (FRS 1) appelée à remplacer la norme SSAP 10 à compter de 1992. La norme FRS 1 requiert un tableau de flux de trésorerie assez proche de celui préconisé par IAS 7 révisé. Il stipule que les flux de trésorerie doivent être ventilés en flux d'exploitation, flux d'investissement et flux de financement. FRS contient des modèles de tableau de flux de trésorerie pour une société individuelle, un groupe et pour différents types de sociétés financières.

► *Le tableau de financement dans d'autres pays de la Communauté européenne*

• En Belgique, l'arrêté royal du 8 octobre 1976 (révisé par l'arrêté du 12 septembre 1983) n'impose aucune publication du tableau de financement. Les instituts professionnels en recommandent cependant l'élaboration. Ainsi, l'Institut des réviseurs d'entreprises (IRE) propose un modèle intitulé « tableau des ressources et utilisations de fonds ». La variation du fonds de roulement est dans ce modèle le concept central ; elle est calculée en faisant la somme du besoin de fonds de roulement et de la trésorerie. Ce tableau différencie également capacité d'autofinancement et autofinancement selon l'égalité : capacité d'autofinancement – distributions = autofinancement.

• En Espagne, le plan comptable de 1990 présente un modèle de tableau de financement articulé autour du concept de variation du capital circulant.

• En Italie, l'élaboration du tableau de financement n'est pas prévu par le Code civil mais est recommandé par l'Ordre des experts-comptables italien (Consiglio Nazionale dei Dottori Commercialisti) dans un ouvrage datant de janvier 1977 et intitulé *Les Principes comptables* (*principi contabili*). Plusieurs variantes sont proposées :
- le tableau fait apparaître la variation du fonds de roulement et celle du besoin de fonds de roulement ;
- le tableau est axé sur la trésorerie en présentant la variation des disponibilités et des concours bancaires courants.

• Aux Pays-Bas, le tableau de financement n'est pas non plus rendu obligatoire par le Code civil. Toutefois une norme élaborée par le Raad voor de Jaarverslaggeving (conseil pour l'information financière annuelle) organisme chargé d'élaborer les normes comptables aux Pays-Bas, traite du tableau de financement et préconise la présentation de ce tableau dans les comptes annuels.

► *Le tableau de financement aux États-Unis*

Le FASB, dans sa norme FAS 95, publiée en novembre 1987, rend obligatoire l'établissement d'un tableau de flux de trésorerie pour les états financiers dont la date de clôture est postérieure au 15 juillet 1988. Cette norme remplace l'APB Opinion n° 19 (de l'AICPA) qui datait de 1971 et recommandait l'établissement d'un tableau de financement.

Selon FAS 95, la trésorerie est composée : des montants disponibles (caisse et comptes courants) et des dépôts des placements financiers à court terme rapidement réalisables. Les recettes et les dépenses doivent être classées dans un tableau en fonction de leur origine :
- opérations d'exploitation (*Operating activities*)[1] ;

1. La traduction française d'*operating activities* est un peu restrictive car ces opérations incluent notamment les charges financières.

– opérations d'investissement (*Investing activities*) ;
– opérations de financement (*Financing activities*).

Les opérations d'exploitation comprennent toutes les transactions et autres éléments qui ne sont pas rattachables aux activités d'investissement et de financement. Les opérations d'exploitation comprennent les charges financières. La variation nette de trésorerie est déterminée à partir des variations de trésorerie cumulées relatives aux opérations citées précédemment. La variation de trésorerie d'exploitation peut se calculer de deux manières.

1. La méthode directe fait ressortir les encaissements provenant des produits et les décaissements en règlement des charges relatifs aux opérations d'exploitation.

2. La méthode indirecte part du résultat net en éliminant les éléments ne correspondant pas à des flux de trésorerie (dotations aux amortissements, variation du besoin de fonds de roulement d'exploitation).

Le modèle du tableau de variation de trésorerie américain préconisé par FAS 95 est en tous points semblable à celui d'IAS 7 révisé et lui a servi de référence.

Modèle de tableau de variation de trésorerie FAS 95

I. Opérations d'exploitation	
Afflux de trésorerie provenant :	
– de la vente de biens et services	X
– des produits des prêts et des dividendes de titres détenus	X
Sorties de trésorerie provenant :	
– des fournisseurs	(X)
– des salariés	(X)
– de l'État	(X)
– des prêteurs, pour le montant des intérêts	(X)
– des autres tiers	(X)
Variation de la trésorerie d'exploitation	*X*
II. Opérations d'investissements	
Afflux de trésorerie provenant :	
– de la cession d'immobilisations	X
– de la vente de titres détenus par l'entreprise	X
– du remboursement du principal des prêts consentis par l'entreprise	X
Sorties de trésorerie en règlement :	
– d'achats d'immobilisations	(X)
– d'achats de titres à d'autres sociétés	(X)
– de prêts consentis à des tiers	(X)
Variation de la trésorerie issue des opérations d'investissement	*X*
III. Opérations de financement	
Afflux de trésorerie provenant :	
– de la vente de titres détenus par l'entreprise	X
– de l'émission d'obligations	X
Sorties de trésorerie en règlement :	
– des dividendes des actionnaires	(X)
– du remboursement d'une dette à long terme ou du rachat d'actions	(X)
Variation de la trésorerie issue des opérations de financement	*X*
Variation nette de trésorerie	*X*
Trésorerie au 1er janvier	*X*
Trésorerie au 31 décembre	*X*

5. LA PRATIQUE DE LA CONSOLIDATION

Dans son étude intitulée *Group Accounts*, publiée en 1975 par l'Institute of Chartered Accountants en Angleterre et au Pays de Galles, R.M. Wilkins fait remonter la première société holding américaine à 1832 et indique que les comptables américains ont très vite attiré l'attention sur les insuffisances des comptes d'une holding ne présentant que les seuls actifs et passifs de la société elle-même ou ses seuls profits et pertes. Il fait remonter à 1904 les premiers débats sur les comptes consolidés (les premiers comptes consolidés auraient été établis en 1892 par la société National Lead).

En Grande-Bretagne, il fallut attendre 1922 pour que l'attention des milieux professionnels soit attirée par la pratique de la consolidation et 1948 pour que le *Companies Act* rende les comptes consolidés obligatoires. En France, un congrès de la Compagnie nationale des experts-comptables s'intéressa au sujet en 1954 mais c'est le décret du 23 mars 1967 sur les sociétés commerciales qui donna la possibilité d'annexer des comptes consolidés aux comptes annuels.

L'IASC a d'abord publié en mars 1977 une norme (n° 3) concernant les états financiers consolidés. Elle y analysait en particulier les méthodes connues en France sous le nom d'intégration globale et de mise en équivalence. Cette norme fut annulée et remplacée en 1989 par les normes 27 et 28 traitant respectivement des sociétés contrôlées et des sociétés associées. Elle fut complétée en 1991 par la norme 31 traitant des co-entreprises.

De leur côté, les pays européens ont adopté le 13 juin 1983 la septième directive du Conseil des communautés européennes relative aux comptes consolidés. Un grand pas est ainsi en train de se réaliser vers l'unification internationale des pratiques. L'existence de groupes multinationaux importants implique, à notre époque, que les méthodes de consolidation dans le monde s'harmonisent, en vue d'assurer la comparabilité[1].

1. LES RÈGLES DE LA CONSOLIDATION SELON LES NORMES DE L'IASC

En 1976, l'IASC avait adopté sa troisième norme (IAS 3) portant sur les états financiers consolidés, norme applicable à compter du 1er janvier 1977. Compte tenu de l'évolution des structures, cette norme a été annulée puis remplacée par la norme 27 applicable depuis le 1er avril 1989 accompagnée des normes 28 et 31 traitant de la comptabilité des participations.

Il faut souligner au préalable, avant l'examen de ces normes, que le mot consolidation a un sens plus restreint dans la littérature anglo-saxonne que dans la littérature française où il est limité à la consolidation par intégration globale (n'oublions pas que la langue officielle de l'IASC est l'anglais et que le siège de l'organisation se trouve à Londres). Aussi, ce terme de consolidation n'est pas utilisé par l'IASC pour la consolidation par mise en équivalence ni pour la consolidation par intégration proportionnelle.

1.1. Analyse de la norme 27 de l'IASC : états financiers consolidés et comptabilité des participations dans les filiales

Cette norme adoptée en novembre 1988 est applicable depuis le 1er avril 1989. Elle reprend presque toutes les propositions d'un projet adopté en 1987. La norme définit la notion de filiale et de contrôle exclusif, les cas d'exclusion et d'exemption de la consolidation, les procédures de la consolidation et les informations devant figurer en annexe.

► *Notion de filiale et contrôle exclusif*

La société filiale est définie dans la norme à partir de la notion de contrôle (pouvoir de diriger les politiques financières et d'exploitation) et non à

1. Pour l'étude des techniques de la consolidation voir notre ouvrage *Évaluation, prise de participation, consolidation, fusion*, Collection « Préparation à » Clet-Dunod, 1993.

partir de la majorité des droits de vote (plus de 50 %), les cas de contrôle restant les mêmes, c'est-à-dire lorsqu'il y a :

- détention de plus de 50 % des droits de vote (la présomption de contrôle pouvant être écartée par la preuve contraire) ;
- détention de 50 % ou moins des droits de vote si :
  - il existe un accord avec d'autres associés pour disposer au total de plus de 50 % des droits de vote ;
  - il existe un accord, statutaire ou non, pour diriger les politiques financières et d'exploitation ;
  - la société-mère a le pouvoir de nommer la majorité des membres de l'organe de direction ;
  - la société-mère a le pouvoir de rassembler la majorité des votes aux réunions de l'organe de direction.

▶ *Exclusion de la consolidation*

Une société-mère qui publie des comptes consolidés doit consolider toutes ses filiales nationales et étrangères. Toutefois, une filiale doit être exclue de la consolidation lorsque :

- le contrôle est destiné à être temporaire, la filiale ayant été acquise et détenue dans l'unique perspective d'une cession dans un avenir proche ;
- la filiale fonctionne sous l'emprise de contraintes durables qui l'empêchent de transférer des fonds à sa société-mère.

De telles filiales doivent être comptabilisées comme si elles constituaient des placements, en accord avec la norme IAS 25 relative à la comptabilisation des placements (voir dans le chapitre 4).

▶ *Exemption de la consolidation*

Une société-mère qui est elle-même une filiale totalement ou quasi totalement détenue n'a pas à présenter de comptes consolidés à condition, dans le cas où elle n'est pas totalement détenue, qu'elle obtienne l'accord de ses associés minoritaires. Elle doit alors donner les raisons pour lesquelles des comptes consolidés ne sont pas présentés ainsi que les méthodes de comptabilisation de ses filiales dans les comptes individuels.

▶ *Procédures de consolidation*

La norme 27 rappelle un certain nombre de principes à respecter :

- les soldes et transactions intergroupes et les bénéfices non réalisés qui en découlent doivent être intégralement éliminés ;
- les comptes consolidés doivent être préparés en utilisant des méthodes

comptables uniformes pour des transactions et événements semblables se produisant dans des circonstances analogues ;
- les intérêts minoritaires doivent être présentés dans le bilan consolidé séparément des dettes et des capitaux propres ; la part des intérêts minoritaires dans le résultat du groupe doit être présentée séparément ;
- quand les comptes utilisés en consolidation sont établis à des dates différentes, des ajustements doivent être faits pour prendre en compte les effets des transactions et autres événements significatifs qui se produisent entre ces dates et celle des comptes consolidés de la société-mère. En tout état de cause, la différence ente les dates de clôture ne saurait excéder trois mois.

► *Informations en annexe des comptes consolidés*

La norme 27 précise toutes les informations devant figurer en annexe :
- la liste des filiales avec nom, pays d'immatriculation ou de résidence, pourcentage de participation en capital ou droit de vote si différent ;
- les raisons de la non-consolidation d'une filiale ;
- la nature de la relation qui justifie la consolidation d'une filiale dont la société-mère ne possède pas plus de 50 % des droits de vote ;
- le nom des entreprises non contrôlées mais dont la société-mère possède plus de 50 % des droits de vote ;
- les effets de la variation du périmètre de consolidation sur le bilan et le résultat de l'année consolidée et de l'année précédente.

De plus, des informations supplémentaires sont à donner en cas de méthodes non uniformes ou de dates de clôture différentes.

Par ailleurs, la norme 27 traite aussi du cas de la comptabilisation, dans les comptes non consolidés de la société-mère, des participations qu'elle détient sur sa filiale (voir chapitre 4, paragraphe 4.1).

1.2. Analyse de la norme 28 de l'IASC : comptabilité des participations dans les sociétés associées

Cette norme, adoptée en novembre 1988, est applicable depuis le 1er janvier 1990. Elle définit les notions d'entreprise associée et d'influence notable, et précise la méthode comptable à pratiquer dans l'élaboration des comptes consolidés pour ce qui concerne ces sociétés.

► *Entreprise associée et influence notable*

Selon la norme 28, le terme « entreprise associée » désigne une entreprise dans laquelle un investisseur a une influence notable (et qui n'est pas pour cet investisseur ni une filiale ni une entreprise communautaire d'intérêts ou contrôlée conjointement). L'influence notable est le pouvoir de participer aux décisions sur les politiques financières et opérationnelles de l'entreprise détenue sans toutefois en avoir le contrôle.

Si un investisseur détient directement ou indirectement par des filiales 20 % ou plus des droits de vote dans l'entreprise détenue, il est présumé avoir une influence notable, sauf à démontrer que ce n'est pas le cas. Inversement, si l'investisseur détient, directement ou indirectement par ses filiales, moins de 20 % des droits de vote dans l'entreprise détenue, il est présumé ne pas avoir d'influence notable, sauf à démontrer que cette influence existe. L'existence d'une participation importante ou majoritaire d'un autre associé n'exclut pas nécessairement que l'investisseur ait une influence notable.

Toujours selon cette norme, l'existence de l'influence notable d'un investisseur est habituellement mise en évidence par une ou plusieurs des indications suivantes :
- représentation au conseil d'administration, ou à l'organe de direction équivalent, de l'entreprise détenue ;
- participation au processus de prise de décision politique ;
- transactions importantes entre l'investisseur et l'entreprise détenue ;
- échange de cadres et dirigeants ;
- fournitures d'informations techniques essentielles.

► *Choix de la méthode comptable dans les comptes consolidés*

Ayant défini la notion d'entreprise associée, la norme 28 traite de la comptabilisation des participations dans ces entreprises (à la fois dans les comptes individuels et les comptes consolidés). Pour ce qui concerne les comptes individuels, nous avons dans le paragraphe 4.1 du chapitre 4, analysé les recommandations contenues dans la norme et relatives à la comptabilisation des participations.

Dans le cadre de la consolidation, selon la norme, une participation dans une entreprise associée doit être comptabilisée dans les comptes consolidés selon la méthode de mise en équivalence sauf si la participation est acquise et détenue dans l'unique perspective d'une cession dans un avenir proche : dans ce cas, elle doit être comptabilisée selon la méthode du coût de revient.

La méthode de mise en équivalence y est définie comme une méthode comptable selon laquelle la participation est enregistrée à l'origine au coût de revient et est ensuite ajustée pour prendre en compte les modifications postérieures à l'acquisition de la part de l'investisseur dans les capitaux propres de l'entreprise détenue. Le compte de résultats enregistre la part de l'investisseur dans les résultats de l'entreprise détenue. L'investisseur doit

cesser d'utiliser la méthode de mise en équivalence à partir de la date où :
- il cesse d'avoir une influence notable dans une entreprise associée mais conserve, en tout ou partie, sa participation ;
- l'utilisation de la méthode de mise en équivalence n'est plus appropriée parce que l'entreprise associée fonctionne sous l'emprise de restrictions durables qui obèrent de façon importante sa capacité à transférer des fonds à l'investisseur.

1.3. Analyse de la norme 31 de l'IASC : comptabilisation des participations dans les coentreprises

Les principales dispositions d'IAS 31 concernent les définitions des notions de coentreprise et de contrôle conjoint et la présentation du traitement comptable correspondant.

► *Coentreprise et contrôle conjoint*

• Une coentreprise est définie par l'IASC comme un accord contractuel par lequel deux ou plusieurs parties participent à une activité économique soumise à un contrôle conjoint, c'est-à-dire un contrôle contractuellement partagé entre les parties et tel qu'aucune d'entre elles ne soit en position d'exercer un contrôle unilatéral sur l'activité.

• Le contrôle conjoint suppose que l'accord unanime des parties est requis pour les décisions essentielles de la coentreprise.

L'une des parties peut jouer le rôle d'opérateur sans exercer un contrôle unilatéral sur la politique de la coentreprise. Si l'opérateur exerce un contrôle unilatéral, il n'y a plus coentreprise mais entreprise filiale de l'opérateur. Une coentreprise peut comprendre des associés ne disposant pas du contrôle conjoint. Ces derniers ne sont pas concernés par les règles définies par IAS 31 et doivent donc comptabiliser leur participation conformément aux règles habituelles.

Cette définition large de la coentreprise recouvre trois principaux types d'organisation pour lesquels IAS 31 précise le traitement comptable approprié.

► *Traitement comptable des trois principaux types d'organisation de la coentreprise*

IAS 31 insiste sur le fait que le traitement comptable des coentreprises doit être avant tout fondé sur la substance et la réalité économique des accords et des opérations plutôt que sur la structure juridique de la coentreprise ou la forme des opérations. Elle distingue les opérations sous contrôle conjoint, les actifs sous contrôle conjoint et les entités sous contrôle conjoint.

- *Opérations sous contrôle conjoint*

Il y a contrôle conjoint des opérations lorsque les coentreprises utilisent les actifs et les autres ressources des coentrepreneurs, sans que soit créée une personnalité morale distincte des entrepreneurs eux-mêmes (cas en France des sociétés en participation). Les intérêts de la coentreprise étant comptabilisés dans les comptes individuels, aucune opération particulière de consolidation n'est requise pour la préparation des comptes consolidés des coentrepreneurs.

- *Actifs sous contrôle conjoint*

Il y a contrôle conjoint des actifs lorsque les coentrepreneurs acquièrent en commun un certain nombre d'actifs, sans qu'il ne soit créé de personnalité morale distincte. Comme dans le cas précédent, aucune opération particulière de consolidation n'est requise, les intérêts de chacun des membres dans la coentreprise étant reflétés dans leurs comptes individuels.

- *Entités sous contrôle conjoint*

Il s'agit d'entreprises créées par des associés entre lesquels existe un contrat établissant un contrôle conjoint sur l'activité. Les coentreprises doivent tenir une comptabilité propre et établir des comptes annuels conformes aux normes comptables habituelles. Pour la préparation des comptes consolidés des membres de la coentreprise, IAS 31 permet l'utilisation de deux méthodes :
– l'intégration proportionnelle ;
– la mise en équivalence.

1. *Méthode de référence : intégration proportionnelle.* Cette méthode est jugée par l'IASC comme celle reflétant le mieux la réalité des intérêts économiques des membres dans la coentreprise. IAS 31 permet deux présentations de la part du groupe dans la coentreprise :
– soit intégrée dans chacune des rubriques correspondantes du bilan et du compte de résultats consolidés ;
– soit présentée dans des rubriques séparées de chacun des composants (actif immobilisé, actif circulant, dettes, charges, produits...) du bilan et du compte de résultats consolidé.

2. *Méthode alternative autorisée :* mise en équivalence. Compte tenu des arguments développés par les partisans de cette méthode (essentielle-

ment les Américains et les Britanniques), l'IASC a décidé d'autoriser, sans la recommander, la mise en équivalence des participations dans les coentreprises.

IAS 31 traite également de l'enregistrement comptable des opérations entre la coentreprise et l'un de ses membres et de l'information à fournir dans les notes annexes des coentrepreneurs.

2. LES RÈGLES DE LA CONSOLIDATION DANS LA SEPTIÈME DIRECTIVE DES COMMUNAUTÉS EUROPÉENNES

Adoptée le 13 juin 1983, la septième directive du Conseil des communautés européennes vise à « (...) tracer un cadre communautaire en matière de comptes consolidés. Ce faisant, elle constitue le complément indispensable de la quatrième directive sur les comptes annuels, dont elle poursuit les mêmes objectifs : assurer la comparabilité au niveau communautaire des comptes consolidés et une équivalence minimale d'informations à procurer par ces comptes afin de porter la protection des actionnaires, des travailleurs et des tiers dans tous les États membres à un niveau minimal, pour ainsi faciliter le droit d'établissement par les sociétés, permettre l'avènement d'un marché commun des entreprises, créer des conditions propices pour le fonctionnement d'un marché commun des capitaux et, finalement, éviter que des exigences légales divergentes en matière de reddition des comptes puissent fausser les conditions de concurrence dans la Communauté. » (exposé des motifs de la dite directive).

2.1. Structure de la directive

Elle comprend les sections suivantes.

Section 1 : conditions d'établissement des comptes consolidés
Section 2 : modes d'établissement des comptes consolidés
Section 3 : rapport consolidé de gestion
Section 4 : contrôle des comptes consolidés
Section 5 : publicité des comptes consolidés
Section 6 : dispositions transitoires et finales

2.2. Conditions d'établissement des comptes consolidés

Elles sont précisées en particulier par l'article premier de la directive.

ARTICLE PREMIER

1. Les États membres imposent à toute entreprise qui relève de leur droit national l'obligation d'établir des comptes consolidés et un rapport consolidé de gestion si cette entreprise (entreprise mère) :

a) a la majorité des droits de vote des actionnaires et associés d'une entreprise (entreprise filiale) ;

b) a le droit de nommer ou de révoquer la majorité des membres de l'organe d'administration, de direction ou de surveillance d'une entreprise (entreprise filiale) et est en même temps actionnaire ou associé de cette entreprise ;

c) a le droit d'exercer une influence dominante sur une autre entreprise (entreprise filiale) dont elle est actionnaire ou associé, en vertu d'un contrat conclu avec celle-ci ou en vertu d'une clause de statuts de celle-ci...

d) est actionnaire ou associé d'une entreprise et :

aa) que la majorité des membres de l'organe d'administration, de direction ou de surveillance de cette entreprise (entreprise filiale) en fonction durant l'exercice ainsi que l'exercice antérieur et jusqu'à l'établissement des comptes consolidés, ont été nommés par l'effet du seul exercice de ses droits de vote ;
bb) qu'elle contrôle seule, en vertu d'un accord conclu avec d'autres actionnaires ou associés de cette entreprise (entreprise filiale) la majorité des droits de vote des actionnaires ou associés de celle-ci...

2. Outre les cas visés au paragraphe 1 et jusqu'à coordination ultérieure, les États membres peuvent imposer à toute entreprise relevant de leur droit national l'établissement de comptes consolidés et d'un rapport consolidé de gestion lorsque cette entreprise (entreprise mère) détient une participation au sens de l'article 17 de la directive 78-660/CEE (*quatrième directive : pourcentage qui ne peut excéder 20 %*) dans une autre entreprise (entreprise filiale) et :

a) qu'elle exerce effectivement sur celle ci une influence dominante, ou,

b) qu'elle-même et l'entreprise filiale se trouvent placées sous sa direction unique.

La section 1 de la directive traite également :
- des cas d'exemption de la consolidation ;
- du cas des petites entreprises ;
- des cas d'élimination de certaines filiales.

2.3. Modes d'établissement des comptes consolidés

Dans son article 16, la directive rappelle les caractéristiques générales des comptes consolidés.

1. Les comptes consolidés comprennent le bilan consolidé, le compte de profits et pertes consolidé, ainsi que l'annexe. Ces documents forment un tout.

2. Les comptes consolidés doivent être établis avec clarté et en conformité avec la présente directive.

3. Les comptes consolidés doivent donner une image fidèle du patrimoine, de la situation financière ainsi que des résultats de l'ensemble des entreprises comprises dans la consolidation.

4. Lorsque l'application de la présente directive ne suffit pas à donner l'image fidèle, des informations complémentaires doivent être fournies.

5. Si, dans des cas exceptionnels, l'application d'une disposition ne permet pas de donner l'image fidèle, il y a lieu de déroger. Une telle dérogation doit être mentionnée dans l'annexe et dûment motivée, avec indication de son influence sur le patrimoine, la situation financière et les résultats.

La directive permet aux États membres d'exiger d'autres informations en plus de celles dont la divulgation est exigée par la présente directive. Pour la structure des comptes consolidés, elle se réfère à la quatrième directive en précisant qu'il faut tenir compte des aménagements indispensables résultant des caractéristiques propres aux comptes consolidés par rapport aux comptes annuels.

La consolidation se fait de telle manière que les éléments d'actif et de passif des entreprises comprises dans la consolidation soient repris intégralement au bilan consolidé (article 18). Les produits et charges des entreprises comprises dans la consolidation sont repris intégralement au compte de profits et pertes consolidés (article 22).

L'article 26 traite de l'élimination des opérations réciproques, les articles 30 et 31 des écarts d'acquisition.

L'article 32 permet aux États membres d'autoriser ou de prescrire, lorsqu'une entreprise comprise dans la consolidation dirige, conjointement avec une ou plusieurs autres entreprises non comprises dans la consolidation, une autre entreprise, que cette entreprise soit incluse dans les comptes consolidés au prorata des droits détenus dans son capital par l'entreprise comprise dans la consolidation.

L'article 33 traite le cas de l'entreprise comprise dans la consolidation exerçant une influence notable sur la gestion et la politique financière d'une entreprise non comprise dans la consolidation (entreprise associée) dans laquelle elle détient une participation. Cette participation est inscrite au bilan consolidé sous un poste particulier à intitulé correspondant. Il est présumé qu'une entreprise exerce une influence notable sur une autre entreprise lorsqu'elle a 20 % ou plus des droits de vote des actionnaires ou associés de l'entreprise. Cette participation est inscrite au bilan consolidé :

- soit pour le montant correspondant à la fraction des capitaux propres de l'entreprise associée pour cette participation ;
- soit à la valeur comptable évaluée conformément aux règles d'évaluation prévues par la quatrième directive, la différence entre cette valeur et le montant correspondant à la fraction des capitaux propres représentée par cette participation est mentionnée séparément dans le bilan consolidé ou dans l'annexe.

Les États membres peuvent prescrire l'application de l'une ou l'autre des méthodes.

L'article 34 précise quelles sont les informations principales que doit contenir l'annexe des comptes consolidés :

- modes d'évaluation appliqués aux divers postes des comptes consolidés ;
- noms et sièges des entreprises comprises dans la consolidation ;
- noms et sièges des entreprises associées ;
- noms et sièges des entreprises qui ont fait l'objet d'une consolidation proportionnelle ;
- montant global des dettes dont la durée résiduelle est supérieure à cinq ans et celles couvertes par des sûretés réelles ;
- montant global des engagements financiers ;
- ventilation du chiffre d'affaires consolidé ;
- effectif et ventilation ;
- charge fiscale différée non comptabilisée ;
- montant des rémunérations allouées aux dirigeants ;
- montant des avances et crédits accordés aux dirigeants.

3. LES RÈGLES DE LA CONSOLIDATION DANS UN CERTAIN NOMBRE DE PAYS

3.1. Les règles de consolidation en France

En France, la consolidation est réglementée par quatre textes nationaux.

1. La loi du 3 janvier 1985, prise en application de la septième directive européenne : elle précise dans quels cas les sociétés doivent présenter des comptes consolidés, ce que l'on entend par contrôle exclusif, contrôle conjoint, influence notable ; elle décrit les méthodes de consolidation utilisables : intégration globale, intégration proportionnelle, mise en équivalence, elle précise les cas ou une filiale ou une participation peuvent être laissées en dehors de la consolidation, elle décrit le contenu général des comptes consolidés : bilan, compte de résultats annexe, les règles d'évaluation, le contenu du rapport de gestion et souligne l'obligation de contrôle des commissaires aux comptes ;

2./3. Les décrets du 17 février 1986 et du 17 janvier 1990, le premier précisant les règles générales fixées par la loi, le second fournissant les seuils en dessous desquels la société n'est pas obligée d'établir des comptes consolidés :

– montant du chiffre d'affaires net : 200 millions de francs
– total du bilan : 100 millions de francs
– nombre moyen de salariés employés permanents : 500

4. Le plan comptable général modifié par l'arrêté du 9 décembre 1986 qui y a introduit une méthodologie relative aux comptes consolidés présentant :

– les méthodes de consolidation applicables ;
– les règles de consolidation applicables ;
– les modèles de documents de synthèse consolidés.

3.2. Les règles de consolidation en Allemagne

Comme en France, les comptes consolidés en Allemagne sont établis selon les règles de la septième directive européenne. La loi du 19 décembre 1985 (appelée *Birilig*, voir chapitre 1 relatif aux sources des règles comptables paragraphe 4.1) fixe les conditions de fond, de forme et de taille applicables en ce qui concerne la consolidation. Pour les conditions de taille, elle exempte les sociétés de petite taille ; pour que cela soit possible, il convient que deux au moins des trois critères (chiffre d'affaires, total du bilan, effectif) ne soient pas dépassés au sein du groupe à la clôture de l'exercice considéré et de l'exercice précédent. Ces critères (ou tout au moins les deux premiers) ont la particularité de pouvoir être déterminés – au choix – selon deux méthodes :

- la méthode de l'addition ;
- la méthode de la consolidation.

Ainsi, pour le chiffre d'affaires, le total additionné a pour limite 96 millions de DEM alors que le total consolidé a pour limite 80 millions de DEM. La première méthode a l'avantage de ne pas contraindre les entreprises à consolider pour savoir si elles ont effectivement l'obligation de le faire.

3.3. Les règles de consolidation en Grande-Bretagne

La consolidation est réglementée en Grande-Bretagne par le *Companies Act* 1989 pris en application de la septième directive européenne. Le SSAP 14 avait, dès 1979, prévu un certain nombre de règles, privilégiant l'intégration globale. Aujourd'hui, les règles pratiquées (intégration globale, intégration proportionnelle, mise en équivalence) sont celles préconisées par la directive.

Toutes les filiales cependant sont consolidées par intégration globale. Seules, les *joint ventures* non dotées de la personnalité morale font l'objet d'une intégration proportionnelle. Les comptes consolidés sont établis selon les mêmes règles de présentation que les comptes annuels et doivent donner une image fidèle de la situation de la société et de ses filiales ainsi que résultat consolidé de l'exercice.

En cas d'établissement des comptes consolidés (bilan, compte de résultats, annexe, rapport de gestion), la société-mère n'est obligée de présenter pour sa propre activité ni compte de résultats, ni annexe, ni rapport de gestion : seul le bilan est obligatoire. Lorsque le compte de résultats de la société-mère n'est pas établi, il en fait mention dans l'annexe des comptes consolidés, la quote-part des résultats issus de la seule activité de la société-mère doit y être mise en évidence.

3.4. Les règles de consolidation aux États-Unis

Aux États-Unis, la consolidation fait l'objet de nombreux textes et en particulier des normes suivantes.

- ARB 43 : reformulation et révision des ARB précédents (*Restatement and revision of Accounting Research Bulletins*).

- ARB 51 : états financiers consolidés (*Consolidated financial statements*).
- APB 18 : mise en équivalence (*The equity method of accounting for investments in common stock*).
- FAS 94 (publié en octobre 1987) : consolidation de toutes les sociétés contrôlées (*Consolidation of all majority owned subsidiaries*) : cette norme apporte d'importantes modifications à certaines dispositions de l'ARB 51, de l'APB 18 et de l'ARB 43.
- Article 3.A de la « Régulation SX » de la Securities and Exchange Commission : états financiers consolidés (*Consolidated and combined financial statements*).

▶ *Contrôle exclusif, contrôle conjoint, influence notable*

Comme dans tous les pays, le contrôle de droit résulte aux États-Unis de la détention directe ou indirecte de la majorité des droits de vote dans une autre entreprise. Le pouvoir de contrôle peut également exister avec un pourcentage de détention inférieur à 50 %, lorsqu'il existe par exemple un contrat ou un accord avec d'autres actionnaires. Un contrôle de fait ne permet pas cependant de procéder à la consolidation.

La présomption d'influence notable (qui implique la mise en équivalence) s'exerce lorsque la société possède au moins 20 % des votes. La pratique utilise également la mise en équivalence pour les sociétés contrôlées conjointement. Cependant, l'intégration proportionnelle (autorisée par l'interprétation n° 2 de l'APB 18) est pratiquée dans certaines industries spécifiques, comme les affaires de gaz et de pétrole.

Des exclusions à la consolidation sont autorisées :
- si le contrôle n'est pas effectif, ce qui est le cas, notamment, lorsque la société subit une réglementation stricte en matière de contrôle de change ;
- lorsqu'une décision résultant d'un accord de cession a été prise ou aura de fortes probabilités de l'être ;
- si la société détenue majoritairement opère dans des pays ayant des risques gouvernementaux mettant significativement en question la capacité de la société-mère à contrôler sa filiale.

▶ *Évaluation des postes des comptes consolidés*

Aux États-Unis, l'évaluation des postes des comptes consolidés est le plus souvent similaire à celle des comptes annuels. Le lecteur pourra donc se reporter au chapitre 4. Il est à noter qu'il y a peu de différences entre la méthodologie retenue par les États-Unis et celle pratiquée en France pour les comptes consolidés. Cela permet aux groupes importants français voulant être cotés auprès d'une bourse américaine de présenter des comptes consolidés compatibles avec les exigences du SEC (Securities and Exchange Commission).

► *Analyse des différentes dispositions américaines*

• *Frais d'établissement :* les *Pre-operating Cost* (comprenant des frais annexes n'ayant pas de valeur marchande – la notion de frais d'établissement n'existant pas aux États-Unis) peuvent être portés à l'actif. Regroupés avec d'autres éléments sous la rubrique « *Other non current assets* », ils sont en général amortis sur trois ou cinq ans.

• *Frais de recherche et de développement :* ils représentent des charges (FAS 2).

• *Frais financiers sur immobilisations fabriquées :* ils sont incorporés au coût (FAS 34) lorsque la fabrication nécessite un certain temps pour être achevée.

• *Frais financiers et acomptes versés sur commandes d'immobilisations :* ils sont également incorporés au coût (FAS 34).

• *Biens dont l'entreprise dispose par contrat de crédit-bail ou assimilés :* le FAS 13, reprenant l'analyse de l'IASC distingue deux types d'opérations :
– les opérations de location financement (*capital lease*), où le bien est immobilisé ;
– les opérations de location simple (*operating lease*) où la redevance est considérée comme une charge.

• *Fonds de commerce acquis :* aux États-Unis, le goodwill est amorti linéairement sur une durée variable (qui ne peut, en tout état de cause, dépasser 40 ans), cette durée étant déterminée en fonction de plusieurs facteurs (APB 17) ;
– les dispositions légales, réglementaires ou contractuelles limitant la durée de vie ;
– les dispositions prises en fonction de la rénovation de l'activité d'une société ;
– les effets de l'obsolescence, de la concurrence et des autres facteurs économiques…

• *Réévaluation des bilans :* elle n'est pas admise (FAS 33).

• *Stocks interchangeables :* l'ARB 43 (chapitre 4) permet l'utilisation des méthodes CMP, FIFO, LIFO. Lorsque cette dernière est retenue fiscalement, elle doit l'être également en comptabilité.

• *Intérêts intercalaires sur stocks fabriqués :* selon le FAS 34, l'intégration au coût est limitée aux projets individualisés qui ne font pas partie du cycle de production répétitif des stocks ; généralement les frais financiers ne sont pas inscrits à l'actif, sauf lorsqu'exceptionnellement les produits sont conservés durant une période de maturation étendue.

• *Contrats à long terme.* Selon l'ARB 45 :
– la méthode de l'avancement des travaux est préférable lorsque l'estimation du coût à terminaison du projet et l'étendue des travaux à réaliser pour l'achever sont raisonnablement fiables ;
– dans le cas contraire, ou s'il existe certains risques qui pourraient rendre douteuses les prévisions, la méthode de l'achèvement des travaux est préférable.

• *Créances et dettes en devises :* les différences de conversion sont inscrites au compte de résultats (FAS 52).

• *Créances et dettes à intérêt faible ou nul :* selon l'APB 21, les dettes à long terme dont le taux ne correspond pas à des conditions normales sont retenues pour leur valeur actualisée, la différence entre valeur nominale et valeur actuelle étant portée à un compte de régularisation et amortie sur la durée de la dette.

• *Primes de remboursement des obligations :* elles sont portées (APB 21) en diminution de l'emprunt, l'amortissement s'effectue en principe selon la méthode des intérêts réels.

• *Provisions pour retraite :* la provision doit être totale.

• *Frais d'augmentation de capital :* la pratique est de les imputer sur les capitaux propres.

• *Impôts différés :* application du FAS 109.

▶ *Le traitement de l'écart de première consolidation*

Comme en France, l'écart de première consolidation doit être réparti le mieux possible dans les postes du bilan consolidé de manière à ce que la partie non affectée soit résiduelle et la plus faible possible. Selon le FAS 38, une certaine période est permise (ne devant pas s'étendre sur plus d'un an) pour apprécier les affectations à faire. L'écart de première consolidation est ventilé entre écart d'évaluation et écart d'acquisition.

L'écart d'acquisition comme le fonds commercial analysé ci-dessus s'amortit sur une période qui ne peut excéder quarante ans, sauf exception, sur une base linéaire (APB 17). La dotation figure généralement sous la rubrique « Dépréciations et Amortissements » ou si cette rubrique n'est pas présentée séparément « Dépenses administratives ». Lorsque le montant est significatif, il apparaît sur une ligne séparée. L'écart d'acquisition ne peut être imputé sur les réserves. S'il est négatif, il est rapporté aux bénéfices sur une période estimée d'élimination ne pouvant excéder 40 ans. Il peut être également imputé sur la valeur attribuée aux actifs immobilisés (à l'exception des investissements à long terme en valeurs mobilières) proportionnellement à cette valeur.

4. LA PRATIQUE DE LA CONSOLIDATION DANS LES GROUPES MULTINATIONAUX : LE PROBLÈME DES CONVERSIONS MONÉTAIRES

Lorsqu'un groupe multinational a son siège dans un pays déterminé, deux types de problèmes techniques sont posés :

- celui de l'harmonie entre les comptes des différentes sociétés entant dans la consolidation ;
- celui de la conversion monétaire de ces comptes.

L'examen du premier point peut être effectué en retraitant selon les normes nationales du pays de la société-mère (la France prévoit dans ses règles relatives à la consolidation de nombreuses options qui doivent faciliter ce retraitement : options relatives à la comptabilisation du crédit-bail, des stocks, des écarts de conversion...[1]) les comptes établis selon des normes étrangères. L'analyse que nous avons faite dans cet ouvrage (en particulier les chapitres 3 et 4 consacrés à la présentation des comptes annuels et au traitement d'un certain nombre de thèmes) doit permettre au lecteur de comprendre ce retraitement. Aussi n'analyserons-nous donc dans ce chapitre que le problème des conversions monétaires[2].

---

1. Voir notre ouvrage *Évaluation, prise de participation, consolidation, fusion*, *op. cit.*, chapitre 3, section 4.
2. Le lecteur qui voudra approfondir ce sujet pourra consulter l'ouvrage de J. Raffegeau, P. Dufils, J. Corre et D. de Ménouville, *Comptes consolidés : solutions françaises et internationales* et en particulier le chapitre VIII consacré à ce problème, Francis Lefebvre, 1989.

4.1. Les recommandations en matière de conversions monétaires

Pour l'ensemble des entreprises consolidées, les normes (IAS 21, FAS 52 aux États-Unis, plan comptable général, chapitre 26, page II 155 à 157 en France) prescrivent les méthodes suivantes.

Entreprises étrangères	*Méthodes*
1. Cas général Entreprises autonomes Entreprises non autonomes	 Taux de clôture Taux historique
2. Cas particulier Entreprises situées dans les pays à forte inflation	Méthode spécifique

4.2. La méthode du taux historique

► *Principes de base*

Le tableau ci-après résume les solutions retenues par la norme IAS 21, le FAS 52 et le plan comptable général, pour les différents éléments de la méthode.

	Norme IAS 21	*PCG n° 261*	*États Unis FAS 52*[1]
Entreprises concernées	entreprises non autonomes	plus particulièrement entreprises non autonomes	entreprises non autonomes
Conversion du bilan – éléments monétaires – éléments non monétaires figurant pour leur coût – éléments non monétaires ramenés à leur valeur (par provision)	 taux de clôture taux historique taux de clôture	 taux de clôture taux historique non précisé	 taux de clôture taux historique taux de clôture
Conversion du compte de résultat	En principe : taux de change en vigueur à la date de l'opération En pratique : taux moyen sauf pour les dépréciations constatées sur éléments convertis au taux historique (amortissements, provisions)		
Affectation des écarts de conversion	résultat ou étalement	résultat ou étalement	résultat

1. La méthode préconisée par le FAS 52 est appelée en pratique « méthode temporelle » que l'on a aussi traduit en français par « méthode des coûts et valeurs »

Source : d'après *Comptes consolidés. Solutions financières et internationales*, Francis Lefebvre, 1989, paragraphe 2801.

▶ *Exemple de base*

La société A, dont le siège social est à Paris a participé le 1er janvier N – 1 à la constitution de la société B, société au capital de 30 millions $ dont le siège est à Atlanta. Elle a acquis 70 % du capital pour le prix de 115 500 000 F.

Au 31 décembre N, le bilan et le compte de résultats de la société B se présentent ainsi (en milliers de $).

Bilan

Immobilisations corporelles	20 000	Capital	30 000
Stocks et en cours	18 000	Réserves	4 000
Créances	17 000	Résultat	8 000
Liquidités	8 000	Emprunts	12 000
		Autres dettes	9 000
	63 000		63 000

compte de résultats

Achats	40 000	Ventes	63 000
(Variation de stock)	– 10 000		
Autres charges	14 000		
Amortissements	5 000		
Impôts	6 000		
Résultat	8 000		
	63 000		63 000

Il est demandé de consolider la société B dans le bilan et le compte de résultats de la société A en sachant que le cours du $ au 31 décembre N est de 6 F, au 1er janvier N – 1 de 5,50 F, au 1er janvier N de 5,60 F et en moyenne au cours de l'exercice N – 1 de 5,55 F et au cours de l'exercice N de 5,80 F. Dans la méthode du taux historique, les valeurs monétaires sont converties au taux en fin d'exercice, les valeurs non monétaires au taux historique, une différence de conversion étant constatée au compte de résultats. On obtiendrait les écritures de cumul du bilan et du compte de résultats suivantes.

Écriture de cumul du bilan

Immobilisations corporelles 20 000 x 5,50	110 000	
Stocks et en cours 18 000 x 5,80	104 400	
Créances 17 000 x 6	102 000	
Liquidités 8 000 x 6	48 000	
Capital 30 000 x 5,50		165 000
Réserves		....
Résultat		....
Emprunts 12 000 x 6		72 000
Autres dettes 9 000 x 6		54 000

Écriture de cumul du compte de résultats

Achats 4 000 x 5,80	232 000	
Variation de stock (18 000 x 5,80 – 8 000 x 5,55)	– 60 000	
Autres charges 14 000 x 5,80	81 200	
Amortissements 5 000 x 5,50	27 500	
Impôts 6 000 x 5,80	34 800	
Résultat	....	
Ventes 63000 x 5,80		365 400
Écarts de conversion		....

Le problème posé est celui du chiffre à retenir pour les réserves, le résultat de l'exercice et pour la détermination de l'écart de conversion. Si l'on suppose par exemple que le résultat de l'année N – 1 était de 10 000 et que la distribution était de 6 000, le résultat traduit en milliers de francs au 31 décembre N – 1 de 55 100 et s'analyserait à partir du tableau suivant représentant les éléments du bilan au 31 décembre N – 1.

Actif	*en k$*	*cours*	*en kF*	*Passif*	*en k$*	*cours*	*en kF*
Immobilisations	25 000	5,50	137 500	Capital	30 000	5,50	165 000
Stocks	8 000	5,55	44 400	Résultat	10 000		56 100
Éléments monétaires (solde)	7 000	5,60	39 200				
	40 000		221 100		40 000		221 100

Le résultat N – 1 étant de 56 100 et la distribution étant de 6 000 x 5,60 = 33 600, le poste « Réserves » serait en coût historique de 56 100 – 33 600 = 22 500.

Par différence, dans l'écriture de cumul du bilan, le résultat de l'exercice serait de 50 900.

En reportant ce résultat dans l'écriture de cumul du compte de résultats, on obtient (encore par différence) un écart de conversion de 1 000.

▶ *Analyse de l'écart de conversion*

L'écart de conversion qui apparaît séparément sur une ligne du compte de résultats (et qui est compris dans le résultat du bilan), résulte de l'utilisation de taux de change différents. Il comprend les éléments suivants.

- Un écart résultant de la variation de l'exercice des postes convertis au taux historique (éléments non monétaires) :

  * distribution de dividendes : 6 000 x (5,60 – 6) = – 2 400

- Un écart résultant de la variation du taux de clôture sur le solde au début d'exercice des éléments convertis au taux de clôture (éléments monétaires) :

  * éléments monétaires : 7 000 x (6 – 5,60) = + 2 800

- Un écart sur les postes de résultat convertis au taux moyen :

  * Produits – Charges
  = 63 000 – 40 000 – 14 000 – 6 000 = 3 000
  3 000 x (6 – 5,80) = + 600

  Le total s'élève donc à : – 2 400 + 2 800 + 600 = 1 000

▶ *Difficultés d'application*

Un certain nombre de difficultés d'application peuvent apparaître lors du traitement de la consolidation ; elles concernent tout particulièrement :

- la distribution de dividendes par l'entreprise étrangère ;
- l'augmentation de capital de l'entreprise étrangère ;
- l'acquisition de titres de participation consolidés par une entreprise étrangère ;
- la cession à des tiers de titres de participation consolidés détenus par une entreprise étrangère ;
- les écarts de première consolidation ;
- les produits et charges réciproques ;
- les comptes réciproques ;
- les résultats intra-groupe sur immobilisations et sur stocks ;
- les provisions intra-groupe.

▶ *Élimination des titres de participation de la filiale consolidée*

Elle ne fait pas intervenir le compte d'écart de conversion.

Capital B		165 000	
Réserves B		22 500	
Résultat B		50 900	
	Titres de participation		115 500
	Réserves groupe 22 500 x 70 %		15 750
	Résultat groupe 50 900 x 70 %		35 630
	Intérêts minoritaires 187 500 x 30 %		56 250
	Résultats minoritaires 50 900 x 30 %		15 270

4.3. La méthode du taux de clôture

► *Principes de base*

Le tableau ci-après résume les solutions retenues par la norme IAS 21, le FAS 52 et le plan comptable général, pour les différents éléments de la méthode.

	Norme IAS 21	*PCG n° 261*	*États-Unis FAS 52*
Entreprises concernées	entreprises autonomes	plus particulièrement entreprises autonomes	entreprises autonomes
Conversion monétaire			
– capitaux propres	taux historique	taux historique	taux historique
– résultat et compte de résultat	taux moyen	taux de clôture ou taux moyen	taux moyen
– autres postes	taux de clôture	taux de clôture	taux de clôture
Affectation des écarts de conversion			
– écart sur situation nette d'ouverture	capitaux propres	capitaux propres	capitaux propres
– écart sur résultat	capitaux propres	capitaux propres	capitaux propres

Source : d'après *Comptes consolidés : solutions françaises et internationales*, Francis Lefebvre, 1989, paragraphe 2716.

► *Exemple de base*

En reprenant l'exemple de base présenté ci-dessus, on obtiendrait les écritures de cumul du bilan et du compte de résultats suivant.

Écriture de cumul du bilan(au taux de clôture)

Immobilisations corporelles 20 000 x 6	120 000	
Stocks et en cours 18 000 x 6	108 000	
Créances 17 000 x 6	102 000	
Liquidités 8 000 x 6	48 000	
Capital 30 000 x 6		180 000
Réserves 4 000 x 6		24 000
Résultat 8 000 x 6		48 000
Emprunt 12 000 x 6		72 000
Autres dettes 9 000 x 6		54 000

Écriture de cumul du compte de résultats (au taux moyen)

Achats 40 000 x 5,80	232 000	
Variation de stock – 10 000 x 5,80	– 58 000	
Autres charges 14 000 x 5,80	81 200	
Amortissements 5 000 x 5,80	29 000	
Impôts 6 000 x 5,80	34 800	
Résultat 8 000 x 5,80	46 400	
Ventes 63 000 x 5,80		365 400

Il y a lieu de distinguer (au niveau du bilan), un écart de conversion sur résultat afin de tenir compte de la détermination du résultat au taux moyen.

Résultat 48 000 – 46 400	1 600	
Écarts de conversion		1 600

Puis il va falloir déterminer (toujours au niveau du bilan) un écart de conversion pour ramener le capital de la filiale à sa valeur historique (à 5,50) ainsi que les réserves (bénéfices N – 1 à 5,55).

Capital B 180 000 – 30 000 x 5,50	15 000	
Réserves B 24 000 – 4 000 x 5,55	1 800	
Écart de conversion		16 800

L'écart de conversion va rester dans les postes de capitaux propres dans une rubrique « Écarts de conversion » pour les intérêts des majoritaires et sera intégrée dans le poste « Intérêts minoritaires » pour la part des autres associés. L'écriture d'élimination des titres se présentera comme suit :

Capital B	165 000	
Réserves B	22 200	
Écart de conversion	18 400	
Résultat B	46 400	
Titres de participation		115 500
Réserves groupe 22 200 x 70 %		15 540
Écart de conversion groupe 18 400 x 70 %		12 880
Résultat groupe 46 400 x 70 %		32 480
Intérêts minoritaires 205 600 x 30 %		61 680
Résultats minoritaires 46 400 x 30 %		13 920

► ***Difficultés d'application***

On retrouve dans cette méthode les mêmes difficultés que celles présentées dans la précédente.

4.4. Les méthodes spécifiques aux entreprises situées dans les pays à forte inflation

Deux types de méthodes sont possibles théoriquement (plan comptable général paragraphe 263) :

- appliquer la méthode du cours historique qui maintient la valeur des immobilisations au coût de l'investissement apprécié à la date de sa réalisation ;
- retraiter les comptes de l'entreprise étrangère, pour les corriger des effets de l'inflation au moyen d'indices reflétant les variations générales des prix (ou en utilisant des valeurs de remplacement), et les convertir au cours de clôture.

L'IASC a marqué sa préférence pour la seconde méthode.

6. LA PRATIQUE DE L'AUDIT

L'activité des professionnels comptables peut prendre des formes variées : contrôle (légal ou conventionnel) des comptes, expertise comptable, représentation ou conseil fiscal, expertise judiciaire, contrôle d'apports en sociétés… Le contrôle légal des comptes est l'activité la plus réglementée : c'est elle qui donne à la profession comptable son identité. Appelée généralement audit, l'activité de contrôle des comptes peut être définie comme une mission d'opinion :

- confié à un professionnel « indépendant » (auditeur interne ou externe) ;
- utilisant une méthodologie spécifique ;
- et justifiant un niveau de diligences acceptable par rapport à des normes.

De l'examen des états financiers qui nous intéresse ici (audit comptable et financier) l'audit s'est étendu à d'autres domaines : c'est ainsi que l'on parle d'audit informatique, d'audit juridique, d'audit fiscal, d'audit social, d'audit des achats, de la production...).

Nous analyserons successivement dans ce chapitre :

- l'organisation des professions d'audit dans le monde ;
- les règles d'audit formulées par un certain nombre d'organismes internationaux (l'IFAC, International Federation of Accountants ; la FEE, Fédération européenne des experts-comptables) ou nationaux ;
- la pratique de la certification des comptes et la présentation des rapports d'audit dans un certain nombre de pays.

1. L'ORGANISATION DES PROFESSIONS D'AUDIT DANS LE MONDE

1.1. La huitième directive du Conseil des communautés européennes

Après la quatrième directive du 25 juillet 1978, après la septième directive du 13 juin 1983 que nous avons analysée dans les chapitres précédents, une troisième concrétisation de l'harmonisation comptable européenne a été réalisée par la huitième directive du Conseil des communautés européennes du 10 avril 1984 concernant l'agrément des personnes chargées du contrôle légal des documents comptables.

► *Les considérants*

Ils précisent que la huitième directive s'applique aux sociétés visées par la quatrième et la septième directive, c'est-à-dire en ce qui concerne la France, la société anonyme, la société en commandite par actions et la société à responsabilité limitée ; ils précisent aussi qu'il importe d'harmoniser les qualifications des personnes habilitées à effectuer le contrôle légal des documents comptables et d'assurer qu'elles soient indépendantes et honorables. Ils stipulent en particulier qu'un niveau de connaissances théoriques nécessaires pour le contrôle légal des documents comptables, ainsi que la capacité d'appliquer ces connaissances à la pratique de ce contrôle, doivent être assurés par un examen d'aptitude professionnelle.

La directive considère également qu'il y a lieu d'harmoniser les conditions d'agrément des personnes habilitées, y compris celles relatives aux personnes ayant obtenu tout ou partie de leur qualification dans un autre État, les conditions d'exercice des personnes physiques et des sociétés de contrôle.

► *Qualifications requises pour le contrôle légal*

Elles sont précisées par les articles 4 à 10 de la directive. Une personne physique ne peut être agréée pour l'exercice du contrôle légal des comptes (annuels et consolidés ainsi que de la vérification de la concordance des rapports de gestion avec ces comptes) qu'après avoir atteint le niveau d'entrée à l'université, puis suivi un programme d'enseignement théorique et effectué une formation pratique et avoir subi avec succès un examen d'aptitude professionnelle de niveau fin d'études universitaires, organisé et reconnu

par l'État. Le contrôle des connaissances théoriques, inclus dans l'examen, devra porter en particulier sur les matières suivantes :
- révision comptable ;
- analyse et critique des comptes annuels ;
- comptabilité générale ;
- comptes consolidés ;
- comptabilité analytique d'exploitation et contrôle de gestion ;
- contrôle interne ;
- normes concernant l'établissement des comptes annuels et consolidés ainsi que les modes d'évaluation des postes du bilan et de détermination des résultats ;
- normes juridiques et professionnelles concernant le contrôle légal des documents comptables ainsi que les personnes effectuant ce contrôle ;

et, dans la mesure où cela intéresse le contrôle des comptes :
- droit des sociétés ;
- droit de la faillite et des procédures analogues ;
- droit fiscal ;
- droit civil et commercial ;
- systèmes d'information et informatique ;
- économie d'entreprise, économie politique et économie financière ;
- mathématique et statistiques ;
- principes fondamentaux de gestion financière des entreprises.

La formation pratique (article 8) doit être d'au moins trois années et doit porter notamment sur le contrôle des comptes annuels, des comptes consolidés ou des états financiers analogues. Cette formation pratique doit être effectuée pour au moins deux tiers chez une personne agréée.

L'examen d'aptitude professionnelle (article 5) doit garantir le niveau de connaissances théoriques nécessaires dans les matières à connaître pour effectuer le contrôle légal des comptes annuels et consolidés et la capacité d'appliquer ces connaissances à la pratique de ce contrôle. Une partie au moins de cet examen devra être effectué par écrit.

► *Conditions d'agrément*

Les personnes agréées doivent l'être par les autorités des États membres. Ces autorités peuvent être des associations professionnelles, à condition qu'elles soient autorisées selon le droit national à accorder des agréments au sens de la directive.

L'article 11 de la huitième directive permet aux autorités d'un État membre d'agréer en qualité de contrôleur des comptes, sous certaines condi-

tions, les personnes qui ont obtenu une partie de leurs qualifications dans un autre État. Les conditions requises sont :
- des qualifications jugées équivalentes ;
- la preuve de connaissances juridiques nécessaires.

Cette preuve pourra être fournie par le suivi d'un stage d'adaptation d'une durée maximum de trois ans ou par la réussite à une épreuve d'aptitude.

► *Conditions d'exercice des personnes physiques*

Les personnes dont les qualifications requises ont été reconnues ne peuvent être agréées que si elles sont honorables et si elles n'exercent pas d'activités incompatibles (article 3).

► *Conditions d'exercice par des sociétés de contrôle*

Ces sociétés doivent satisfaire aux deux conditions suivantes :
- les personnes physiques qui effectuent le contrôle légal au nom de la société de contrôle doivent être agréées ou avoir (selon les États) la capacité d'être agréées ;
- la majorité des droits de vote de ces sociétés doit être détenue par des personnes physiques agréées (ou ayant la capacité de l'être) ou des sociétés de contrôle agréées.

1.2. L'organisation de la profession comptable en France

La profession comptable en France est composée des experts-comptables d'une part, et des commissaires aux comptes d'autre part.

• La profession d'expert-comptable, libre à l'origine, s'est accompagnée entre les deux guerres d'un effort d'organisation. Un brevet d'expert-comptable fut institué en 1927. Mais ce n'est que par l'ordonnance du 19 septembre 1945 que la profession s'est consolidée par la création d'un ordre professionnel : l'Ordre des experts-comptables et des comptables agréés. Alors que les experts-comptables pouvaient assumer toutes les missions, les comptables agréés ne pouvaient que tenir et surveiller des comptabilités. Le recrutement des comptables agréés s'est arrêté à la fin des années soixante.

• Les fonctions de contrôleur légal des comptes dénommés commissaires aux comptes ont d'abord été organisées par la loi du 24 juillet 1867 sur les sociétés commerciales, puis par le décret-loi du 8 août 1935, avant d'être réorganisées totalement par la loi du 24 juillet 1966 sur les sociétés commerciales (remplaçant celle promulguée 99 ans plus tôt) et le décret du 12 août 1969 relatif à l'organisation de la profession et au statut du commissaire aux comptes. Suite à cette loi, à côté de l'Ordre des experts-comptables et des comptables agréés, placé sous la tutelle du ministère de l'Économie, des Finances et du Budget a été créée une Compagnie nationale des commissaires aux comptes placée sous la tutelle du ministère de la Justice et dont la mission est l'organisation de la profession de réviseur légal.

► *L'obligation de contrôle légal*

La loi du 1er mars 1984 (modifiant la loi du 24 juillet 1966) a étendu la mission de commissaire aux comptes – circonscrite précédemment à toutes les sociétés anonymes et à toutes les sociétés en commandite par actions – aux autres sociétés commerciales, voire aux personnes de droit privé non commerçantes ayant une activité économique, aux groupements d'intérêt économique, qui auraient atteint certains seuils.

Dans la société anonyme (exemple qui reste le plus courant) le commissaire aux comptes est nommé pour une durée de six exercices. Il est nommé également un commissaire suppléant chargé de remplacer le commissaire aux comptes en cas de défaillance. Si la société est tenue de présenter des comptes consolidés, deux commissaires aux comptes et deux suppléants doivent être nommés.

Nul ne peut exercer les fonctions de commissaire aux comptes s'il n'est inscrit sur une liste (tenue par les cours d'appel) établie à cet effet. Actuellement, la quasi-totalité des commissaires aux comptes inscrits sur ces listes et auprès de la Compagnie nationale des commissaires aux comptes (ils sont onze mille cinq cents) assument en même temps la profession d'expert comptable et sont inscrits à l'Ordre des experts-comptables et comptables agréés (qui sont treize mille cinq cents). Toutefois les règles d'incompatibilité édictées par les articles 219 à 221 de la loi du 24 juillet 1966 ne permettent pas au même professionnel d'exercer à la fois les missions d'expert-comptable et de commissaire aux comptes dans la même société.

► *La formation et les conditions d'inscription*

• *Le commissaire aux comptes*

L'article 3 du décret du 12 août 1969 exige quatre conditions pour pouvoir exercer la profession de commissaire aux comptes.

1. Être français ou ressortissant d'un État membre de la Communauté européenne ou ressortissant d'un autre État étranger lorsque celui-ci admet les nationaux français à exercer le contrôle légal des comptes.

2. Être âgé de plus de 25 ans.
3. Présenter des garanties de moralité jugées suffisantes.
4. Avoir subi avec succès les épreuves de l'examen d'aptitude aux fonctions de commissaire aux comptes après l'accomplissement d'un stage professionnel jugé suffisant. Les titulaires du diplôme d'expertise comptable sont dispensés de l'examen d'aptitude. En fait, la plupart des commissaires aux comptes sont titulaires du diplôme d'expertise comptable.

Le candidat à l'examen d'aptitude doit être titulaire d'un diplôme de second cycle universitaire (ou d'un diplôme jugé équivalent) et avoir effectué un stage professionnel de trois années auprès d'un commissaire aux comptes habilité. L'examen d'aptitude comprend trois épreuves écrites et des épreuves orales.

- *L'expert-comptable*

Le diplôme d'expertise comptable, diplôme délivré et organisé par le ministère de l'Éducation nationale est attribué aux titulaires du diplôme d'études comptables supérieures (DESCF) après validation d'un stage professionnel de trois années et la réussite à un examen final. L'examen final comprend trois épreuves : une épreuve écrite de révision légale et contractuelle, un entretien oral avec le jury et la soutenance d'un mémoire d'une centaine de pages préparé par le candidat sur un sujet original qu'il a lui-même choisi. L'inscription à l'Ordre des experts-comptables implique la possession de ce diplôme par le candidat mais aussi des conditions d'âge (vingt-cinq ans minimum) et de moralité.

► *Statut de l'organisation professionnelle*

- *La Compagnie nationale des commissaires aux comptes*

Elle est instituée auprès du ministre de la Justice et groupe tous les commissaires inscrits. Les compagnies régionales regroupent les commissaires figurant sur la liste dressée par la commission régionale dans le ressort de chaque cours d'appel. Chaque compagnie régionale est administrée par un conseil régional de membres élus pour une durée de quatre ans.

La Compagnie nationale est administrée par un conseil national de membres désignés pour quatre ans par les conseils régionaux. Le conseil régional est tout particulièrement chargé de représenter la profession, de défendre ses intérêts moraux, et de surveiller l'exercice du commissariat aux comptes dans la circonscription. Le conseil national représente la Compagnie nationale auprès des pouvoirs publics et soumet en particulier toutes propositions utiles relatives à l'organisation professionnelle et à la mission de commissaire aux comptes.

- *L'Ordre des experts-comptables et des comptables agréés.*

Il est institué auprès du ministre de l'Économie et des Finances et groupe tous les experts-comptables et comptables agréés inscrits. Une liste des experts-comptables et des comptables agréés est établie par région. Chaque région est administrée par un conseil régional de membres élus pour une durée de six ans.

L'Ordre des experts-comptables et des comptables agréés est administré par un conseil supérieur de membres désignés par les conseils régionaux. Le conseil régional est tout particulièrement chargé de représenter la profession, de défendre ses intérêts moraux et de surveiller l'exercice de l'expertise comptable dans la circonscription. Le conseil supérieur représente l'Ordre auprès des pouvoirs publics et soumet en particulier toutes propositions utiles relatives à l'organisation professionnelle et à la mission d'expert comptable.

1.3. L'organisation de la profession comptable en Allemagne

En Allemagne, l'audit des comptes est structuré autour de trois organisations professionnelles.

1. La Wirtschaftsprüferkammer (WPK) qui comprend environ 8 000 *Wirschaftsprüfer* (experts-comptables) et un peu plus de 5 000 *Vereidigte Buchprüfer* (vérificateurs de comptabilité), plus un certain nombre de sociétés d'expertise comptable et de vérification de comptabilité.
2. L'Institut des Wirtschaftsprüfer (IDW) : institut des experts-comptables, créé en 1932.
3. Le Bundesverband der Vereidigten Buchprüfer (BVB) : confédération des vérificateurs de comptabilité.

L'appartenance à la WPK est obligatoire alors que l'appartenance à l'IDW et au BVB est facultative : tous les membres de l'IDW et du BVB sont membres de la WPK.

Il existe par ailleurs 50 000 experts fiscaux (*Steuerberater*) chargés de conseiller leurs mandants sur les questions fiscales. Il convient de noter que la plupart des experts-comptables et des vérificateurs de comptabilité sont aussi experts fiscaux.

▶ *L'obligation de contrôle légal*

En Allemagne, sont soumises au contrôle légal :

- les sociétés de capitaux à partir d'une certaine taille, c'est-à-dire celles qui dépassent pendant deux ans au moins deux des trois critères fixés par l'article 267 du Code de commerce allemand (total du bilan : 3 900 000 DEM ; chiffre d'affaires : 8 000 000 DEM ; effectif : 50 employés). En fait, les grandes entreprises se font contrôler par un *Wirtschaftsprüfer* alors que les entreprises moyennes se font contrôler par un *Vereidigter Buchprüfer* ;

- les Konzerns (groupes de sociétés de capitaux) ;
- d'autres groupements soumis, en vertu de la législation allemande, au contrôle légal, coopératives, sociétés mutuelles, caisses d'épargne, entreprises publiques.

► *La formation et les conditions d'inscription*

- *Les experts-comptables* (Wirtschaftsprüfer – WP)

85 % des candidats à l'examen de WP ont un diplôme universitaire (équivalent à une maîtrise ou une haute école commerciale française) et ont acquis une expérience professionnelle de cinq ans, dont quatre ans de révision externe (deux ans au moins doivent être passés chez un WP ou dans une société de WP).

Il existe une possibilité d'accéder à l'examen de WP sans avoir fait d'études universitaires (c'est la voie choisie par 15 % des candidats). Une qualification de conseiller fiscal ou de vérificateur de comptabilité, voire une expérience professionnelle de plus de dix ans remplace, sous certaines conditions, des études universitaires. Mais le candidat doit obligatoirement avoir une expérience de quatre ans de révision comptable.

L'inscription effective à la WPK qui ouvre accès à l'exercice professionnel est subordonné à la réussite à l'examen de WP.

Le programme et les modalités de l'examen sont fixés par le *Prüfungsordnung für Wirtschaftsprüfer*. L'examen se passe devant un jury désigné par le ministère de l'Économie du Land. Il se compose d'un ensemble de sept épreuves écrites et d'une épreuve orale.

- *Les vérificateurs de comptabilité* (Vereidigter Buchprüfer – VB)

La profession de *Vereidigter Buchprüfer* a connu en Allemagne une évolution mouvementée. Après avoir fusionné avec les WP en 1961, l'adoption des nouvelles lois conformes aux quatrième, septième et huitième directives européennes a conduit le législateur à recréer cette profession. Celle-ci se situe à un niveau intermédiaire entre le *Steuerberater* et le *Wirtchaftsprüfer*.

Cette mesure a été prise avec la réforme de la législation allemande conduisant à soumettre des SARL dépassant certains seuils à faire certifier leurs comptes annuels. En raison des particularités des structures de l'économie allemande et de la profession, il a été décidé que les bilans des sociétés de taille moyenne pourront être certifiés par des *Vereidigte Buchprüfer.*

La formation professionnelle d'un *Vereidigter Buchprüfer* s'effectue par une expérience professionnelle de cinq ans en qualité de conseil fiscal ou de comptable d'entreprise préalable à l'examen permettant l'obtention du titre. L'obtention de ce titre est subordonnée à la réussite à un examen écrit et oral.

► *Statut de l'organisation professionnelle*

La *Wirschaftsprüferkammer* (WPK), instituée par la loi organique du 24 juillet 1961 est l'organisme qui regroupe tous les WP exerçant à titre individuel ou qui sont membres d'un conseil d'administration ou gérants de cabinets de WP, ainsi que les cabinets de WP eux-mêmes. Le WPK est un organisme de droit public.

Le WPK est institué au niveau fédéral. Son siège est à Düsseldorf. Conformément à ses statuts, le groupe professionnel des WP, qui se réunit au moins tous les trois ans, élit en son sein 45 membres pour siéger au conseil de surveillance. Deux membres du groupe professionnel des *Vereidigte Buchprüfer* siège également à ce conseil. Le conseil de surveillance élit en son sein 9 WP qui constituent le directoire et choisit parmi eux le président du directoire.

Le WPK est chargé de l'administration de la profession. Elle doit en particulier :
- surveiller les activités professionnelles de ses membres, protéger leurs intérêts professionnels, les conseiller sur toute question d'éthique ou de comportement professionnel ;
- arbitrer les litiges entre les membres de la profession ;
- représenter la profession à l'extérieur ;
- organiser la formation professionnelle, publier les règles concernant l'exercice de la profession[1], assurer le contrôle disciplinaire de ses membres, tenir registre professionnel des WP.

---

1. Louis Klee, « Les Normes professionnelles d'audit en Allemagne », *Revue française de comptabilité*, 229, décembre 1991.

1.4. L'organisation de la profession comptable en Belgique

En Belgique, seuls les membres de l'Institut des réviseurs d'entreprises peuvent exercer le contrôle légal. L'article 3 de la loi du 22 juillet 1953, modifié par la loi du 21 février 1985, définit la profession de réviseur par sa vocation principale à exercer les contrôles imposés par la loi. Par ailleurs, le titre d'expert-comptable a été reconnu en Belgique et protégé à partir de 1985, date à laquelle a été créé l'Institut des experts-comptables.

► *L'obligation de contrôle légal*

En Belgique, les entités suivantes sont soumises obligatoirement au contrôle légal.

• Toute société ayant plus de 100 personnes employées sauf s'il s'agit d'une société en nom collectif ou d'une société en commandite simple.

• Les sociétés qui dépassent plus d'un des critères suivants :
– effectif de 50 personnes ;
– chiffre d'affaires de 170 millions de francs belges ;
– total de bilan de 85 millions de francs belges ;

• D'autres groupements : banques, caisses d'épargne et autres institutions financières, entreprises d'assurances, organismes d'intérêt public...

Par ailleurs, si les petites sociétés sont exemptées du contrôle légal, elles peuvent y recourir volontairement. L'article 64 des lois coordonnées réserve le contrôle légal des comptes aux membres de l'Institut des réviseurs d'entreprises.

► *La formation et les conditions d'inscription*

• *Les réviseurs d'entreprise*

Le candidat à la profession de réviseur d'entreprise doit être porteur d'un diplôme belge de l'enseignement supérieur de niveau universitaire, délivré après quatre années d'études au moins. Il doit ensuite avoir réussi un examen d'admissibilité en stage sur un ensemble de connaissances théoriques déterminées par la législation. Puis, il doit effectuer un stage pratique de trois ans auprès d'un membre de l'Institut inscrit au tableau depuis cinq ans. Enfin, il devra réussir l'examen d'aptitude, prouvant sa capacité d'exercer avec compétence la profession. Cet examen comprend une épreuve écrite et une épreuve orale. L'épreuve écrite consiste dans la rédaction d'une note explicative sur un cas pratique de révision et l'épreuve orale est notamment une interrogation sur la pratique de la profession, les missions, les responsabilités et la déontologie des réviseurs d'entreprise.

La qualité de membre de l'Institut des réviseurs d'entreprises est accordée à toute personne qui remplit les conditions déterminées à l'article 4 de la loi du 22 juillet 1953 modifiée par la loi du 21 février 1985 :
- être belge ou être domicilié en Belgique ;
- être âgé de vingt-cinq ans au moins et de soixante-cinq ans au plus ;
- ne pas être frappé de certaines indignités ou condamné pour certaines infractions déterminées par la loi ;
- avoir réussi l'examen d'aptitude.

Toute personne de nationalité étrangère qui justifie d'un domicile en Belgique peut demander son inscription au tableau des réviseurs d'entreprises dans les conditions fixées par la loi.

• *Les experts-comptables*

L'accès à la profession d'expert comptable est fondée sur un diplôme universitaire. Par ailleurs, l'expert comptable doit répondre aux conditions suivantes :
- avoir réussi l'examen d'admission au stage ;
- avoir réalisé un stage de trois ans auprès d'un expert-comptable expérimenté ;
- avoir réussi l'examen d'aptitude en fin de stage ;
- être inscrit à l'Institut des experts-comptables sur une des deux listes (experts-comptables externes ou salariés).

▶ *Statut de l'organisation professionnelle*

• *Les réviseurs d'entreprises*

L'Institut des réviseurs d'entreprises a été créé par la loi du 22 juillet 1953. Il jouit de la personnalité morale. Il a pour objet de veiller à la formation et d'assurer l'organisation permanente d'un corps de spécialistes capables de remplir la fonction de réviseur d'entreprise avec toutes les garanties requises en matière de compétence, d'indépendance et de probité professionnelle et de veiller à une exécution correcte des missions confiées à ses membres. L'activité du réviseur est incompatible avec toute activité salariée ou commerciale.

Il convient de distinguer l'Institut des réviseurs d'entreprises du Conseil supérieur du révisorat d'entreprise créé par la loi du 21 février 1985. Le Conseil supérieur du révisorat d'entreprise est une institution de nature complètement différente. C'est un organe consultatif auprès du ministère des Affaires économiques et il est composé, non pas de réviseurs, mais de personnes nommées par le roi, sur proposition des autorités d'une part et des partenaires sociaux d'autre part. Il a une compétence consultative générale, tant à l'égard du gouvernement qu'à celui de l'Institut des réviseurs d'entreprises. Son avis doit être requis dans la procédure d'adoption des règlements d'application de la loi. De même, avant l'adoption d'une norme de révision par l'Institut des réviseurs d'entreprises, le Conseil doit émettre un avis préalable.

L'Institut des réviseurs d'entreprises est dirigé par un Conseil composé de 14 réviseurs nommés par l'assemblée générale des membres de l'Institut. La loi du 22 juillet 1953 donne compétence à ce Conseil pour édicter des normes de révision.

• *Les experts-comptables*

L'Institut des experts-comptables est chargé tout particulièrement d'organiser la profession d'expert-comptable en assurant les garanties requises, de compétence, d'indépendance et de probité professionnelle. Il doit tout particulièrement veiller à la formation des experts-comptables en organisant les examens et le stage et en exigeant le maintien d'une formation permanente.

1.5. L'organisation de la profession comptable en Espagne

L'article 6 de la loi du 12 juillet 1988 réserve en Espagne le contrôle des comptes aux auditeurs, personnes physiques ou morales, inscrits au Registre officiel des contrôleurs de comptes après autorisation de l'Institut de comptabilité et d'audit des comptes.

► *L'obligation de contrôle légal*

La loi espagnole sur le contrôle des comptes du 12 juillet 1988 précise que doivent se soumettre obligatoirement au contrôle des comptes, les entreprises ou entités qui, quelle que soit leur nature juridique :
- sont cotées à une bourse officielle de commerce ;
- émettent des obligations en offre publique ;
- ont habituellement un rôle d'intermédiaire financier ;
- ont pour projet social une activité relevant des assurances ;
- reçoivent des subventions, aides, ou qui réalisent des œuvres, prestations, services ou fournissent des biens à l'État ou à d'autres organismes publics dans les limites fixées réglementairement ;
- lorsqu'elles n'entrent pas dans les catégories visées ci-dessus, les sociétés anonymes, les sociétés à responsabilité limitée, les sociétés en com-

mandite par actions, les sociétés anonymes ouvrières qui dépassent les limites fixées par le gouvernement et qui se réfèrent au chiffre d'affaires, au total de l'actif du bilan et au nombre moyen des employés (limites relatives aux comptes abrégés voir paragraphe 4.3 chapitre 3).

► *La formation et les conditions d'inscription*

Le candidat aux fonctions de réviseur doit avoir obtenu un diplôme universitaire, avoir suivi les programmes d'enseignement technique ou avoir acquis une formation pratique. Cette formation pratique devra être réalisée pendant une durée minimale de trois ans sur des travaux réalisés dans un milieu financier et comptable, portant spécialement sur les comptes annuels, les comptes consolidés ou les états financiers. Il doit en outre avoir réussi un examen d'aptitude professionnelle organisé et reconnu par l'État. Cet examen doit remplir les conditions et porter sur les matières contenues dans les articles 5 et 6 de la huitième directive (voir ci-dessus). L'examen est supervisé par l'Institut de comptabilité et d'audit des comptes.

Seules les personnes répondant aux exigences suivantes peuvent s'inscrire au Registre officiel des contrôleurs de comptes (article 7.1 de la loi du 12 juillet 1988) :

- être majeur ;
- avoir la nationalité espagnole ou celle d'un état membre de la Communauté européenne sans préjudice des dispositions de la réglementation sur le droit d'établissement ;
- ne pas avoir d'antécédents pénaux ;
- avoir obtenu l'autorisation correspondante de l'Institut de comptabilité et d'audit des comptes ; cette autorisation est accordée aux personnes qui ont suivi la formation visée ci-dessus.

► *Statut de l'organisation professionnelle*

La loi du 12 juillet 1988 sur le contrôle des comptes a supprimé l'Institut de planification comptable et l'a remplacé par l'Institut de comptabilité et d'audit des comptes (Instituto de Contabilidad y Auditoria de Cuentas). Il s'agit d'un organisme autonome de caractère administratif, sous tutelle du ministère de l'Économie et Finances, qui comprend près de 14 000 inscrits (dont 6 000 auditeurs exerçant). Il existe également des corporations de droit privé représentatives des membres de la profession dont les trois principales sont :

- l'Institut des censeurs jurés des comptes d'Espagne (Instituto de Censores jurados de Cuentas de España) ;
- le Registre des économistes auditeurs (Registro de Economistas Auditores) ;

– le Conseil supérieur des collèges officiels des titulaires commerciaux (Consejo Superior de Colegios Oficiales de Titulares).

La quasi-totalité des auditeurs exerçant font partie de l'une ou l'autre de ces corporations.

L'Institut de comptabilité et d'audit des comptes se doit d'assumer les fonctions suivantes :

– la réalisation des travaux techniques et d'adaptation du plan général de comptabilité aux directives de la Communauté européenne et aux lois qui régissent ces matières, ainsi que l'adaptation de ce plan aux différents secteurs de l'activité économique ;
– le perfectionnement et l'actualisation permanente de la planification comptable et de l'activité de contrôle des comptes ;
– l'établissement du registre officiel des comptes, l'autorisation de leur inscription dans celui-ci, la création et la maintenance du bulletin de l'Institut déterminant les normes de base qui devront être suivies par les examens d'aptitude professionnelle ;
– l'homologation et la publication des normes techniques de contrôle élaborées par les corporations de droit public (normes techniques de caractère général, normes techniques sur l'exécution des travaux, normes techniques sur le rapport de l'auditeur).

1.6. L'organisation de la profession comptable en Grande-Bretagne

En Grande-Bretagne, ce n'est qu'en 1948 (un siècle après l'obligation de contrôle) que la loi (le *Companies Act* 1948) a exigé des garanties de compétence pour le contrôle légal. Pour exercer ce contrôle légal, il fallait être membre d'une organisation professionnelle agréée par le ministère du Commerce ou être autorisé par ce dernier. Le ministère ne désignera en fait qu'en 1976 les quatre institutions agréées :

– l'Institute of Chartered Accountants in England and Wales (ICAEW) créé en 1870 qui comprend environ 90 000 membres dont 40 % de libéraux ;
– l'Institute of Chartered Accountants in Scotland (ICAS) créé en 1854 qui comprend 12 000 membres dont 50 % de libéraux ;
– l'Institute of Chartered Accountants in Ireland (ICAI) créé en 1888 qui comprend environ 7 000 membres dont 50 % de libéraux ;
– la Chartered Association of Certified Accountants (ACCA) créée en 1891 qui comprend environ 30 000 membres dont 30 % de libéraux.

Les deux autres associations professionnelles, qui, il est vrai, ne comportent que très peu de libéraux, n'ont pas été agréées :

– le Chartered Institute of Management Accountants (CIMA) qui comprend environ 28 000 membres, dont 1 % de libéraux ;
– le Chartered Institute of Public Finance and Accountancy (CIFRA) qui comprend environ 10 000 membres, dont 3 % de libéraux.

Mais on peut remarquer qu'en Grande-Bretagne ces fonctions étaient depuis fort longtemps exercées principalement par des professionnels et que la pratique avait remplacé la loi pour imposer les qualifications.

▶ *L'obligation de contrôle légal*

Chaque société (excepté les sociétés en sommeil) doit, à chaque assemblée générale de la société qui examine les comptes, désigner un auditeur pour la période allant de cette assemblée à la fin de la prochaine assemblée. Si l'assemblée ne désigne pas d'auditeur, le ministère du Commerce (Departement of Trade) peut nommer un auditeur au nom de la société. Une société de personnes peut décider de se dispenser de faire nommer un auditeur chaque année. Il arrive souvent, en pratique, dans les petites sociétés, que le professionnel comptable assume à la fois la tenue de la comptabilité et la révision des comptes. Il lui arrive également d'assurer la représentation fiscale et d'une manière générale toute mission de conseil.

▶ *La formation et les conditions d'inscription*

La délivrance du diplôme de *Chartered Accountants* est assez souple en Grande-Bretagne. Elle diffère selon l'association qu'a choisie le candidat. Ainsi le diplôme délivré par l'ACCA est organisé en trois niveaux. Le niveau 1 comprend des épreuves de base en comptabilité, droit, gestion, organisation, méthodes quantitatives. Le niveau 2 comprend des épreuves de gestion financière, systèmes d'information, audit, fiscalité. Le niveau 3 comprend des épreuves approfondies en comptabilité, audit, fiscalité, stratégie, gestion financière, contrôle de gestion. Pour l'obtention de ce diplôme, la validation d'un stage pratique n'est pas obligatoire (mais elle l'est pour l'exercice libéral de la profession, en application de la huitième directive).

Le *Companies Act* 1989 a reconnu des organes d'autorisation et de contrôle des réviseurs, les Recognised Supervisory Bodies (RSB), ainsi que des organes de reconnaissance des qualifications appelés Recognised Qualifying Bodies. Tout auditeur devra être membres d'un RSB ou être soumis à son autorisation et à son contrôle et avoir une qualification appropriée. Il pourra être membre de l'un des instituts ou associations de professionnels comptables reconnus, ou être autorisés par le ministère du Commerce, s'il est titulaire de qualifications de même niveau obtenues à l'étranger, ou admis en fonction de ces connaissances et de son expérience.

1.7. L'organisation de la profession comptable en Italie

Les sociétés italiennes peuvent faire appel à toute personne de leur choix pour remplir le rôle de *sindaco* (commissaire aux comptes), sous réserve du respect des conditions suivantes :

- au moins un des deux commissaires titulaires et un des suppléants doivent être choisis dans le tableau professionnel des experts-comptables (*dottori commercialisti* – un peu plus de 30 000 personnes physiques dont 80 % de professionnels libéraux) ou des comptables (*ragionieri* – un peu moins de 26 000 personnes physiques dont plus de 65 % de professionnels libéraux).
- au moins un des deux commissaires titulaires (lorsqu'ils sont trois) et deux (lorsqu'ils sont cinq) et un des suppléants doivent être choisis sur la liste des réviseurs de comptabilité (*revisore contabile*), lorsque le capital social de la société est au moins égal à 500 millions de lires.

La liste des *revisore contabili* est établie par le ministère de la Justice. Peuvent être inscrits sur cette liste, les titulaires d'un diplôme universitaire en économie ou en droit, qui, après avoir effectué un stage de trois ans, ont passé un examen final avec succès.

Le contrôle peut également être assumé par des sociétés de révision.

► *L'obligation de contrôle légal*

La mission de contrôle des comptes est attribuée, en Italie, à un collège de commissaires aux comptes (*collegio sindacale* : articles 2397, 2488 et 2535 du Code civil). Sont soumises obligatoirement à ce contrôle :

- les sociétés par actions ;
- les sociétés à responsabilité limitée dont le capital social est égal au moins à 200 millions de lires ;
- les sociétés coopératives.

Pour les sociétés cotées en bourse, le contrôle annuel doit être effectué par une société de révision légale inscrite par une liste arrêtée par la CONSOB (*Commission Nazionale per la Societa et la Borsa*).

► *La formation et les conditions d'inscription*

Les deux catégories professionnelles de réviseurs doivent être inscrites au tableau de l'ordre des *dottori commercialisti* ou d'un collège de *ragionieri*. Les premières conditions sont communes aux deux professions :

– être citoyen italien ou ressortissant d'un pays avec lequel il existe des conditions de réciprocité ;
– jouir de tous les droits civils ;
– avoir une conduite irréprochable ;
– avoir réussi les examens d'état d'aptitude à l'exercice de la profession.

• *Conditions propres aux experts-comptables* (dottori commercilisti)

Le candidat doit être porteur d'un diplôme de *dottore commercilista* (diplôme en gestion d'entreprise). Pour obtenir le titre, il faut réussir un examen d'État. Les candidats à cet examen doivent justifier de quatre années d'études à l'université et de l'accomplissement d'un stage de trois années auprès d'un professionnel.

• *Conditions propres aux comptables* (ragionieri)

Le candidat doit avoir suivi l'enseignement d'un institut technique et commercial (études supérieures en comptabilité d'une durée de trois ans) et obtenir le diplôme de *ragioniere* ou d'être habilité à enseigner la comptabilité dans ces établissements ou encore d'avoir été habilité en fonction de son expérience professionnelle et de ses titres. Il doit ensuite effectuer un stage de trois ans auprès d'un *ragioniere* autorisé à exercer la profession. Un examen final sanctionne la formation et l'expérience.

► *Statut des organisations professionnelles*

On distingue en Italie trois organisations professionnelles :

– le Conseil national des experts-comptables (Consiglio nazionale dei dottori commercialisti) créé en 1924 ;
– le Conseil national des comptables (Consiglio nazionale dei ragioniere) créé en 1906 ;
– l'Association des réviseurs comptables (Associazione italiane revisori contabili).

Le conseil national des experts-comptables et celui des comptables sont deux instituts qui dépendent du ministère de la Justice. L'Association des réviseurs comptables est une association de droit privé sans but lucratif.

Les conseils nationaux des experts-comptables et des comptables sont les organes les plus élevés des deux institutions. Ils sont chacun composés de onze membres élus par des conseils de collège, choisis parmi ceux qui ont une ancienneté d'au moins dix ans au tableau. L'Association des réviseurs comptables regroupe la majorité des sociétés de révision. Pour adhérer à l'association, les sociétés doivent être inscrites au tableau spécial de la CONSOB.

Les conseils nationaux des experts-comptables ou des comptables doivent :
- formuler des avis sur les projets qui intéressent la profession ;
- coordonner et promouvoir les initiatives des collèges visant à améliorer l'activité professionnelle ;
- veiller au bon fonctionnement des collèges, désigner les représentants au sein des organisations nationales ou internationales.

La mission de l'Association des réviseurs comptables est la suivante :
- uniformiser l'activité des membres au travers de l'adoption des principes concernant les normes de l'éthique professionnelle ;
- veiller à l'application des principes de révision adoptés ;
- promouvoir l'étude et la publication utiles à une meilleure connaissance et diffusion de l'activité des membres de l'association ;
- coopérer avec les autres organismes professionnels et la CONSOB.

1.8. Organisation de la profession comptable aux Pays-Bas

Aux Pays-Bas, les fonctions de contrôleur légal des comptes sont assurées par les *Registeraccountants* ou experts-comptables agréés membres de la Nederlands Instituut Van Registeraccountants (NIVRA) créée en 1895. Toute autre personne acceptée par le ministère des Affaires économiques, dès lors qu'elle a apporté la preuve d'une qualification suffisante obtenue hors des frontières des Pays-Bas peut également effectuer l'audit des comptes.

► *L'obligation de contrôle légal*

Les entités soumises obligatoirement au contrôle légal aux Pays-Bas sont les suivantes :
- les sociétés anonymes, les sociétés à responsabilité limitée, les sociétés coopératives, les compagnies d'assurance mutuelles si elles remplissent deux des trois conditions suivantes, total du bilan supérieur à 12 millions de florins, chiffre d'affaires supérieur à 24 millions de florins, effectif supérieur à 50 personnes ;

– les banques et autres établissements de crédit ;
– les compagnie d'assurance ;
– les groupes de sociétés.

▶ *La formation et les conditions d'inscription*

Pour pouvoir se présenter à l'examen de comptabilité qui permettra l'inscription à la NIVRA, le candidat doit avoir subi une formation pendant une période de huit années dont une formation pratique de trois années dans une activité d'audit. L'inscription auprès de la NIVRA est nécessaire pour pouvoir exercer les activités de *registeraccountant* aux Pays-Bas.

▶ *Statut de l'organisation professionnelle*

La NIVRA actuelle, fondée en 1967, est un organisme de droit public qui est doté de la personnalité civile (article 1 de la loi du 28 juin 1962), son siège est à Amsterdam. Elle a pour tâche de promouvoir la qualité de l'exercice de la profession par les *registeraccountants* et de veiller à leurs intérêts communs. Sa mission porte aussi bien sur la défense de l'honneur de la profession que sur la prise en charge de la formation pour le diplôme de *registeraccountant.*

1.9. Organisation de la profession comptable aux États-Unis

Le premier organisme européen d'envergure nationale a été créé aux États-Unis en 1887 sous le nom de American Association of Public Accountants (AAPA). L'AAPA comptait 31 membres à sa création. Ce n'est qu'en 1896 qu'un diplôme d'expertise comptable pour exercer la profession a été rendu obligatoire. L'AAPA a ensuite été regroupée avec d'autres organismes professionnels pour créer l'American Institute of Accountants, lui-même devenu l'American Institute of Certified Public Accountants (AICPA) en 1932. Nous avons vu plus haut le rôle déterminant de l'AICPA dans l'établissement des principes comptables américains. L'AICPA constitue l'instance représentative des experts-comptables aux États-Unis. En 1990, 293 000 experts-comptables étaient membres de l'AICPA.

▶ *L'obligation de contrôle légal*

Il faut savoir qu'aux États-Unis la loi sur les sociétés de chaque État (excepté la Californie) est souvent silencieuse concernant l'obligation de publication des comptes annuels. Mais quelles que soient les obligations légales, les statuts peuvent toujours stipuler la publication d'états financiers. D'autre part, selon la réglementation SX de la SEC, toutes les sociétés faisant appel à l'épargne sont tenues de déposer dans un délai de 90 jours après la clôture de l'exercice un dossier d'information appelé le 10K. Les informations de ce dossier doivent être auditées.

En fait, aux États-Unis, le contrôle par un réviseur externe n'est obligatoire que pour les sociétés cotées, les sociétés d'investissements, les sociétés qui font appel à l'épargne et les sociétés ayant un actif égal ou supérieur à 5 millions de dollars et un nombre d'actionnaires au moins égal à 500. Cependant, toutes les sociétés américaines préparent des états financiers audités, ne serait-ce que pour les fournir à leur banquier.

Aux États-Unis, la distinction entre contrôleur légal et expert-comptable n'existe pas comme elle existe dans certains pays européens (comme la France), l'auditeur assumant le plus souvent la totalité de la mission.

► *La formation et les conditions d'inscription*

On devient CPA (*Certified Public Accountant*) en satisfaisant aux règles de l'une des 54 juridictions de CPA (une juridiction par État, une pour chacun des districts de Colombia, Porto-Rico, Îles Vierges, Guam). Généralement, le candidat doit passer un examen écrit et justifier de une à trois années d'expérience professionnelle, habituellement (mais pas toujours) effectuée dans le domaine de la révision. Onze États ne demandent pas d'expérience pratique si le candidat justifie d'une formation spécifique. Par convention avec l'AICPA et toutes les juridictions, l'examen est passé devant l'AICPA bien que la responsabilité finale en incombe à la juridiction. Le CPA d'une juridiction peut obtenir un certificat qui lui permet de pratiquer dans une autre juridiction. Il peut être élu dans une société de CPA ou à l'AICPA ou aux deux.

► *Rôle des organisations professionnelles*

Les sociétés de CPA, dont les plus importantes sont celles des États de New York, de Californie, de l'Illinois et du Texas sont indépendantes de l'AICPA. Toutefois, elles échangent de nombreux travaux et leurs relations sont cordiales. L'AICPA et les sociétés de CPA ont adopté des codes de déontologie professionnelle.

Par ailleurs, le développement important des sociétés de CPA a conduit l'AICPA à formuler un ensemble de recommandations et règles précises en particulier en matière d'audit : les *statements on auditing standards* (SAS). Outre le respect de ces recommandations, les principales règles concernent l'obligation de se soumettre tous les trois ans à un contrôle qui permettra de dire si les pratiques sont conformes aux normes de qualité requises par la profession, l'obligation de rédiger annuellement un rapport contenant un certain nombre d'informations exigées par l'AICPA, l'obligation de faire bénéficier le personnel de stages de formation continue et enfin l'obligation d'être couvert par une assurance de responsabilité.

Enfin on ne saurait négliger l'influence de ce que l'on appelle les *big six* dont tous ont leur origine aux États-Unis (au moins partiellement, car ils proviennent souvent de regroupements) et qui travaillent en particulier pour les grandes sociétés multinationales.

Noms et pays d'origine des grandes sociétés d'audit

Noms des sociétés d'audit	*Pays d'origine*
Arthur Andersen & Co	États-Unis
Coopers & Lybrand	Grande-Bretagne, États-Unis
Deloitte Ross Tohmatsu	Grande-Bretagne, États-Unis, Canada, Japon
Ernst & Young	États-Unis, Grande-Bretagne
Klynveld Peat Marwick Goerderler	Pays-Bas, Grande-Bretagne, États-Unis, Allemagne
Price Waterhouse	Grande-Bretagne, Allemagne

2. LES RÈGLES D'AUDIT DE L'IFAC

Faisant suite à la création en 1973 de l'IASC dont la mission était d'édicter des normes comptables applicables à l'élaboration des comptes et de promouvoir leur acceptation à travers le monde, l'IFAC (International Federation of Accountants) fut constituée le 7 octobre 1977 par 63 organisations professionnelles représentant 49 pays différents.

2.1. Objectifs et organisation de l'IFAC

L'objectif essentiel de l'IFAC est de « favoriser le développement d'une profession comptable homogène utilisant des normes harmonisées ». Aujourd'hui, près de 100 organisations professionnelles représentant près de 80 pays réunissant ensemble environ un million de professionnels participent à l'IFAC. Le siège de l'IFAC est à New York (alors que celui de l'IASC est situé à Londres). Pour pouvoir élaborer les recommandations qui

composent son objet, l'IFAC a constitué des commissions permanentes dans les domaines suivants :
- formation ;
- éthique ;
- comptabilité financière et de gestion ;
- secteur public ;
- pratiques d'audit.

À côté de ces commissions techniques existe également un comité d'orientation qui définit la politique générale de l'IFAC et un comité responsable de l'organisation du congrès mondial organisé tous les cinq ans par la profession (le premier avait eu lieu en 1904 à Saint-Louis et les deux derniers en 1987 à Tokyo et en 1992 à Washington).

► *La Commission formation*

La Commission formation a pour objectif d'élaborer des recommandations en matière de formation initiale et de formation professionnelle continue. À ce jour, elle a publié les 8 recommandations suivantes.

1. L'enseignement et la formation préalables à l'accès à la formation comptable.
2. La formation professionnelle continue.
3. Le contrôle de la compétence professionnelle.
4. Les connaissances de base. Les disciplines professionnelles.
5. L'expérience pratique.
6. Les connaissances de base. Les disciplines connexes.
7. Formation théorique et pratique des techniciens comptables.
8. Impact des technologies de l'information sur la formation du professionnel comptable.

► *La Commission d'éthique*

L'élaboration d'un code d'éthique est l'une des tâches essentielles de l'IFAC. Celle-ci considère en fait que les personnes qui exercent une profession dans laquelle elles mettent leurs connaissances et leurs aptitudes au service des activités d'autres personnes ont des responsabilités et des obligations envers ceux qui font appel à leurs travaux. À ce jour, l'IFAC a publié 13 recommandations numérotées de 0 à 12, les recommandations 1 à 11 ayant été regroupées en juillet 1990 dans une recommandation générale sur la déontologie professionnelle pour les membres de la profession comptable.

0. L'éthique professionnelle de la profession comptable.
1. La publicité, les annonces et le démarchage.

2. La compétence professionnelle.
3. Intégrité, objectivité et indépendance.
4. Le secret professionnel.
5. Les règles d'éthique à travers les frontières nationales.
6. Les conditions d'acceptation d'une mission lorsqu'un professionnel comptable effectue déjà des travaux pour le même client.
7. Les conditions de remplacement d'un autre professionnel comptable indépendant.
8. La facturation d'honoraires et le versement et l'encaissement de commissions.
9. L'éthique de la prestation de services fiscaux.
10. Les affaires, occupations ou activités incompatibles ou contradictoires.
11. Les fonds détenus pour le compte de clients.
12. La mise en œuvre et l'application des règles déontologiques.

► *La Commission comptabilité financière et de gestion*

La Commission comptabilité financière et de gestion a pour but d'encourager le développement de la comptabilité en créant un environnement favorable à l'élévation du niveau de compétence et d'engagement de tous les professionnels. Elle encourage les travaux de recherche menés tant par les organisations membres que par les personnes individuelles, et favorise la diffusion des résultats de ces travaux. Elle publie par ailleurs des commentaires sur la comptabilité de gestion sous forme d'études pratiques et théoriques.

► *Les autres commissions*

La Commission secteur public a vocation à développer des programmes destinés à améliorer la comptabilité et la gestion des services publics. Ces programmes peuvent comprendre :

- l'élaboration de normes comptables et de normes d'audit ;
- la préparation et la coordination de programmes de formation et de recherche ;
- la promotion et le développement des échanges d'information.

Quant à la Commission des pratiques d'audit, que nous étudierons dans la section suivante de ce chapitre, elle a la responsabilité d'arrêter et de publier des recommandations sur la démarche générale d'audit et les missions connexes.

2.2. La Commission internationale des pratiques d'audit ou l'International Auditing Practices Committee (IAPC)

L'IAPC est, comme les autres commissions décrites ci-dessus, une commission permanente du conseil de l'IFAC. Elle a reçu expressément la mission et le pouvoir de publier, au nom du conseil de l'IFAC, des recommandations et projets de recommandations sur l'audit et les missions qui s'y rattachent.

► *Organisation de l'IAPC*

Les membres de l'IAPC sont nommés par les organisations membres des pays choisis par le conseil de l'IFAC pour siéger à l'IAPC. Le représentant choisi par une ou plusieurs organisations membres pour siéger à l'IAPC doit lui-même être membre de l'une de ces organisations. Afin de recueillir un large éventail d'avis, les sous-commissions comprendront, aussi souvent que possible, des représentants de pays qui ne sont pas membres de l'IAPC.

La méthode de travail de l'IAPC consiste à choisir certains sujets et à en confier l'étude approfondie à une sous-commission créée à cet effet. L'IAPC délègue à la sous-commission la responsabilité initiale de préparer et de rédiger les recommandations d'audit. La sous-commission prend connaissance des textes, recommandations, études ou normes publiés par les organisations membres, les organisations régionales ou les autres organismes et, à la suite de son étude, rédige un projet de recommandation qu'elle soumet à l'IAPC. Si le texte est adopté par les trois quarts au moins des membres possédant un droit de vote à l'IAPC, celui est diffusé à grande échelle parmi les organisations membres pour commentaires et transmis aux organismes internationaux choisi par l'IAPC. Un délai suffisant est accordé aux personnes et aux organisations destinataires de chaque projet afin de leur faire connaître leurs commentaires.

Les commentaires et suggestions reçus sur le projet sont ensuite examinés par l'IAPC qui apporte au texte les modifications nécessaires. Si le texte révisé est approuvé au moins par les trois quarts des membres disposant d'un droit de vote à l'IAPC, il est publié sous forme de recommandation internationale (appelée *International Auditing Guidelines* – IAG ou *International Standard of Auditing* – ISA) et entre en vigueur à compter de la date précisée dans le texte.

► *Les différentes recommandations de l'IAPC*

À ce jour, l'IAPC a publié les 30 normes suivantes.

N° des normes	*Intitulés des normes*
ISA 1	Objectifs et étendue de l'audit des comptes annuels
ISA 2	Lettre de mission d'audit
ISA 3	Principes de base régissant les missions d'audit
ISA 4	Planification
ISA 5	Utilisation des travaux d'un autre réviseur
ISA 6	Étude et évaluation du système comptable et de ses contrôles internes dans le cadre d'un audit
ISA 7	Le contrôle de qualité des travaux d'audit
ISA 8	Éléments probants
ISA 9	Documentation
ISA 10	L'utilisation des travaux de l'auditeur interne
ISA 11	Fraudes et erreurs
ISA 12	Examen analytique
ISA 13	Le rapport d'audit sur les comptes annuels
ISA 14	Autres informations dans les documents contenant des comptes annuels audités
ISA 15	L'audit en milieu informatisé
ISA 16	Techniques de contrôle assisté par ordinateur
ISA 17	Parties liées
ISA 18	Utilisation des travaux d'un expert
ISA 19	Utilisation des sondages en audit
ISA 20	L'incidence du milieu informatisé sur l'étude et l'évaluation du système comptable et de ses contrôles internes
ISA 21	Date du rapport d'audit ; événements postérieurs à la clôture de l'exercice ; faits découverts après la publication des comptes annuels
ISA 22	Les affirmations reçues des dirigeants
ISA 23	La continuité de l'exploitation
ISA 24	Les rapports d'audit particuliers
ISA 25	Importance relative et risques d'audit
ISA 26	L'audit des estimations comptables
ISA 27	L'examen des informations financières prévisionnelles
ISA 28	Soldes d'ouverture dans le cadre d'un premier audit
ISA 29	L'évaluation du risque inhérent et du risque de non contrôle et leur impact sur les procédures de validation
ISA 30	La connaissance de l'entreprise

Cet ensemble de normes a été complété par un cadre de référence pour les recommandations internationales sur l'audit et les missions connexes adopté par l'IAPC en octobre 1987 pour publication en février 1988. Par ailleurs un certain nombre de projets sont en cours sur des sujets divers. Il est à noter que l'IAPC a émis également quatre recommandations sur les services connexes.

N° des recommandations	*Intitulés des recommandations*
SC 1	Principes de base régissant les missions connexes
SC 2	Examens financiers
SC 3	Missions consistant à l'application de procédures contractuellement définies
SC 4	Missions de compilation de l'information financière

Nous allons analyser maintenant les plus importantes de ces recommandations et normes.

► *Analyse du cadre de référence pour les recommandations sur l'audit et les missions connexes*

Ce cadre de référence se compose :

- d'une introduction ;
- du cadre de référence proprement dit, distinguant les missions d'audit des missions connexes ;
- d'une analyse des missions d'audit ;
- d'une analyse des missions connexes ;
- d'une analyse de l'applicabilité des recommandations aux missions réalisées par les auditeurs en prévoyant deux séries distinctes (celles relatives aux missions d'audit et celles relatives aux missions connexes) ;
- d'une analyse de l'acceptation d'une modification de mission ;
- d'une analyse de l'association de l'auditeur à l'information financière de son client.

• *Le cadre de référence proprement dit pour les missions internationales sur l'audit et les missions connexes*

Ce cadre de référence distingue les missions d'audit des autres missions, lesquelles comprennent les missions d'examen limité, les missions d'application de procédures contractuelles et les missions de compilation. Ainsi qu'il en ressort du schéma ci-après, l'audit et l'examen limité doivent conduire l'auditeur à exprimer respectivement un degré élevé et un degré modéré d'assurance, lesquels termes sont utilisés pour indiquer leur classement comparatif. Les missions ayant pour objet la réalisation de procédures contractuelles et de compilation ne visent pas à permettre à l'auditeur d'exprimer une assurance quelconque sur les assertions concernées.

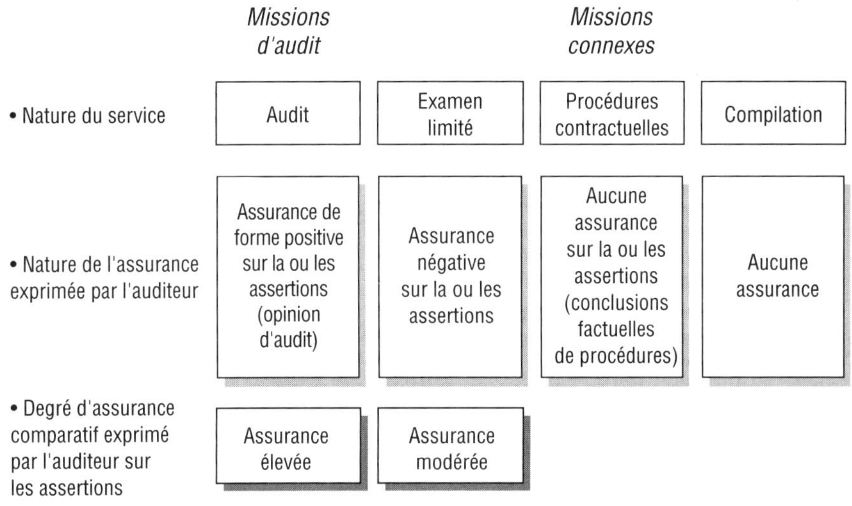

Dans le présent cadre de référence, l'assurance exprimée par l'auditeur se rapporte à la certitude qu'il a acquise quant à la fiabilité d'une assertion faite par une partie à l'intention d'autres parties. Pour exprimer une assurance sur les assertions déterminées, l'auditeur évalue les éléments probants obtenus à partir de ses procédures et exprime une conclusion. Le degré de certitude obtenu et, en conséquence, le degré d'assurance pouvant être exprimé sont déterminés par la nature et l'étendue des procédures. Dans une mission d'audit, l'auditeur exprime un degré élevé d'assurance que l'information objet de l'audit est exempte de toute erreur significative. Dans une mission d'examen limité, l'auditeur exprime un degré modéré d'assurance que l'information objet de l'examen limité est exempte de toute erreur significative.

Lorsque l'auditeur se contente de présenter au lecteur les éléments probants qu'il a obtenus et de rapprocher les conclusions factuelles des procédures contractuelles, il n'exprime aucune assurance sur les assertions concernées. Il permet en revanche à l'utilisateur de son rapport de se faire sa propre opinion sur les éléments probants collectés par l'auditeur et de tirer ses propres conclusions sur l'assurance qu'il peut déduire des résultats des procédures mises en oeuvre par l'auditeur.

Toutefois, une mission consistant à mettre en œuvre des procédures convenues entre l'auditeur et son client n'interdit pas à l'auditeur d'exprimer un degré élevé ou modéré d'assurance si les procédures mises en œuvre sont celles qu'il aurait appliquées s'il avait été chargé d'effectuer un audit ou un examen limité. Dans un tel cas, si l'auditeur exprime une assurance de forme positive ou négative sur les assertions en cause, il réalise de fait un audit ou un examen limité et doit respecter les recommandations applicables à ces types de mission.

► *Analyse de la norme ISA 1 : objectifs et étendue de l'audit des comptes annuels (janvier 1980)*

Cette norme comprend trois chapitres :
- objectifs de l'audit ;
- responsabilité à l'égard des comptes annuels ;
- étendue de l'audit.

• Elle précise dans son premier chapitre que l'« objet de l'audit des comptes annuels établis conformément aux principes comptables admis (et elle renvoie aux normes de l'IASC sur ce point) est de permettre à l'auditeur d'exprimer une opinion sur ces comptes annuels ». L'opinion de l'auditeur contribue dit-elle, « à établir la crédibilité des comptes annuels. L'utilisateur, toutefois, ne doit pas estimer qu'elle constitue une assurance de la pérennité de l'entité, ni un jugement sur l'efficience ou l'efficacité dont ont fait preuve les dirigeants dans la gestion de l'entité ».

• Dans le second chapitre, l'IAPC distingue bien la responsabilité de l'auditeur (qui consiste à se faire une opinion sur les comptes annuels et à l'exprimer dans un rapport) de celle des dirigeants de l'entité (qui sont tenus d'effectuer les enregistrements comptables, de veiller au fonctionnement des contrôles, de choisir les méthodes comptables et d'établir les comptes annuels).

• Dans le troisième chapitre, il est spécifié tout particulièrement que tous les aspects de l'entité ayant une incidence sur les états financiers à vérifier soient couverts, que le vérificateur doit déterminer si les registres comptables et les autres sources de données sont fiables et suffisants, qu'il doit être mis en œuvre des procédés qui ont pour but de lui permettre d'acquérir un degré raisonnable de certitude que les états financiers sont exempts de tout défaut important et toute limitation au travail de vérification doit être mentionnée dans le rapport de vérification.

► *Analyse de la norme ISA 13 : le rapport d'audit sur les comptes annuels (octobre 1983)*

La publication de cette norme a marqué une étape importante dans le processus de normalisation des pratiques en matière de révision. La norme présente les conditions de forme et de fond applicables à la préparation du rapport et suggère en outre un modèle type de rapport et ses variantes. Le rapport d'audit doit, selon cette norme, comporter les éléments suivants :

- un titre approprié, tel que « rapport d'audit » ;
- l'identification du destinataire ;
- l'identification des comptes annuels audités ;
- la référence aux recommandations et aux pratiques d'audit suivies ;
- l'expression de l'opinion ou le refus d'exprimer une opinion sur les comptes annuels ;
- la signature ;
- l'adresse de l'auditeur ;
- la date du rapport.

L'opinion exprimée dans le rapport peut être :
- une opinion sans réserve ;
- une opinion avec réserve(s) ;
- une opinion défavorable ;
- une récusation (refus de donner une opinion).

L'exemple du rapport sans réserves, présentée ci-dessous, illustre les principes exposés dans cette recommandation.

MODÈLE DE RAPPORT SANS RÉSERVE

Rapport d'audit à l'attention de :

Nous avons procédé à l'audit des comptes annuels[1] conformément aux recommandations internationales d'audit[2].

À notre avis, les comptes annuels donnent une image fidèle de la situation financière et du résultat des opérations au cours de l'exercice écoulé du .... au .... conformément aux ....[3] (et dans le respect de ....[4]).

L'auditeur

Date

Adresse

1. Préciser les pages ou nommer les états financiers vérifiés.
2. Ou conformément aux règles ou pratiques nationales en vigueur.
3. Mentionner les normes nationales applicables ou faire référence aux normes internationales.
4. Faire référence aux textes légaux et réglementaires concernés.

► *Analyse de la norme ISA 25 : importance relative et risque d'audit (octobre 1987)*

L'intérêt de cette norme tient au fait qu'elle rassemble en un seul texte des considérations sur le seuil de signification (ou importance relative) et le risque en audit contenu auparavant (et partiellement) dans différentes recommandations de l'IFAC. L'importance relative se définit par rapport à l'importance ou à la nature d'une inexactitude figurant dans l'information financière (y compris une omission) telle que, seule ou ajoutée à d'autres, et compte tenu des circonstances de l'espèce, elle aurait probablement comme conséquence d'influencer le jugement ou la décision d'une personne raisonnable s'appuyant sur cette information. L'analyse des risques présentée dans cette norme distingue : le risque d'audit, le risque inhérent, le risque de non-contrôle et le risque de non-détection.

- Le risque d'audit est le risque qu'un auditeur puisse exprimer une opinion inappropriée sur une information financière comportant des inexactitudes significatives.

- Le risque inhérent est le risque que les comptes contiennent une erreur ou une inexactitude, à supposer qu'il n'y a pas de contrôles internes s'y rapportant ; il est lié aux activités de l'entité, à son environnement et à la nature du solde du compte ou de la catégorie d'opérations concernée.

- Le risque de non-contrôle est le risque que le système de contrôle interne de l'entité ne prévienne pas ou ne détecte pas de telles erreurs.

- Le risque de non-détection est le risque que des procédures mises en œuvre par l'auditeur ne lui permettent pas de détecter les erreurs et inexactitudes significatives.

Le rôle de l'auditeur consiste à maintenir le risque global à un niveau acceptable : si le risque inhérent et le risque de non-contrôle (risques dont il n'a pas la maîtrise) sont élevés, il doit prévoir de mettre en œuvre des moyens de détection plus importants afin de réduire le risque de non-détection à un niveau le plus faible possible. La norme précise par ailleurs qu'il existe une relation inverse entre le niveau du seuil de signification et celui du risque d'audit. Si le premier est élevé, le second est réduit et réciproquement. Ainsi, lorsque le seuil de signification retenu par le réviseur est faible, le risque d'audit est accru puisque des erreurs de faible importance auront à être prises en compte. L'auditeur doit alors prévoir de faire des contrôles sur un plus grand échantillon ou de mettre en œuvre des procédures de contrôle plus strictes ou encore d'effectuer ses contrôles à une date plus proche de celle de la clôture de l'exercice.

La norme ISA 25 a été complétée en juillet 1990 par la norme ISA 29 traitant de l'évaluation du risque inhérent et du risque de non-contrôle et de leur impact sur les procédures de validation.

3. LES AUTRES RECOMMANDATIONS INTERNATIONALES ET NATIONALES EN MATIÈRE D'AUDIT

D'autres recommandations ont été publiées sur le plan international ou sur des plans nationaux. Il est intéressant de les rapprocher des normes publiées par la Compagnie nationale des commissaires aux comptes en 1987 et de celles publiées par l'Ordre des experts-comptables en 1990 et 1992.

3.1. Les recommandations de la FEE

L'Union européenne des experts-comptables économiques et financiers (UEC), fondée en 1951, publiait des recommandations traduisant l'opinion commune des représentants des organisations professionnelles nationales sur des questions de doctrine ou de procédures comptables. Dissoute en 1986, elle a été remplacée par un autre organisme, la Fédération européenne des experts-comptables (FEE) qui a pris la suite de l'UEC et dont les statuts ont été signés par les responsables de 30 organisations professionnelles représentant 19 pays. La FEE dont le siège est à Bruxelles a regroupé l'UEC et le Groupe d'études des experts-comptables de la Communauté européenne. L'UEC et la FEE ont publié des recommandations dans les secteurs suivants :

- audit ;
- déontologie ;
- formation.

Les recommandations relatives à l'audit ont été établies par le comité de recommandations de révision comptable (ASB : Auditing Statements Board). À ce jour, 20 recommandations ont été émises.

N° des recommandations	*Intitulés des recommandations*
ASB 1	Objet et étendue des travaux de révision des états financiers annuels
ASB 2	Utilisation des travaux d'un autre réviseur
ASB 3	Les papiers de travail du réviseur
ASB 4	La révisi on des comptes et la notion de continuité de l'exploitation
ASB 5	La révision des opérations en devises dans les établissements de crédit
ASB 6	Contrôle qualité : assurer et améliorer la qualité des travaux de révision
ASB 7	Effet de l'existence d'une fonction d'audit interne sur l'étendue de l'examen effectué par le réviseur externe
ASB 8	Le rapport de révision
ASB 9	Vérification par un expert comptable indépendant des situations intérimaires d'une entreprise
ASB 10	Présence du réviseur lors de l'inventaire physique
ASB 11	Les déclarations de la direction au réviseur
ASB 12	La détection des fraudes dans le cadre des travaux de révision des états financiers
ASB 13	Procédures de révision relatives aux événements postérieurs à la date de clôture de l'exercice
ASB 14	Aspects particuliers de la révision des comptes annuels de la petite entreprise
ASB 15	Procédure de confirmation des soldes débiteurs dans la cadre de la révision
ASB 16	L'inclusion des chiffres comparatifs de l'exercice précédent dans la révision des comptes annuels
ASB 17	Procédures de révision à l'égard des éventualités
ASB 18	Examen du rapport de gestion
ASB 19	La révision des placements
ASB 20	Les aspects particuliers de la révision des comptes consolidés

3.2. Les recommandations françaises

En France, le Conseil national des commissaires aux comptes d'une part, l'Ordre des experts-comptables d'autre part, ont publié des normes relatives à l'exercice des différentes missions.

• *Les normes des commissaires aux comptes*

Ces normes sont des décisions du Conseil national des commissaires aux comptes (prises à compter de 1987) qui s'imposent à tous les commissaires : elles sont accompagnées de commentaires. Les commentaires sont des informations techniques émanant notamment du comité des diligences de la Compagnie, non soumises au vote du Conseil national. Les commentaires n'ont ni caractère impératif, ni valeur de recommandation. Les normes sont réparties en quatre sous-ensembles et font l'objet d'un classement décimal.

1. Normes relatives au comportement professionnel.
2. Normes relatives à la mission générale.
   21) Normes de travail.
   25) Normes de rapport.
3. Normes relatives aux interventions connexes à la mission générale.
4. Normes relatives aux missions particulières.

• Les normes de travail portent sur la certification (8 normes) ; l'examen limité (1 norme) et les vérifications spécifiques (12 normes).

• Les normes de rapport portent sur les rapports relatifs aux comptes annuels et aux comptes consolidés (8 normes) et sur d'autres rapports(4 normes).

• *Les normes des experts-comptables*

Dès 1966, Le Conseil supérieur de l'ordre des experts-comptables a adopté un certain nombre de recommandations relatives aux missions du professionnel. À l'issue d'une large concertation avec les milieux professionnels, le Conseil supérieur a adopté en 1990 la transformation de l'ensemble des recommandations relatives à l'exercice des missions en normes. Le dispositif mis en place par l'Ordre apparaît comme très proche de celui de l'IFAC, la mission de présentation des comptes annuels impliquant cependant des obligations plus strictes que celles de la compilation.

L'ensemble des normes édictées se compose :
- de normes générales ;
- de normes spécifiques aux missions de présentation et d'attestation des comptes annuels ;
- de normes spécifiques à la mission d'examen.

L'ensemble de chacun de ces sous-ensembles (applicables depuis le 1er janvier 1993) comprend trois parties :
- normes de comportement professionnel ;
- normes de travail ;
- normes de rapport.

3.3. Les recommandations britanniques

Le Comité britannique de normalisation en matière d'audit, l'APC (Auditing Practice Committee) a été créé en 1976 au sein du CCAB (Consultative Committee of the Accountants Bodies). Cet organisme a publié un certain nombre de textes qui contiennent la doctrine de base à l'usage des membres des instituts britanniques d'experts-comptables. Ils ont été élaborés principalement dans le début des années 1980. Nombre de textes ont déjà fait l'objet d'une révision. Au début de l'année 1991, l'APC a été remplacé par l'APB (Auditing Practices Board) dont les 18 membres sont répartis à égalité entre auditeurs et non-auditeurs.

Les normes d'audit (*auditing standards*) britanniques sont exprimées de façon succincte et définissent les principes de base que doivent suivre les membres de la profession lorsqu'ils réalisent des missions de révision. Elles sont complétées par des notes explicatives et des notes d'orientation. Ces notes fournissent en particulier des données relatives aux procédures.

Liste des normes et recommandations existantes

N°	*Thèmes*
	Remarques préliminaires aux normes et recommandations d'audit
	NORMES
101	Normes de révision applicables aux missions
102	Le rapport de révision
103	Les réserves dans le rapport de révision
	RECOMMANDATIONS
	– À caractère général
201	Planification, contrôle et enregistrement
202	Les systèmes comptables
203	La notion de preuve
204	Les contrôles internes
205	La revue des états financiers
	– Par secteurs financiers
301	Les sociétés de bienfaisance
302	Les sociétés de construction
303	Les syndicats et associations d'employeurs
304	Les associations pour le logement
	– À thème spécifique
401	Les confirmations bancaires en matière de révision
402	Les événements postérieurs à la date du bilan
403	Les soldes reportés d'un exercice antérieur
404	Les lettres de représentation de la direction
405	Assistance à l'inventaire physique
406	Les lettres de mission
407	La révision dans un cadre informatique
408	Le recours aux travaux de l'audit interne

409	Le contrôle qualité
410	Le réviseur et le problème de la continuité d'exploitation
411	L'information publiée conjointement aux états financiers
412	Les prospectifs
413	Le recours aux travaux d'autres spécialistes
	– Sur la question du rapport
501	Exemples de rapports de révision
502	Le rapport de l'auditeur sur la comptabilité en coût actuel

3.4. Les recommandations américaines

Les normes de révision aux États-Unis sont édictées par l'AICPA. Les règles du code d'éthique de l'AICPA prescrivent que les professionnels doivent appliquer les normes d'audit formalisées dans les SAS (*Statements on Auditing Standards*) et qu'ils doivent être capables de justifier les cas dans lesquels ils n'ont pas appliqué ces normes. Les SAS explicitent de façon très nette la différence existant entre les normes d'audit qui ont pour objet de mesurer la qualité des travaux accomplis par les auditeurs et de préciser les buts à atteindre par ces travaux et les pratiques d'audit qui concernent les travaux qui doivent être accomplis.

L'autorité reconnue aux normes d'audit financier émises par l'AICPA se concrétise en particulier par le fait que le GAO (Governmental Accounting Organization) dans sa définition des normes du secteur public a purement et simplement – pour la partie relative à l'audit financier – renvoyé aux normes de l'AICPA.

Extrait de la liste des Statements on Auditing Standards

N° des normes	*Contenu des normes*
SAS 1	Codification des normes et procédures d'audit
SAS 2	Rapport d'audit des états financiers
SAS 5	La signification de la notion de sincérité dans les principes comptables généralement admis dans le rapport de l'auditeur indépendant
SAS 14	Rapport spécial
SAS 21	Information segmentée
SAS 22	Planification et supervision
SAS 23	Procédures d'examen analytique
SAS 30	Rapport de contrôle interne comptable
SAS 39	Sondages d'audit
SAS 41	Papiers de travail
SAS 44	Rapport spécial sur le contrôle interne et l'organisation des services
SAS 58	Rapports sur les comptes annuels audités

SAS 59	La prise en compte par l'auditeur de l'aptitude d'une entité à assurer sa continuité d'exploitation
SAS 60	Communication des points relatifs au contrôle interne relevés au cours de la mission
SAS 61	Communication avec le comité d'audit
SAS 65	La prise en compte par l'auditeur de la fonction audit interne lors de l'audit des états financiers
SAS 66	Communications relatives aux informations financières destinées à certains organismes officiels
SAS 67	La procédure de confirmation
SAS 68	Audit de conformité applicable aux organismes publics et autres bénéficiaires d'une assistance financière publique
SAS 69	Signification de la formule de certification dans les rapports d'audit
SAS 70	Rapports en cas de recours à une société de services pour la tenue de la comptabilité
SAS 71	Information financière intérimaire

4. LA PRATIQUE DE LA CERTIFICATION DES COMPTES ET LA PRÉSENTATION DES RAPPORTS ANNUELS DANS UN CERTAIN NOMBRE DE PAYS

4.1. La pratique de la certification et la présentation des rapports annuels en France

En France les sociétés (sociétés anonymes, sociétés à responsabilité limitée, sociétés en commandite par actions) se doivent de publier les documents suivants :

- les comptes annuels (bilan, compte de résultats, annexe) ;
- le rapport de gestion ;
- le rapport des commissaires aux comptes sur les comptes annuels ;
- les comptes consolidés (bilan, compte de résultats, annexe) lorsqu'ils doivent être établis, accompagnés d'un rapport de gestion du groupe et du rapport des commissaires aux comptes sur ces comptes consolidés ;
- divers autres documents, tableau des participations, tableau de répartition des bénéfices.

Ces documents doivent être publiés un mois après l'assemblée générale des actionnaires chargée de l'approbation des comptes, qui doit, elle, se tenir dans les six mois de la clôture de l'exercice. Le lecteur pourra retrouver dans d'autres ouvrages[1] une analyse plus détaillée des obligations des sociétés françaises en matière de publication.

Modèle de rapport de commissaire aux comptes avec certification sans réserves et sans observations issue de vérifications spécifiques (d'après norme 2501 CNCC)

En exécution de la mission qui m'a été confiée par votre assemblée générale du ..., je vous présente mon rapport sur :

– le contrôle des comptes annuels de la société X..., tels qu'ils sont annexés au présent rapport ;

– les vérifications et les informations spécifiques prévues par la loi, relatives à l'exercice clos le ...

I Opinion sur les comptes annuels

J'ai procédé au contrôle des comptes annuels en effectuant les diligences que j'ai estimé nécessaires selon les normes de travail de la profession.

Je certifie que les comptes annuels sont réguliers et sincères et donnent une image fidèle du résultat des opérations de l'exercice écoulé ainsi que de la situation financière et du patrimoine de la société à la fin de cet exercice.

II Vérifications et informations spécifiques

J'ai également procédé, conformément aux normes de la profession, aux vérifications spécifiques prévues par la loi.

Je n'ai pas d'observation à formuler sur la sincérité et le concordance avec les comptes annuels des informations données dans le rapport de gestion du conseil d'administration et dans les comptes adressés aux actionnaires sur la situation financière et les comptes annuels.

Fait à ...

Le ...

Signature ...

1. Robert Obert, *Révision et certification des comptes*, Dunod, 1992.

4.2. La pratique de la certification et la présentation des rapports annuels en Allemagne

Conformément aux directives européennes et aux textes du Code de commerce, les sociétés allemandes doivent publier leurs comptes annuels, leurs comptes consolidés (éventuellement), les rapports de gestion et les rapports des auditeurs. Les rapports d'audit doivent porter sur les comptes annuels et le rapport de gestion correspondant, ainsi que sur les comptes consolidés et le rapport de gestion consolidé correspondant.

Lorsque les contrôles de l'auditeur n'aboutissent à aucune objection, l'*Abschlußprüfer* (le contrôleur légal) doit en donner confirmation en faisant suivre les comptes annuels et les comptes consolidés de la formule suivante.

COMPTES ANNUELS

À la suite de la vérification effectuée conformément à mes (nos) obligations professionnelles, je déclare (nous déclarons) que la comptabilité et les états financiers annuels sont conformes aux prescriptions légales (allemandes). En respectant les principes de comptabilité régulière, les états financiers donnent une image fidèle du patrimoine, de la situation financière, ainsi que des résultats de la société. Le rapport de gestion concorde avec les états financiers annuels.

Source : d'après *W.P. Handbuch*, tome 2, page 591.

COMPTES CONSOLIDÉS

À la suite de la vérification effectuée conformément à mes (nos) obligations professionnelles, je déclare (nous déclarons) que les comptes consolidés sont conformes aux prescriptions légales (allemandes). En respectant les principes de comptabilité régulière, les comptes consolidés donnent une image fidèle du patrimoine, de la situation financière, ainsi que des résultats de l'ensemble constitué par les entreprises comprises dans la consolidation. Le rapport annuel consolidé concorde avec les comptes consolidés.

Source : d'après *W.P. Handbuch*, tome 2, page 630.

4.3. La pratique de la certification et la présentation des rapports annuels en Belgique

Conformément à l'article 64 paragraphe 1 des lois coordonnées sur les sociétés commerciales, la mission générale du commissaire aux comptes consiste à contrôler :
- la situation financière de l'entreprise ;
- les comptes annuels ;
- la régularité au regard des lois coordonnées sur les sociétés commerciales et les statuts, des opérations à constater dans les comptes annuels.

Des obligations semblables existent pour les comptes consolidés.

Les travaux de contrôle débouchent sur l'établissement du rapport de révision dont le contenu général est précisé par l'article 65 des lois coordonnées sur les sociétés commerciales. Ce rapport doit indiquer :
- comment les commissaires ont effectué leurs contrôles et s'ils ont obtenu des administrateurs et préposés de la société les explications et informations qu'ils ont demandées ;
- si la comptabilité est tenue et si les comptes annuels sont établis conformément aux dispositions légales et réglementaires applicables ;
- si, à leur avis, les comptes annuels donnent une image fidèle du patrimoine, de la situation financière et des résultats de la société, compte tenu des dispositions légales et réglementaires qui les régissent et si les justifications données sont adéquates ;
- si le rapport de gestion comprend les informations requises par la loi et concorde avec les comptes annuels ;
- si la répartition des bénéfices proposée à l'assemblée est conforme aux statuts et au présent titre ;
- s'ils n'ont pas eu connaissance d'opérations conclues ou de décisions prises en violation des statuts ou du présent titre. Toutefois cette mention peut être omise lorsque la révélation de l'infraction est susceptible de causer à la société un préjudice injustifié, notamment parce que le conseil d'administration a pris des mesures appropriées pour corriger la situation d'illégalité ainsi créée.

Dans leur rapport, les commissaires indiqueront et justifieront avec précision et clarté les réserves ou les objections qu'ils estiment devoir formuler. Sinon, ils mentionnent expressément qu'ils n'en ont aucune à formuler.

Rapport du commissaire réviseur sur les comptes annuels d'une société belge présenté à une assemblée générale

Mesdames, Messieurs,

Conformément aux dispositions légales et statutaires, nous avons l'honneur de vous faire rapport sur l'exécution de la mission de contrôle que vous nous avez confiée.

Nos contrôles ont été réalisés selon les normes générales de révision de l'Institut des réviseurs d'entreprises. L'organisation de votre société en matière administrative et comptable et ses dispositifs de contrôle interne ont été jugés suffisants pour l'exercice de notre mission. Les responsables de la société ont toujours répondu avec clarté à nos demandes d'explication et d'information.

La comptabilité est tenue et les comptes annuels sont établis conformément aux dispositions légales et réglementaires applicables en Belgique.

Le rapport de gestion concorde avec les comptes annuels. Il contient en outre les informations requises par la loi.

Nous ne devons vous signaler aucune opération qui serait conclue en violation des statuts ou de la loi sur les sociétés. L'affectation des résultats qui vous est proposée est conforme aux dispositions légales et statutaires, compte tenu d'une réduction volontaire des tantièmes.

En conclusion, nous attestons sans réserve que les comptes annuels arrêtés au ..., dont le total du bilan s'élève à ... et dont le compte de résultats se solde pour l'exercice par un bénéfice de ... donnent, compte tenu des dispositions légales et réglementaires qui les régissent une image fidèle du patrimoine, de la situation financière et des résultats de la société et que les justifications données dans l'annexe sont adéquates.

Bruxelles, le ...

4.4. La pratique de la certification et la présentation des rapports annuels en Espagne

En Espagne, le rapport de contrôle des comptes annuels est un document qui contiendra au moins les données suivantes, conformément à l'article 2 de la loi sur le contrôle des comptes :

- identification de l'entreprise ou entité contrôlée ;
- personnes physiques ou morales qui ont commandé le travail auquel il est destiné ;

- identification des documents, objet de l'examen, qui sont incorporés dans le rapport ;
- description synthétisée et générale des normes techniques du contrôle des comptes appliquées dans le travail réalisé et s'il y a lieu, les procédures prévues dans celle-ci qu'il n'a pas été possible d'appliquer à la suite d'un empêchement imposé à l'activité de contrôle ainsi que les incidences mises en évidence dans le déroulement des travaux de contrôle des comptes ;
- description détaillée des données qui figurent dans l'annexe contenant toute l'information nécessaire et suffisante pour interpréter et comprendre de manière appropriée la situation financière et patrimoniale de l'entreprise ou entité contrôlée, ainsi que le résultat obtenu durant l'exercice avec l'incorporation si besoin est des commentaires qui complètent le contenu du document mentionné ;
- l'opinion sur les comptes ;
- si besoin est, il sera dit si le rapport de gestion concorde avec les comptes annuels de l'exercice.

Exemple de rapport d'audit d'une société espagnole

Aux actionnaires de ... SA.

1.Nous avons audité les comptes annuels de ... SA comprenant un bilan au ...(N), le compte de résultat et l'annexe correspondant à l'exercice terminé à cette date. La formulation de ces comptes est sous la responsabilité des administrateurs de la société. Notre responsabilité consiste à donner notre avis sur ces comptes annuels conformément aux normes d'audit généralement acceptées. Ces normes incluent l'examen des principes comptables appliqués et des évaluations réalisées.

2.Les administrations présentent dans chaque poste du bilan et du compte de résultat en plus des chiffres de ... (N), ceci conformément à la législation en vigueur. Le ...(N), nous avons publié notre rapport d'audit sur les comptes de ... SA pour l'exercice ... (N) présentés conformément à la législation commerciale en vigueur en ...(N) et nous avons donné une opinion favorable. Dans le présent rapport, notre avis fait exclusivement référence aux chiffres de ... (N) puisque les chiffres concernant ... (N–1) ne constituent pas des comptes annuels complets : en effet, ils ne reflètent pas le contenu de l'annexe dans laquelle il n'y pas de chiffres comparables à l'année ... (N–1).

3.Le point n° 4 de l'annexe concerne les rémunérations perçues par les membres du conseil d'administration en vertu de leur appartenance à ce conseil, même si ce point ne tient pas compte des paiements de quelques conseilleurs ayant perçu d'autres rémunérations en raison des postes exécutifs qu'ils occupent dans la société : ces deux concepts sont enregistrés dans le compte de résultat.

4.Selon notre opinion, les comptes annuels de l'exercice … (N) expriment dans tous les aspects significatifs l'image fidèle du patrimoine et de la situation financière de X…SA au … (N) et des résultats de ses opérations de même que les ressources obtenues et utilisées pendant l'exercice terminé à cette date. Ces comptes contiennent l'information nécessaire et suffisante pour leurs interprétation et compréhension adéquates conformément aux principes et normes comptables généralement acceptés qui conservent l'uniformité par rapport à ceux ayant été appliqués pour l'exercice précédent.

5.Le rapport de gestion ci-joint de l'exercice … (N) contient les explications que les administrateurs ont considérées comme opportunes au sujet de la situation de la société, de l'évolution de ses affaires et d'autres questions, et ces explications ne forment pas partie intégrante des comptes annuels. Nous avons vérifié que l'information comptable contenue dans ce rapport de gestion concorde avec l'information des comptes annuels de … (N). Notre travail en tant qu'auditeurs se limite à la vérification du rapport de gestion et ne concerne pas la révision de l'information autre que celle obtenue à partir des registres comptables audités de la société.

Date et signature de l'auditeur

4.5. La pratique de la certification et la présentation des rapports annuels en Grande-Bretagne

Conformément aux directives européennes et aux *Companies Acts* 1985 et 1989, les sociétés britanniques doivent publier :

- leurs comptes annuels ;
- leurs comptes consolidés ;
- le rapport de gestion ;
- le rapport des auditeurs.

Le rapport de gestion (rapport des dirigeants) doit traiter en termes généraux la situation de la société et de ses filiales. Il comprend :

- les activités principales de la société et de ses filiales, ainsi que les changements importants survenus pendant l'exercice ;
- le détail de ses activités et de celles de ses filiales ;
- les autres éléments significatifs, affectant la société ou ses filiales ;
- les propositions de paiement des dividendes et d'affectation aux réserves ;
- les noms des administrateurs en fonction ;
- la proposition de nomination des auditeurs.

La principale obligation des auditeurs est de présenter un rapport aux actionnaires sur les comptes qu'ils ont examinés et de certifier que les états financiers ont été préparés en accord avec le *Companies Act* 1985. Le rapport doit être annexé au bilan et présenté à l'assemblée générale de la société.

Un auditeur est également requis pour présenter un rapport sur les déclarations statutaires faites par les dirigeants de la société qui proposent l'acquisition de leurs propres titres.

Modèle de rapport d'audit destiné aux actionnaires

Nous avons vérifié les états financiers de la page ... à la page ... en conformité avec les normes d'audit.

D'après nous, les états financiers donnent une image fidèle de l'ensemble des affaires de la société et du groupe au ... de même que le compte de profits et pertes et le tableau de financement du groupe pour l'année clôturée et ils ont été préparés convenablement en accord avec la loi sur les sociétés de 1985.

Date et signature

4.6. La pratique de la certification et la présentation des rapports annuels en Italie

En Italie, le *Collegio sindacale* doit :

- contrôler la gestion de la société ;
- veiller au respect de la loi et de l'acte constitutif ;
- vérifier la tenue régulière de la comptabilité sociale, la correspondance du bilan et du compte des profits et pertes avec les énonciations des écritures comptables ainsi que l'observation des critères établis par l'article 2425 du Code civil pour l'évaluation du patrimoine social ;
- vérifier chaque trimestre au moins la consistance de la caisse, les valeurs et titres de propriété que détient la société et qu'elle a reçus en gage, dépôt ou caution.

Les travaux de contrôle débouchent sur l'établissement d'un rapport des auditeurs (*sindaci*) sur le bilan. Il n'existe pas de formule obligatoire pour le rapport mais en examinant la loi, les *sindaci* doivent :

- donner une appréciation objective des résultats de la gestion ;
- donner un compte rendu et un jugement sur la structure de la comptabilité et sa correspondance au type d'entreprise ;

- rendre compte de la manière dont est tenue la comptabilité et de la correspondance des écritures avec les deux parties du bilan ;
- indiquer à l'assemblée les pertes du bilan, qui, à leur avis, doivent être mises en lumière et en illustrer les aspects particuliers ;
- suggérer aux associés une direction et une orientation en ce qui concerne l'accueil à réserver au bilan.

4.7. La pratique de la certification et la présentation des rapports annuels aux Pays-Bas

D'après la législation aux Pays-Bas, les états financiers d'une société « doivent être établis en conformité avec les principes comptables généralement reconnus, fournir les informations nécessaires pour permettre au lecteur de se former une opinion solide sur la situation financière, les résultats et, le cas échéant, la solvabilité et la liquidité de la société ».

Le contrôle légal doit vérifier si les états financiers sont effectivement conformes à ces règles. Il doit indiquer dans son rapport si les états financiers présentent une image fidèle de la situation financière et des résultats de la société. Il doit également indiquer toute déviation subie par les états financiers à l'égard des règles légales. Des formules types pour exprimer un avis de conformité ne sont pas obligatoires.

La législation ne détermine ni le format ni le contenu du rapport de vérification. Néanmoins, les règles professionnelles comportant des instructions à caractère obligatoire ont été formulées en ce qui concerne la rédaction des rapports qui sont assortis d'une réserve. Par contre, l'auditeur reste maître de la rédaction de rapports qui ne comportent pas de telles réserves mais la NIVRA a recommandé la formule suivante.

> « Nous avons examiné les états financiers de ... pour l'année ... établis le .... Après vérification, nous estimons que ces états financiers représentent honnêtement la situation financière de cette société à la date du ... et ses résultats pour l'exercice. »

4.8. La pratique de la certification et la présentation des rapports annuels aux États-Unis

Les obligations d'information des actionnaires aux États-Unis sont codifiées par les règles de la SEC (1934 *Act, Rules* 14a.3.4). Elles prévoient l'obli-

gation d'adresser à tout actionnaire, préalablement à la tenue de l'assemblée :
- une procuration ;
- un document d'information fournissant principalement des renseignements sur les personnes sollicitant des procurations, sur l'élection des administrateurs et sur la nomination des auditeurs ;
- un rapport annuel contenant l'information financière prescrite par les règles de la SEC (Securities and Exchange Commission).

Le rapport annuel comprend généralement les documents suivants, établis sous forme de tableaux comparatifs :
- le bilan consolidé des deux derniers exercices ;
- le compte de résultats consolidé ;
- le tableau de variation de trésorerie des trois derniers exercices ;
- l'état des mouvements dans les comptes de capitaux propres ;
- les notes annexes à ces documents ;
- le rapport des auditeurs ;
- le rapport de gestion.

Il est à noter que si la société ne fait pas partie d'un groupe, elle présente un bilan et un compte de résultats individuels au lieu d'un bilan et d'un compte de résultats consolidés. L'information donnée est très complète et très volumineuse. Aussi, depuis 1987, à l'initiative de la FERF (Financial Executives Resarch Foundation – Fondation de recherche en matière financière), et avec l'accord de la SEC, un certain nombre de sociétés ont obtenu l'autorisation de publier des rapports moins longs (comptes annuels résumés) et plus adaptés à la compréhension du lecteur non financier.

L'établissement du rapport annuel résumé ne dispense pas les sociétés de présenter une information financière plus complète et en particulier de déposer les documents dits 10K à la SEC. Tout actionnaire qui en fait la demande peut obtenir copie du 10K. L'information donnée aux actionnaires doit être contrôlée par les auditeurs et leur rapport doit être inclus dans le rapport annuel (résumé ou non résumé).

Les rapports d'audit sur les comptes des sociétés présentés par les auditeurs américains (*certified public accountants* – CPA) ont été pendant près de 40 ans établis selon une formule « standard en usage » depuis 1948. À la suite de la publication en avril 1988, par l'ASB (Auditing Standards Board) de la norme SAS 58 : Rapports sur les comptes audités, un nouveau modèle de rapport a été imposé.

Des paragraphes explicatifs peuvent être rajoutés dans un certain nombre de situations. En cas de réserves ou de refus de certifier, ce paragraphe est inséré immédiatement avant celui contenant l'expression de l'opinion.

Modèle du rapport d'audit de la SAS (Statement on Auditing Standards) 58 [1]

Titre	*Rapport de l'auditeur indépendant*
Paragraphe introductif	Nous avons audité les bilans de la société X au 31 décembre 19X2 et 19X1, ainsi que ses comptes de résultats, ses tableaux de bénéfices non répartis et ses flux de trésorerie, pour les exercices clos à ces dates et qui sont joints au présent rapport. Ces comptes annuels sont de la responsabilité de la direction de la société. Notre propre responsabilité est d'exprimer une opinion sur ces comptes annuels sur la base de nos audits.
Paragraphe d'étendue	Nous avons effectué nos audits conformément aux normes d'audit généralement admises. Ces normes demandent que nous planifions et réalisions l'audit de manière à obtenir une assurance raisonnable que les comptes annuels sont exempts de toute inexactitude significative. Un audit comprend l'examen, par sondages, de la justification des sommes et des énonciations figurant dans les comptes annuels. Un audit comprend également l'appréciation des principes comptables utilisés et des principales estimations faites par la direction, ainsi que celle de la présentation d'ensemble des comptes annuels. Nous croyons que nos audits constituent une base raisonnable à l'expression de notre opinion.
Paragraphe d'opinion	À notre avis, les comptes annuels visés ci-dessus présentent fidèlement, dans leurs aspects significatifs, la situation financière de la société X au 31 décembre 19X2 et 19X1 et le résultat de ces opérations et de ses flux de trésorerie pour les exercices clos à ces dates, en conformité avec les principes comptables généralement admis.
	Signature Date

1. D'après bulletin n° 76 de la Compagnie nationale des commissaires aux comptes, décembre 1989.

BIBLIOGRAPHIE

Textes de base

International Accounting Standard Committee (IASC)
Normes comptables internationales
Comparability of Financial Statements (Revised International Accounting Standards 1993)

Conseil des Communautés Européennes
Quatrième directive 78/660 CEE du 25 juillet 1978
Septième directive 83/349 CEE du 13 juin 1983
Huitième directive 84/253 CEE du 10 avril 1984

International Federation of Accountants (IFAC)
Recommandations internationales

Ouvrages

Alexander (David), Archer (Simon), *The European Accounting Guide*, Londres, Academic Press Limited, 1992.

Antoine (Joseph), Cornil (Jean Paul), *Lexique thématique de la comptabilité*, Bruxelles, De Broeck Wesmael, 1989, 3e édition.

ATH, *Audit financier*, Clet, 1987.

Binet (Laurence), *Les états financiers anglo-saxons. Comparaison avec les états financiers dans le cadre de l'harmonisation internationale*, Economica, 1991.

Chmielewski (Daniel), *Comprendre la comptabilité allemande*, Dunod, 1992.

Choi (Frederick S.S), Mueller (Gerhard G.), *International Accounting*, Englewood Cliff New Jersey, Prentice Hall International, 1992.

Colasse (Bernard), *Comptabilité générale*, Economica, 1991, 3e édition.

Centre des Nations unies sur les sociétés transnationales, *Conclusions sur les procédures à suivre par les sociétés transnationales en matière de comptabilité et de présentation de l'information*, New York, Nations unies, 1989.

Ernst & Young, *UK/US GAAP Comparison. A comparison beetween United-Kingdom and United-States Accounting Principles*, Kogan Lage, 1991.

Fédération des experts-comptables européens (FEE), *European Survey of Published Accounts 1991*, Routledge, 1992.

Glaser (Kenneth), *Auditing,* Oxford, Made simple Books, 1990.

Klee (Louis), *La Comptabilité des sociétés dans la CEE*, Éditions la Villeguerin, 1992.

Hingley (Wilfrid), *Accounting*, Oxford, Made simple Books, 1989, 3e édition.

Langot (Jacqueline), *Comptabilité anglo-saxonne, Normes, mécanismes et documents financiers*, Economica, 1992.

Lefebvre (Francis), *Mémento pratique comptable*, Éditions Francis Lefebvre, 1994.

Lefebvre (Francis), *Dossiers internationaux Allemagne*, Éditions Francis Lefebvre, 1990, 3e édition.

Lefebvre (Francis), *Dossiers internationaux Grande-Bretagne*, Éditions Francis Lefebvre, 1989, 2e édition.

Lefebvre (Francis), *Dossiers internationaux Espagne,* Éditions Francis Lefebvre, 1990, 2e édition.

Lefebvre (Francis), *Dossiers internationaux Suisse*, Éditions Francis Lefebvre, 1989, 2e édition.

Lefebvre (Francis), *Dossiers internationaux États-Unis*, Éditions Francis Lefebvre, 1990, 4e édition.

Nobes (Christopher), Parker (Robert), *Comparative International Accounting*, Cambridge, Prentice Hall, 1991, 3e édition.

Obert (Robert), *Comptabilité générale approfondie*, Collection « Préparation à », Dunod, 1992, 3e édition.

Obert (Robert), *Révision et certification des comptes*, Collection « Préparation à », Dunod, 1992, 3e édition.

Obert (Robert), *Évaluation, prise de participation, consolidation, fusion*, Collection « Préparation à », Dunod, 1993, 3e édition.

OCDE, *Harmonisation des normes comptables. Réalisations et perspectives*, OCDE, 1986.

OECCA, Conseil régional de Paris Île-de-France, *Guide pratique à l'usage des membres de l'Ordre*, OECCA, 1991.

Rousse (Francis), *Normalisation comptable, Principes et pratiques*, ministère de la Coopération et du Développement, Documentation Française, 1989.

Thomas (Colin), *Company Law*, British Cataloguing in Publication Data, 1990, 3e édition.

Van Wolput-Guerra (Fabienne), De Hann (Eddie), *Les Procédures comptables et les comptes annuels*, Bruxelles, De Boeck Wesmael, 1990, 2e édition.

Zeff (Stephan), *Forging Accounting Principles in Five Countries. A History and an Analysis of trends*, Université d'Edinburgh, 1971.

Études

Archer (Simon), Mcleay (Stuart), *Les Rapports financiers des sociétés européennes cotées dans différents pays : problèmes liés à la présentation de l'information et aux travaux d'audit*, Association française de comptabilité, Rennes 1987

Auber (Nathalie), *Présentation de la norme américaine FAS 87 : « La comptabilisation des engagements de retraite ». Présentation théorique, comparaison avec le contexte français et expérience dans le contexte américain*, mémoire d'expertise comptable, mai 1993.

Belmondo (Jean-Pierre), *Analyse des divergences entre les droits comptables anglais et français et organisation du professionnel dans le cadre d'une mission de tenue et d'établissement des états financiers selon les règles comptables britanniques*, mémoire d'expertise comptable, novembre 1992.

Berry (Ian R.), *La Classification des pratiques comptables internationales*, Association française de comptabilité, Reims, 1989.

Boisselier (Patrick), *Recherche et développement : les contradictions de la normalisation américaine*, Association française de comptabilité, Reims, 1989.

Boisselier (Patrick), « Genèse des cadres conceptuels comptables. Quels fondements théoriques ? », *Travaux et recherches* CERAM Sophia Antipolis n° 36, 1991.

Cantor (Gary S.), « La Comptabilité britannique », *Revue fiduciaire comptable*, janvier 1991.

Capron (Michel), *Les Modes d'information comptable et financière des salariés : réflexions comparatives dans les pays occidentaux industriellement développés*, Association française de comptabilité, Reims, 1989.

Caussemille (Édith), *Les Comptes annuels de sociétés de capitaux en France et en Allemagne, étude comparative de l'intégration des comptes des sociétés françaises dans les comptes consolidés de groupes allemands*, mémoire d'expertise comptable, novembre 1992.

Centre des Nations unies sur les sociétés transnationales, Questions relatives à la comptabilité et à la publication au niveau international : examen de 1988-1989, Nations unies, New York.

Commission des communautés européennes, *Comparaison des systèmes comptables allemand, français, italien, britannique, japonais et américain aux prescriptions de la quatrième directive du Conseil de juillet 1978*, Document DG XV, Commission des communautés européennes, 1987.

Compagnie nationale des commissaires aux comptes :
- *Le Contrôle légal en Belgique*, bulletin n° 70, juin 1988.
- *Le Contrôle légal en RFA*, bulletin n° 71, septembre 1988.
- *Le Contrôle légal aux Pays-Bas*, bulletin n° 73, mars 1989.
- *Le Contrôle légal en Espagne*, bulletin n° 74, juin 1989.
- *Le Contrôle légal en Italie*, bulletin n° 75, septembre 1989.

Degonzague (Philippe), *Les Impôts différés dans les comptes consolidés. La nouvelle norme américaine FAS 109 : caractéristiques, utilisation en France et problèmes particuliers d'application*, mémoire d'expertise comptable, mai 1993.

Haddou (Georges), *Contribution à la comparabilité des comptes de résultats dans la CEE*, Association française de comptabilité, Reims, 1989.

Klee (Louis), « La Comptabilité allemande », *Revue fiduciaire comptable*, mai 1992.

Lazconetegui (Jean-Michel), *La Normalisation comptable en Espagne : une opportunité pour l'implantation d'un cabinet français d'expertise comptable et de commissariat aux comptes*, mémoire d'expertise comptable, mai 1993.

Lurkin (Paul), *Le Commissaire aux comptes et le comité d'entreprise en Belgique*, Association française de comptabilité, Reims, 1989.

Marciano (Sylvie), *L'Implantation d'une entreprise française en Italie, Aspects juridiques, fiscaux, sociaux et comptables*, mémoire d'expertise comptable, mai 1992.

Menard (Cécile), *Les Provisions réglementées en France et en RFA. Comparaison des dispositions fiscales. Comptabilisation et impact sur les comptes consolidés*, mémoire d'expertise comptable, mai 1990.

Mirobent (Paul-Henry), *L'Harmonisation comptable selon les normes à option réduite de l'IASC et de la quatrième directive européenne. Présentation de quelques applications pratiques aux états financiers français*, mémoire d'expertise comptable, mai 1992.

OECCA, *« L'Europe des Entreprises, Données économiques et réglementaires »*, Congrès des experts-comptables, Nantes, 1993.

Odent (Fabrice), *Établissement et contrôle légal des comptes annuels en Suède : comparaison avec la France*, mémoire d'expertise comptable, novembre 1992.

Rammelaere (Didier), *Contribution à l'ouverture européenne. Le régime de la société anonyme en Suède. Aspects juridiques, comptables et fiscaux*, mémoire d'expertise comptable, mai 1992.

Standish (Peter), *Cadre conceptuel et analyse comparative : contribution française et anglo-américaine*, Association française de comptabilité, Jouy-en-Josas, 1991.

Verdier (Françoise), « La Comptabilité américaine », *Revue fiduciaire comptable*, octobre et novembre 1991.

Revues

Bulletin comptable et financier, Éditions Francis Lefebvre.

Ce bulletin trimestriel dont le numéro 1 est paru en décembre 1978 comprend une rubrique spécialisée « International » visant à « faciliter les travaux comparatifs en fournissant des informations sur les publications dans d'autres pays : réglementations, recommandations étrangères en matière de comptabilité ou de révision des comptes, axes de recherche ».

Revue française de comptabilité

Cette revue mensuelle publiée par l'Ordre des experts-comptables et des comptables agréés dont le n° 1 de la nouvelle série est paru en décembre 1970 (qui portait aussi le n° 108 de l'ancienne série) comprend une rubrique d'informations (appelée aujourd'hui « On en parle ») reprenant en particulier les études des organismes de normalisation.

Articles

Archer (Simon) McLeay (Stuart), « Les rapports financiers des sociétés européennes cotées dans différents pays : problèmes liées à la présentation de l'information et aux travaux d'audit », *Revue française de comptabilité*, juin 1987.

Barthes de Ruyter (Georges), « La Comparabilité des comptes », *Compétences financières pour l'entreprise*, 1991.

Bernard (Sonia), « Panorama des processus de normalisation dans le monde », *Revue française de comptabilité*, septembre 1990.

Bernard (Sonia), « Les Instituts professionnels à travers le monde : des traditions différentes », *Revue française de comptabilité*, mai 1992.

Bernard (Sonia), « Harmonisation comptable. Où en est-on ? », *Revue française de comptabilité*, juillet-août 1992.

Bethoux (Raymond), Kemper (Francis), « Le Cadre conceptuel de l'IASC. Contexte et contenu », *Revue française de comptabilité*, juin 1988.

Bolin (Manfred), « Les Sources du droit comptable allemand », *Revue française de comptabilité*, mars 1991.

Canibano (Leandro), « La Réforme comptable en Espagne », *Revue française de comptabilité*, janvier 1994.

Chauveau (Bernard), « L'Espagne face à sa mutation comptable », *Revue française de comptabilité*, janvier 1993.

Gelard (Gilbert), « Quelques différences comptables entre l'URSS et l'Occident », *Revue française de comptabilité*, septembre 1990.

Gelard (Gilbert), « Harmonisation comptable, Où en est-on ? », *Revue française de comptabilité*, juillet-août 1992.

Gelard (Gilbert), Delesalle (Eric), « Exporter la comptabilité "le système comptable d'entreprise" », *Revue française de comptabilité*, mai 1991.

Gervais (Michel), Wang (Hong Tao), « Les Principes de la comptabilité chinoise », *Revue française de comptabilité*, décembre 1992.

Grondin (Hervé), « Les Retraitements des comptes sociaux français suivant les normes américaines », *Revue française de comptabilité*, avril 1987.

Kato (Tatsuhito), « La Comptabilité au Japon et l'influence de la fiscalité », *Revue française de comptabilité*, novembre 1988.

Klee (Louis), « Les Normes professionnelles d'audit en Allemagne », *Revue française de comptabilité*, décembre 1991.

Lurkin (Paul), « L'Arrêté royal belge du 7 mars 1978 relatif au plan comptable minimum normalisé », *Revue française de comptabilité*, juin 1979.

Meyer (Monique), « Le Dernier Plan comptable soviétique – premier plan comptable russe et le PCG 1982 », *Revue française de comptabilité*, septembre 1992.

Naciri (Ahmed), « Une analyse comparative des systèmes de normalisation français et américain », *Revue française de comptabilité*, septembre 1986.

Naciri (Ahmed), « Le Cadre conceptuel américain et ses conséquences sur le modèle comptable traditionnel », *Revue française de comptabilité*, novembre 1986.

Nobuichiro (Nakamura), « Originalités du système et de la pratique comptable au Japon », *Revue française de comptabilité*, novembre 1981.

Olivero (Bernard), « La Profession comptable en Europe. Vers une harmonisation », *Revue française de comptabilité*, avril 1993.

Revue française de comptabilité, « Vers l'harmonisation des pratiques comptables européennes », *Revue française de comptabilité*, février 1992.

Richard (Jacques), « La Quatrième Directive. Un texte inutile : le cas hollandais », *Revue française de comptabilité*, juin 1982.

Saito (Akio), Scheid (Jean-Claude), « La Comptabilité de l'entreprise au Japon », *Revue française de comptabilité*, janvier 1979.

Scheid (Jean-Claude), Standish (Peter), « La Normalisation comptable : sa perception dans le monde anglophone et en France », *Revue française de comptabilité*, mai 1989.

Stilling (Peter), « Royaume-Uni : deux années de transformation de la normalisation comptable », *Revue française de comptabilité*, novembre 1992.

Teller (Robert), « La Normalisation comptable européenne : éléments de droit comptable comparé », *Fiscalité européenne*, 1988-1.

Teller (Robert), « La Normalisation comptable à deux ans du marché unique européen », *Fiscalité européenne*, 1991-1.

Tucci (Marco), « Italie : les quatrième et septième directives européennes enfin adoptées », *Revue française de comptabilité*, juillet-août 1991.

Walton (Peter), « Liens entre comptabilité financière et la fiscalité au Royaume-Uni », *Revue française de comptabilité*, juin 1992.

INDEX

REMERCIEMENTS

L'auteur remercie tout particulièrement Guy Froideval, expert-comptable, commissaire aux comptes de sociétés, membre de la Commission pour la formation professionnelle du Conseil régional de l'Ordre des experts-comptables et des comptables agréés de Lille, d'avoir bien voulu accepter d'effectuer la relecture de cet ouvrage.

Composé et mis en page par ORDI ÉDIT'EURE

Imprimerie GAUTHIER-VILLARS, Paris
Dépôt légal, Imprimeur, n° 4188

Dépôt légal : août 1994 *Imprimé en France*